산상보훈 강해

산상보훈 강해

초판 1쇄   2016년 05월 27일 발행

지 은 이   박윤선
펴 낸 이   안만수
책임편집   조주석
발 행 처   도서출판 영음사
주   소   경기도 수원시 권선구 경수대로369번길 20, 4, 5층
전   화   031) 233-1401, 1402
팩   스   031) 233-1409
전자우편   biblecomen@daum.net
등   록   2011. 3. 1 제251-2011-14호

이 도서의 국립중앙도서관 출판시도서목록(CIP)은 서지정보유통지원시스템 홈페이지
(http://seoji.nl.go.kr)와 국가자료공동목록시스템(http://www.nl.go.kr/kolisnet)에서 이용하
실 수 있습니다.(CIP제어번호: CIP2016012206)

ISBN 978-89-7304-122-0 (03230)
값은 뒤표지에 있습니다.

ⓒ 영음사 2016
이책은 신 저작권법에 의해 한국 내에서 보호받는 저작물이므로
무단 전재와 복제를 금합니다.

산상보훈 강해

박윤선 지음

도서출판
영음사

머리말

정암 박윤선 박사의 『산상보훈 강해』는 성경 전체를 해석하는 일종의 열쇠와 같은 강해설교입니다. 본서는 정암의 가장 큰 특징, 곧 성경을 해석하는 주경신학자로서의 면모를 잘 드러내줍니다. 『산상보훈 강해』의 서두에서 정암이 다루는 가장 큰 쟁점은 과연 예수님의 복음이 바울의 복음과 동일한 것인가의 여부입니다. 정암이 "종교진화론"으로 규정한 자유주의 신학에 따르면 바울의 신학은 예수님의 신학과 다릅니다. 예수님은 "믿음으로 구원받는 진리"를 가르치지 않았습니다. 이것은 바울의 창작물일 따름입니다.

"결코 그렇지 않습니다!" 『산상보훈 강해』는 종교진화론자들의 심각한 도전에 대한 정암의 단호한 거절입니다. 정암은 예수님과 바울 사이의 급격한 단절성을 주장하는 현대신학에 대해 크게 두 가지 면에서 응답을 합니다. 이 두 가지는 우리가 예수님의 산상보훈을 읽는 데 반드시 필요한 두 가지 해석의 원리가 됩니다.

첫째, 예수님의 산상보훈은 신본주의 계시종교로서의 기독교를 선포합니다. 정암에 따르면 예수님의 가르침과 바울의 종교가 다르다고 주장하는 사람들은 종교진화론을 믿는 사람들입니다. 그들은 인간의 문화발달에 따라 기독교의 진리도 점차 진화했다고 주장합니다. 이러한 사상은 기독교 계시의 성격을 파괴시키는 "불신앙 사상"이라고 정암은 말합니다. 기독교의 근본 진리는 예나 지금이나 동일한 것이지 진화과정을 통해 발전한 것이 아니라고 말합니다. 무엇보다 하나님께서 처음부터 동일한 진리를 계시하셨기 때문입니다. 결국 이 싸움의 저변에는 인본주의 대(對) 신본주의의 대립이 있다고 정암은 주장합니다.

종교진화론은 인본주의가 아닐 수 없습니다. 사람의 머리가 차차 발달해서 종교를 발달시켰다. 사람들이 종교도 발달시켰다. 사람이 종교를 만들었다는 학설 아닙니까? 인본주의 자체입니다. 그러나 기독교 자체는 그렇게 말하지 않습니다. 성경이 말하는 바는 신본주의입니다. 하나님이 구약종교도 주셨고 신약종교도 주셨다고 우리는 철두철미하게 믿습니다. 성경이 그렇게 말하기 때문입니다. 어디까지나 기독교는 계시 의존 사상입니다. 계시종교입니다.

둘째, 예수님의 산상보훈은 구약과 신약의 본질적인 연속성을 드러내줍니다. 오늘날 우리가 믿는 "기독교의 근본"은 구약에도 그대로 계시되었다고 정암은 말합니다. 특히 율법의 행위가 아닌 믿음으로 의롭게 되는 구원의 도리에 있어서 구약과 신약은 동일한 진리를 선포합니다.

구약시대에는 율법으로 구원을 받았고 신약시대에는 예수님의 은혜의 피로 구원받았다고 생각하면 안 됩니다. 세대주의에서 그렇게 생각하는 사람들이 있습니다. 그러면 어떻게 됩니까? 옛날 사람이나 지금 사람이나 다 죄인인 것은 마찬가지인데 어떻게 구약시대 사람들이 율법을 지킵니까? 그 사람들도 율법 못 지킵니다. 사람의 종자는 다 똑같습니다. 예수님의 보혈을 힘입어서만 구원받도록 하셨습니다. 우리가 천당 가보면 알겠지만 율법을 지켜서 구원받은 사람은 하나도 있을 리 없습니다. 전부 다 예수님의 피로 구원받습니다. 여러분도 그렇게 믿겠지만 이전부터 나는 그렇게 믿고 있습니다.

이처럼 예수님의 복음과 바울의 복음 사이의 관계에 관한 논의는 구약과 신약의 관계, 곧 신구약 성경 전체를 어떻게 바라볼 것인가의 문제와 직결되어 있습니다. 한 가지 흥미로운 사실은 구약과 신약의 본질에서의 동질성을 강조한 후에 정암은 양자의 차별성에 대해서도 주목한다는 것입니다. 먼저 정암은 예수님의 교훈과 바울의 복음, 혹은 구약과 신약의 차이를 "뿌리와 가지"의 관계로 비유합니다. "예수님의 교훈은 뿌리와 같습니다. 후대에 신학적 술어를 형성할 만큼 가르치지지는 않았습니다. 가령 이신칭의 말씀 같은 것은 나오지 않습니다. 뿌리의 형식으로 모든 것을 표현했습니다."
또한 정암은 구속사적인 입장에서 차별성에 접근합니다.

> 역사적 단계로 봐서 아직 예수님은 환하게 설명된 시기가 아닙니다. 예수님이 처음 가르치던 그 때는 듣는 사람들도 아직 예수님이 누구신지 잘 모르는 시기였습니다. 그렇지만 사도 바울의 시대로 말하면 예수님이 이 세상에 다녀가신 이후입니다. 그가 죽었다가 다시 살아나신 놀라운 일이 있던 계시의 절정기가 있었습니다. 더욱이 보혜사 성령님이 오셔서 특이하게 역사하는 시대였습니다. 예수님은 성령을 보내시어 사도를 세워 이전 시대의 다른 신자들과는 비교도 안 될 만큼 특이한 분량과 특이한 수준에서 가르치셨던 것입니다.

마지막으로 정암은 예수님 당시의 역사적 정황을 고려합니다. 정암에 따르면 주님이 사역하실 무렵에는 "바리새인의 윤리," 곧 종교적 의식과 외면적인 율법의 행위로 의를 이룰 수 있다는 생각이 팽배해 있었습니다. "바리새인의 윤리를 깨뜨리기 전에는 죄가 무엇인지 사람들이 알 수가 없었습니다." 바로 이러한 이유에서 예수님은 그들의 잘못된 율법관을 깨뜨리고 구약에서 가르친 율법의 본래 모습이 어떤 것인지를 가르치기 위해 예수님은 산상보훈의 윤리를 설파하신 것이라고 정암은 설명합니다.

정암의 『산상보훈 강해』는 이러한 주요 이슈들을 담아내고 있습니다. 신학적으로 까다로운 쟁점들을 일반 신자들이 쉽게 알아들을 수 있는 단순하고 분명한 언어로 설명하는 것이 가장 큰 장점들 가운데 하나입니다. 영음사는 2015년부터 그동안 발간되지 않은 정암의 설교와 강의 녹취 자료들을 찾아서 출판하는 작업을 꾸준히 시도해 오고 있습니다. 일 년 이상의 작업을 통해 이렇게 『산상보훈 강해』를 출판하게 되었습니다. 본서를 통해 독자들이 성경말씀을 정확무오한 하나님의 계시 말씀으로 신종하는 박윤선 박사의 주옥 같은 설교를 듣게 된 것을 심히 기쁘게 생각합니다. 무엇보다 예수님께서 산상보훈을 통해 우리에게 직접 말씀하시는 진리에 대한 깊은 이해와 통찰력을 얻게 되기를 간절히 소원합니다.

2016년 5월
펴낸이 안 만 수

차 례

머리말	5
Ⅰ. 서론	13
예수님의 종교와 바울의 종교	13
산상보훈은 예수님 메시지의 근본	18
Ⅱ. 팔복에 대한 교훈(5:1-12)	25
팔복의 두 방면 – 자기 거부와 증거 운동	25
산에 올라가 가르치심(5:1-2)	28
처음 네 가지 복(5:3-6)	30
나머지 네 가지 복(5:7-12)	54
Ⅲ. 기독 신자의 진리 증거(5:13-16)	93
너희는 세상의 소금이니(5:13)	94
너희는 세상의 빛이라(5:14)	99
Ⅳ. 예수님의 율법관(5:17-48)	103
내가 왔다(5:17-18)	106
두 가지 의의 대조(5:19-20)	116
제6계명 해석(5:21-26)	124

산상보훈 강해

제7계명 해석(5:27-32)	132
제3, 9계명 해석(5:33-37)	139
모든 계명의 완성인 사랑(5:38-48)	142

V. 하나님 중심한 의리(6:1-34)   147
우상을 섬기지 말라	147
하나님 중심한 행위(6:1-4)	149
하나님 중심한 기도(6:5-15)	158
하나님 중심한 금식(6:16-18)	188
하나님 중심한 부자(6:25-34)	190

VI. 단편적 교훈(7:1-29)   195
폄론하지 말라(7:1-5)	196
성별을 파수하라(7:6)	204
기도 응답의 보장(7:7-12)	208
좁은 문으로 들어가라(7:13-14)	223
두 가지 다른 대조들(7:15-27)	229
결론(7:28-29)	238

부록_산상보훈 주석   241

I

서론

예수님의 종교와 바울의 종교

신신학자들은 예수님과 바울을 어떻게 이해합니까? 그들은 다르다고 봅니다. 예수님의 종교는 바울의 종교와 다르다고 합니다. 예수님은 믿음으로 구원받는 진리를 가르치지 않았다. 예수님은 사람들에게 자신을 믿음으로 구원받는다고 말씀하시지 않았다. 그저 뭐 "네 믿음대로 되라"고 할 적에 병 고치는 문제로 그런 말씀했을 뿐이다. 우리 영혼과 육신이 아울러 구원받는 구원을 뜻하고서 그렇게 말씀을 한 것이 아니다. 바울이 말한 것처럼 그렇게 똑똑하게 믿음으로만 구원을 받는다고 예수님이 말씀하지 않았다는 것입니다.

예수님은 이러한 종교를 가르치고 바울은 저런 종교를 가르쳤다고 합니다. 즉 바울이 예수님의 이름을 사용하긴 사용했지만 그의 신학은 예수님과 다르다. 어느 정도 예수님과 공통점은 가지고 있지만 바울은 더 발전시키고 전개시켰다고 주장합니다. 그들은 이렇게 종교 진화론을 믿는 사람들입니다.

종교 진화론이란 무엇입니까? 기독교는 처음과 나중이 다르다고 하는 것입니다. 구약시대와 신약시대가 다르고, 신약시대 초기와 신약시대 후기가 달라졌다고 주장합니다. 그렇게 말하는 종교 진화론은 불신앙 사상입니다. 즉 사람의 문화 정도에 따라서 종교가 발달했다는 것입니다. 그것은 아주 그릇된 사상이고 기독교 계시의 성격을 파괴시키는 잘못된 말입니다. 진리는 진화하는 법이 없습니다. 진리는 옛적이나 지금이나 똑같습니다. 진리는 진화하지 않습니다. 진리는 그 자체의 완성인데 진화할 리 있습니까?

이 사람들이 말하는 종교 진화론은 인본주의가 아닐 수 없습니다. 사람의 머리가 차차 발달해서 종교를 발달시켰다. 사람들이 종교도 발달시켰다. 사람이 종교를 만들었다는 학설 아닙니까? 인본주의 자체입니다. 그러나 기독교 자체는 그렇게 말하지 않습니다. 성경이 말하는 바는 신본주의입니다. 하나님이 구약종교도 주셨고 신약종교도 주셨다고 우리는 철두철미하게 믿습니다. 성경이 그렇게 말하기 때문입니다. 어디까지나 기독교는 계시 의존 사상입니다. 계시 종교입니다. 즉 하나님이 말씀한 그대로입니다.

그러면 종교 진화론은 무엇이 잘못되었습니까? 그것은 종교의 근본 문제에 대한 교훈까지도 진화되었다고 말합니다. 예수님은 믿음으로 구원받는다고 말하지 않았는데 바울이 믿음으로 구원받는다고 말했다는 것입니다. 바울이 창작했다는 것입니다. 이런 아주 다른 사상을 어떻게 성경적인 것으로 받을 수 있겠습니까?

기독교의 성경이 말하는 그대로 볼 때에 우리가 믿는 기독교의 근본은 구약에도 그대로 계시되었고 신약에도 그대로 계시되었습니다. 예수님이 친히 가르치던 신약 운동 초기뿐 아니라 예수님이 죽었다가 다시 살아나신 후에 발생한 사도들의 교훈 운동도 역시 마찬가지입니다.

여러분은 어떻게 생각합니까? 구약에도 기독교 근본이 계시되어 있다고 믿습니까? 구약에서 피로써 구원받는다는 것이 무엇입니까? 그것은 믿음으로 구원받는다는 말입니다. 양의 피를 제단에 뿌리고 성전 휘장에 뿌림으로써 제사 드리는 일의 총 요점을 삼았습니다. 이것이 무슨 뜻입니까? 그것은 "장차 올 일들의 그림자"입니다. 히브리서 10:1에 보는 대로 장차 올 일들에 대한 예표적인 표시입니다. 이것은 우리가 그렇게 해석해 낸 것이 아니라 신약성경이 말하는 그대로입니다.

우리가 돈을 사용하려고 할 때 은행에서 수표로도 받고 현찰로도 받습니다. 하지만 이 수표라는 것은 현찰은 아닙니다. 그것은 현찰을 대신하는 것이요 현찰의 가치를 가지는 것입니다. 구약시대에서는 예수님이라는 실제를 받지 못했다 하더라도 예수님에 대한 표는 받았습니다.

천지와 바다와 그 안의 만물을 주장하시고 옛적이나 지금이나 영원한 미래를 주장하시는 그분에게는 과거, 현재, 미래가 없습니다. 그분이 내려다 볼 때는 다 마찬가지입니다. 그러나 인간은 시간에 매이는 까닭에 아직 예수님이 오지 않은 시대에 보여주려면 표로만 보여 줄 수밖에 없습니다. 그때에는 표로 받아서 구원을 받았습니다.

구약시대에는 율법으로 구원을 받았고 신약시대에는 예수님의 은혜의 피로 구원받았다고 생각하면 안 됩니다. 세대주의에서 그렇게 생각하는 사람들이 있습니다. 그러면 어떻게 됩니까? 옛날 사람이나 지금 사람이나 다 죄인인 것은 마찬가지인데 어떻게 구약시대 사람들이 율법을 지킵니까? 그 사람들도 율법 못 지킵니다. 사람의 종자는 다 똑같습니다. 못 지킬 줄 아셨기 때문에 하나님께서 법을 내셨습니다. 예수님의 보혈을 힘입어서만 구원받도록 하셨습니다.

우리가 천당 가보면 알겠지만 율법을 지켜서 구원받은 사람은 하나도 있을 리 없습니다. 전부 다 예수님의 피로 구원받습니다. 여러분도 그렇게 믿겠지만 이전부터 나는 그렇게 믿고 있습니다.

이것은 지금 중요한 문제입니다. 어떤 사람들은 성경을 읽으면서도 확신이 없이 믿습니다. 단편적으로 읽고 단편적으로 깨달으니까 큰 줄거리를 잡지 못해서 흔들거립니다. 이 모든 말씀이 다 한 줄거리로 길게 나가는데 어디를 보든지 큰 줄거리를 보면서 해석하면 해석이 튼튼하고 깊어집니다. 그러나 줄거리를 못 본다면 겉만

핥게 되어 흔들흔들 할 수 있습니다.

　예수님은 확실하게 믿음으로 구원받는다고 한 것이 없는데 왜 믿음으로만 구원받는다고 합니까? 물론 바울이 그렇게 말했는데 그렇다면 나는 누굴 따라가야 합니까? 예수님을 따라가야 합니까? 바울을 따라가야 합니까? 그 두 분을 다 따라가야 하겠는데 그러면 오늘은 예수님을 따라서 행함으로 구원받는다고 믿고 내일은 바울을 따라서 믿음으로 구원받는다고 해야 할 것 아닙니까? 이렇게 하면 둘 다 믿는 것이니 아마 천당 갈 수 있겠다 할 수 있을 것입니다. 사람이 그렇게 확신이 없어서는 안 됩니다.

　예수님의 신학과 바울의 신학이 서로 틀림이 없습니다. 바울은 예수님에게서 난 것입니다. 바울의 신학은 예수님에게서 난 것입니다. 하나님이 바울에게 계시로 보여줄 적에 갈라디아서 1장에 말한 대로 바로 예수님의 그것을 보여준 것입니다. 나사렛 예수님은 인류의 구원에 대하여 어떻게 가르치셨습니까? 행함으로 구원을 받는다고 하셨습니까? 믿음으로 구원을 받는다고 하셨습니까?

　어떤 학자들은 예수님이 산상보훈에서부터 율법과 도덕을 가르치셨으니 분명히 그는 믿음으로 구원받는다고 한 바울과 달리 구원의 길로써는 도덕을 가르친 것뿐이라고 합니다. 예수님은 율법을 지키라고 외쳤으므로 바울이 딴소리를 했다고 말합니다. 그러면 예수님은 산상보훈에서 행함으로 구원 얻는 교리를 말씀하신 것입니까? 결단코 그렇지 않습니다.

산상보훈은 예수님 메시지의 근본

예수님의 산상보훈은 성역 초기에 가르치신 교훈으로서 가장 긴 교훈입니다. 따라서 산상보훈은 예수님의 메시지의 근본이라고 할 수 있습니다. 다시 말하면 이 세상에 주시는 말씀의 근본입니다. 그런데 여기 문제가 하나 있습니다. 예수 그리스도의 메시지와 바울의 메시지에서 차이점이 있다는 것입니다.

기독교는 하나인데 선생이 둘인 것과 같습니다. 예수님은 얼핏 보면 윤리 도덕을 중점적으로 말한 것 같고 사도 바울은 구원론을 중점적으로 전개한 것 같습니다. 사도 바울은 행함으로 구원을 받는 것이 아니라 믿음으로 구원을 받는다 한 것이 그의 교훈의 깃발인 셈입니다.

여기에서 성경 연구자들의 문제가 발생합니다. '예수와 바울'이라 하는 제목의 글도 많이 씁니다. 잘못 아는 사람들은 예수님은 이렇고, 바울은 저렇다고 합니다. 예수님은 도덕을 중점적으로 말했지 믿음으로 구원받는다고 강조하지 않았다. 산상보훈을 보아라. 산상보훈 어디에 회개하고 믿어 의를 얻음으로 구원을 받는다고 분명하게 말했는가? 믿음으로 구원을 얻는다고 하는 그런 교훈이 산상보훈에 있는가? 없다. 이런 식으로 잘못 알고 있습니다.

그러나 우리는 바울의 교훈이 예수 그리스도에게서 나왔다는 것을 확연하게 알아야 합니다. 우리가 성경을 읽을 때 이것은 이렇고,

저것은 저렇다는 식의 이율배반으로 알면 확신이 없습니다. 그러나 알고 보면 같은 계통입니다.

예컨대 한 나무를 보십시다. 나무뿌리가 있는가 하면 나무 밑동이 있고 가지들이 있고 잎이 있고 꽃이 있고 열매가 있잖습니까? 나무의 뿌리는 그 모습이 나무와는 같질 않습니다. 모습이 같지는 않지만 사실 뿌리와 나무가 같습니다. 그 질이 같습니다. 분석해 보면 나무의 주요 요소는 뿌리에 다 있습니다.

예수님의 교훈은 뿌리와 같습니다. 후대에 신학적 술어를 형성할 만큼 가르치지는 않았습니다. 가령 믿음으로 의를 얻는다 하는 말씀 같은 것은 나오지 않습니다. 뿌리의 형식으로 모든 것을 표현했습니다. 따라서 예수님의 산상보훈을 일반 도덕가들의 도덕훈과 같은 것으로 보면 아주 잘못 보는 것입니다.

공자도 사랑을 가르치지 않았습니까? 남을 자기와 같이 생각해주는 것이 착한 것이라고 했습니다. 아주 그럴듯한 말입니다. "이웃 사랑하기를 내 몸같이 사랑하라"는 성경의 말씀과 비슷하지 않습니까? 하지만 공자의 윤리를 체계적으로 볼 것 같으면 그 말의 뜻은 다릅니다. "자기가 원하지 않은 것은 남에게 베풀지 말라"(己所不欲 勿施於人)고 하는 정도에서 그칩니다.

그러나 다른 사람을 나 자신과 같이 사랑하라고 한 예수님의 말씀은 소극적으로 남이 원치 않는 것을 하지 않는 정도가 아닙니다. 적극적으로 남이 원하는 것을 해주는 겁니다. 그것이 산상보훈의 7

장에 나옵니다. 남이 싫어하는 것을 안 한다는 것은 소털 뽑지도 않고 꽂지도 않는 그런 생활 윤리입니다. 그러기 때문에 적극성이 없어서 사회가 부패해 가더라도 도무지 손보지 않습니다. 손을 본다 해도 이차적입니다. 그러니까 적극적으로 해야 된다는 것을 안 하니까 아주 세상이 다 부패하도록 되는 것입니다. 내 볼 장만 본다는 것입니다. 남이 싫어하는 것만 안하면 됐지, 내가 적극성 있게 남이 좋아하는 것을 뛰어다니면서 해야 하는가 하는 윤리입니다. 부패한 사회에 대한 사회적 책임감이 그만큼 소극적입니다.

그러나 기독교는 "이웃 사랑을 내 몸과 같이 사랑하라"고 했으니 아주 적극적인 면이 있습니다. 마태복음 7:12을 보면 "그러므로 무엇이든지 남에게 대접을 받고자 하는 대로 너희도 남을 대접하라 이것이 율법이요 선지자니라"고 말씀합니다. 남이 내게 대해서 해 주고자 원하는 것만큼 내가 해 주는 것입니다. 이것이 적극적인 면입니다. 기독교 윤리 체계가 전부 그렇습니다.

그러면 이런 윤리가 어떻게 해서 나온 것입니까? 그 근본은 하나님입니다. 하나님의 형상으로 인간이 지음 받았다는 것에 근거를 두고 있습니다. 나도 하나님의 형상으로 지음 받았지만 다른 사람들도 하나님의 형상으로 지음 받았다는 것입니다. 물론 범죄하여 어두워졌고 더러워졌지만 그 바탕이 없어진 것은 아닙니다. 남이나 나나 마찬가지입니다. 이처럼 기독교의 윤리는 하나님의 형상을 전제하고서 성립된 것이고 따라서 하나님의 면전에서 행하는 윤리이므로 그만큼 깊고 은밀한 가운데서 오히려 더 해야 될 것을 강조합니다.

남을 내 몸같이 생각해서 행해야 될 입장이므로 그만큼 사회성을 철저하게 지니고 있는 윤리입니다. 남이 부패한 것이 곧 내 부패다. 남에게 불행이 온다는 것이 곧 내게 불행이 온 것이다. 이러한 표준 하에서 살아야 하는 것이 기독자의 입장입니다.

그러면 우리가 이 가르침대로 사느냐 하는 것은 별문제이지만 그것이 진리라는 것입니다. 우리가 이대로 살지 못한다는 면에서 우리의 처신법은 회개입니다. 기독교에는 회개가 있습니다. 이 땅에서 우리의 허물로 생긴 것은 회개로 덮는다는 것입니다. 아주 쉽고 간편합니다. 아주 기쁜 윤리입니다.

그렇다고 해서 우리가 회개를 전망으로 하니까 아주 풀어져서 죽자 살자 옳게 행하려고 행할 필요 없다는 것입니까? 이 윤리 체계가 그런 사고방식을 가질 수 있도록 되어 있습니까? 그런 것도 아닙니다. 그렇게 하는 것은 죄를 짓는 것입니다. 그것은 하나님을 농락하는 것입니다. 하나님이 용서의 법을 내신 것도 역시 잘못된 사람을 내버리지 않고 다시 새롭게 해서 그야말로 하나님의 진리대로 살게 하시기 위한 것입니다.

그런데 이 용서법을 하나의 장난거리로 취급한다면 그것은 벌써 죄를 지은 것입니다. 물론 그것이 어느 정도에 가서 그런 죄로 성립될 것인가 하는 문제는 하나님만 아시겠지만 그런 생각을 가지는 것은 위태로운 것입니다.

산상보훈에서 윤리로 나타난 말씀들은 단순한 윤리가 아닙니다. 이것이 공자의 말처럼 뿌리 없는 나무가 아닙니다. 윤리는 살아계신 하나님께 뿌리를 두고 있습니다. 역사적 단계로 봐서 아직 예수님은 환하게 설명된 시기가 아닙니다. 예수님이 처음 가르치던 그 때는 듣는 사람들도 아직 예수님이 누구신지 잘 모르는 시기였습니다.

　그렇지만 사도 바울의 시대로 말하면 예수님이 이 세상에 다녀가신 이후입니다. 그가 죽었다가 다시 살아나신 놀라운 일이 있던 계시의 절정기가 있었습니다. 더욱이 보혜사 성령님이 오셔서 특이하게 역사하시는 시대였습니다. 예수님께서 하늘에 올라가셔서 가르치시는 방법은 성령을 보내시어 사도들을 세워 이전 시대의 다른 신자들과는 비교도 안 될 만큼 특이한 분량과 특이한 수준에서 가르치셨던 것입니다.

　그러니까 바울 시대는 역사적으로 봐서 경험으로든지, 지식의 재료로든지, 기독교가 훨씬 전개된 때입니다. 사도 바울이 사용한 술어들은 상당히 설명이 많이 나온 그러한 술어들입니다.

　그러나 예수님이 성역 초기에 가르치던 시대는 그야말로 계몽 시대였습니다. 바리새인의 윤리가 꽉 찬 시대였고 이것을 먼저 깨뜨려야 했습니다. 바리새인의 윤리를 깨뜨리기 전에는 죄가 무엇인지 사람들이 알 수가 없었습니다. 그들이 외식으로 성결을 이루는 것처럼 생각하던 때였습니다. 이것을 깨뜨리려니까 예수님께서 윤리를 가지고 나올 수밖에 없었습니다. 그래서 성역 초기에는 윤리 교훈이 많이 나온 것이 사실입니다.

특별히 공관복음인 마태복음, 마가복음, 누가복음뿐 아니라 요한복음을 읽어보면 예수님이 가르치신 말씀 가운데 대부분이 율법입니다. 단지 윤리라고 하면 대인관계(對人關係)를 말하는 것이지만 율법이라 하면 대인관계뿐 아니라 대신관계(對神關係)의 행위까지 모두 포함합니다. 그래서 이제 바리새인의 잘못된 율법관을 깨뜨리고 구약이 가르친 율법이 어떠한 것임을 밝혀내신 것입니다. 그렇게 해서 죄가 무엇인지 드러나게 하신 것입니다. 죄를 모르면 십자가도 알 수 없습니다. 어째서 사람이 십자가의 공로를 받아야 되는지를 모르니까 먼저 죄를 가르쳐야 하셨습니다. 그래서 산상보훈을 통해 율법을 많이 말씀하십니다.

이처럼 예수님은 율법을 많이 가르쳤고 바울은 율법보다도 믿음을 많이 말했다고 해서 이 믿음의 길은 바울의 교훈이고 율법의 길은 예수의 교훈이라는 식으로 갈라 말하면 안 됩니다. 피차 독립된 교훈으로 생각하면 안 된다는 것입니다. 율법에 대한 예수님의 가르침에 복음이 들어 있습니다. 다시 말하면 믿음으로 구원받는다는 내용이 들어있기는 하지만 바울 식으로 환하게 갖춘 설명은 아직 없었습니다. 예수님의 시대에는 그런 식으로 말할 수밖에 없었습니다.

II

팔복에 대한 교훈
5:1-12

팔복의 두 방면 - 자기 거부와 증거 운동

복이란 무엇입니까? 성경이 말하는 복은 이 세상 사람들이 말하는 것과 다릅니다. 이 세상 사람들은 돈 많은 것이 복이고, 권세를 잡는 것이 복이고, 또 자녀를 많이 보는 것이 복이라고 합니다. 이 모양 저 모양으로 이 세상 것을 가지고 복이라고 합니다. 그러나 여기서 말씀하는 것은 그런 것을 복이라고 하지 않습니다.

성경은 언제든지 하나님과 관계에서 사람이 바로 서서 하나님과의 관계를 바로 할 때 이것을 복이라고 합니다. 간단히 한마디로 한다면 하나님과 관계를 바로 맺었으면 복인 것입니다. 그렇지 않겠습니까?

우리는 하나님을 아는 사람들로서 하나님처럼 좋은 이가 없습니다. 하나님처럼 우리에게 참되신 이가 없습니다. 하나님이 만유를 지으시고 또 우리 사람을 특별히 사랑하는 중에도 하나님의 백성 된 사람, 예수 믿는 사람들을 하나님이 특별히 사랑합니다.

하나님이 특별히 우리와 가까워지고 하나님이 특별히 우리와 화목된 상태를 좋아하십니다. 하나님이 우리 아버지가 되시고 우리가 하나님의 자녀가 되어 이 두 사이의 관계가 순조로울 때처럼 좋은 것이 없습니다.

하나님은 모든 것을 창조하시고 주장하시는 대주재의 하나님이시고 또 우리의 구원을 이루어 주신 우리의 아버지이시므로 그 하나님이 우리에게 무엇보다도 복입니다. 그러니까 팔복의 말씀은 결국 그 한 가지를 말하는데 하나님과 우리의 관계가 바로 이루어져 하나님과 우리의 관계가 잘 돼 있는 것을 복이라고 합니다.

여기 산상보훈에 나오는 팔복은 점진적 특성 혹은 점층적 특성을 나타내고 있습니다. 점점 계단이 높아져서 정상으로 가는 그런 느낌을 가집니다. 자라나가고 전개해 나가는 점층적 발전이 있습니다. 이 층계에서 다음 층계로 옮기는 아주 뜻있는 특징을 가지고 있습니다.

주님께서 이러한 조직과 점진성을 가지고 말씀하셨는데 처음 네 가지 복은 자아 거부(self-denial), 즉 자기를 거부하는 것에 대한 교훈이라고 생각합니다. 그리고 다음 네 가지 복은 증거 운동과 관계된 말씀이라고 생각합니다.

우리가 잘못 생각하면 처음 네 가지 복은 중생과 관계되지만 다음 네 가지 복은 중생과 아무 상관없다고 생각하기 쉽습니다. 다시 말하면 남을 긍휼히 여기는 것, 마음을 청결하게 가지는 것, 화평을 가지는 것, 고난을 받는 이 모든 것들이 중생과 아무 상관없는 것처럼 생각할 수 있습니다. 그렇지만 두 번째의 네 가지 복도 역시 거듭난 자의 인격 내용을 보여 줍니다.

우리가 사도행전 2장에서 볼 수 있는 대로 성령이 임하실 때 두 가지로 비유하셨는데 하나는 바람으로 비유되는 내용이고 다른 하나는 불로 비유된 내용입니다. 바람으로 비유된 내용은 신구약 성경의 어디서나 나오는 대로 생명을 불어 넣어주는 내용이요 생명을 넣어주는 주님의 역사입니다. 다시 말하면 성령께서 오셔서 우리를 다시 살리시는 것입니다. 그렇다고 해서 불의 역사에 대해서 활동을 의미한다고 하지 않아야 합니다. 그것은 증거 운동입니다. 그러나 이것이 거듭난 사람의 다른 한 방면인 것은 우리가 부인할 수 없습니다. 다시 말해서 거듭남과 증거는 같이 가는 것입니다. 증거는 이다음에 해야 할 연기된 것이 아닙니다. 나면서부터 증거가 동행해야 합니다.

언제든지 교회에서는 증거 운동이 사는 운동과 상관해서 움직여야 합니다. 그래야 사는 것도 충실해지고 증거 운동도 충실해집니다. 이러한 사실을 우리는 성경적으로 얼마든지 말할 수 있습니다.

거듭난 자의 생활 태도는 첫째로 자아 거부의 내용인 것입니다. 이 자아 거부에 대한 성경의 가르침은 다른 종교나 혹은 이교 철학이나 이교 윤리에서 가르치는 고행주의와는 다릅니다. 기독교의 이 자아 거부라는 것은 극기라는 말로도 옮기기 어렵습니다. 극기라는 말이 우리 기독교에 해당되지는 않습니다.

'자기를 이긴다.' '자기를 거부한다.' 그것이 다 비슷한 것 같지만 그렇지 않습니다. 왜냐하면 자기를 이긴다고 할 적에 무슨 인상을 주느냐면 고행주의의 인상을 주기 때문입니다. 우리 기독교에서는 내가 나를 이긴다는 사상을 기본적으로 안 가르칩니다. 혹시 그런 술어가 좀 더 특별한 것을 가지고 가르치는 것이 나올 수는 있겠지만 이교 종교에서 가르치는 고행주의의 극기와는 다른 것입니다. 그것은 내가 나를 이김으로써 내가 어떻게 유익한 것을 만들어 내는 것이 아니라는 말씀입니다. 이제 본문으로 들어가 살펴보겠습니다.

산에 올라가 가르치심(5:1-2)

1절을 보십시다.

예수께서 무리를 보시고 산에 올라가 앉으시니 제자들이 나아온지라 입을 열어 가르쳐 이르시되(5:1-2).

예수님께서 가르치실 때에 산에 올라가 서서 가르치신 것이 아니라 앉아서 가르치셨다고 합니다. 이 산은 어느 산입니까? 혹자는 그 산을 다보 산이라고 하지만 갈릴리 가버나움이나 혹은 그 근방에서는 거리가 너무 멉니다. 그러니까 제자들을 데리고 그 먼 거리를 여행해서 말씀을 주셨다고 보기는 좀 어렵습니다. 오히려 가까운 거리의 산이 아닌가 생각됩니다. 이 가까운 거리의 산이 바로 갈릴리 호수가의 컨해틴(Kun Hattin)입니다.

저는 가보지는 못했지만 좌우간 갈릴리에서 가깝고 제자들을 데리고 갈만한 거리의 위치라고 합니다. 우리가 이 산을 호렙산과 대조해 볼 필요가 있습니다. 호렙산 즉 시내산은 험준하고 가파라 올라가기가 힘들 뿐 아니라 거친 광야에 놓여있습니다. 거칠고 험하고 기쁨이 없는 산이라고 합니다. 그러나 컨해틴은 매우 아름다운 산이라고 합니다. 아름답고 올라가기가 순조로운 산입니다. 우리가 여기에서도 생각할 것이 있습니다.

율법은 험준하고 무섭다고 볼 수 있습니다. 그러나 깊이 알고 보면 율법도 하나님이 사랑해서 준 것이므로 우리가 받을 때 고맙게 받아야 합니다. 그러나 사랑도 채찍으로 나타나는 사랑이 있지 않습니까? 좌우간 험준한 시내산은 율법을 상징한다고 할 수 있고 아름다운 컨해틴 산은 복음을 상징한다고 볼 수 있습니다.

이 복음은 주님께서 이 세상에 오셔서 그 험한 율법을 친히 짊어지시고 험한 율법을 친히 지키시므로 그야말로 우리는 그저 진실하게 받기만 하면 이루게 됩니다. 뭐든지 다 주님이 해 주십니다. 그것이 복음이 아닙니까? 복음을 받을 때 아무런 성의도 없고 열심도 없고 진실성도 없이 그저 뭐 되는 대로 하겠다고 하는 심리를 가져서는 안 됩니다. 그것은 진실하게 받는 길이 아닙니다. 그렇다고 복음을 받는 일이 무거운 짐이라고는 할 수 없습니다. 실상 주님께서 우리 짐을 다 져 주셨기 때문입니다. 그것이 복음입니다. 참으로 기쁨으로 시작하여 기쁨으로 변해가는 이 일이 복음입니다. 이렇게 기쁨을 상징하는 산입니다. 어쨌든 이렇게 대조적인 산으로 우리가 봅니다.

이 산에 올라가 앉으시고 가르치실 때에 제자들이 나오자 주님께서 "입을 열어 가르"치셨습니다.

처음 네 가지 복(5:3-6)

팔복은 점층적으로 나오고 있습니다. 점진적입니다. 첫째가 있어서 둘째가 있도록 돼 있습니다. 심령이 가난하니 애통이 나오게 됩니다. 심령이 가난한 자는 애통하도록 되어 있습니다. 애통하는 자는 온유하게 됩니다. 이렇게 점진성을 가졌습니다. 성경에 있는 말씀이 물론 다 이렇게 순서가 있고 질서가 있지는 않지만 점진의 성격을 가지고 있어서 우리가 잘 깨달을 수 있도록 그것을 찾는 것입니다.

　이렇게 점진성을 가지고 말씀이 나오는데 처음 이 네 가지 복은 자아 거부에 관한 말씀입니다. 네 가지를 다 합해서 성격을 따지라면 자아 거부입니다. 즉 나를 거부하라는 것입니다. 나를 거부하고서 하나님과 관계를 맺고 하나님 제일주의로 자리를 옮기는 것입니다.

　심령이 가난하다는 것은 자아 거부입니다. 애통하는 것도 자아 거부입니다. 온유한 것 역시 자아 거부입니다. 의에 주리고 목마른 것도 역시 자아 거부입니다. 자기를 거부하는 것입니다. 우리 인간 측에서 취할 첫째 행동은 자아 거부입니다. 이처럼 기독교는 자아 거부입니다.

　예수님께서 마태복음 11장에 자기를 버리고 제 십자가를 지라고 했는데 자기를 버린다는 것은 자아 거부입니다. 그러면 왜 자아 거부입니까? 이것은 고행주의에서 가지는 자학주의가 아닙니다. 자기 자신을 멸시하고 자기 자신을 해치며 자기 자신을 짓밟아 버리는 고행주의의 자학이란 소망이 없습니다. 자기를 짓밟아 버리는 정도로는 구원이 없습니다.

　자학 행위는 하나님이 주신 선물까지 파괴시킵니다. 그것은 일부러 몸을 파괴시킨다든지, 일부러 몸을 잘 돌보지 않고 이 몸을 내버리는 것과 같습니다. 하나님이 주신 선물을 무시하고 멸시하고 박대하는 그러한 죄까지 짓는 것입니다.

　그러면 자아 거부(self denying)란 무엇입니까? 성경이 말하는 대로 찾아봐야겠습니다. 마태복음 16:23입니다. "이에 예수께서 제자들에게 이르시되 아무든지 나를 따라오려거든 자기를 부인하고 자기 십자가를 지고 나를 따를 것이니라"(마 16:23). 그러면 자기를 부인하고 자기 십자가를 진다는 것은 무엇이겠습니까?

　자기를 부인하는 것은 자기를 거부하는 것을 말합니다. 자기를 자기의 구원자로 인정하지 말라는 것입니다. 자기를 거부한다는 것은 자기를 없애버리라는 말입니까? 자기라는 것은 없어지지 않습니다. 자기라는 것을 없애라는 것이 아니라 자기라는 것이 자신에게 참으로 도움을 준다, 자기라는 것이 나를 구원한다고 생각하는 잘못된 자아관을 거부하는 것입니다.

　십자가를 지는 것도 역시 자아를 거부하는 것과 같습니다. '나를 따르라'는 것입니다. 예수님만이 구주라는 것입니다. 예수님이 구주이지 나 자신이 구주가 아니라는 것입니다. 나 자신이 나를 구원할 수 없고 나 자신이 나를 진정한 의미에서 도와줄 수 없고 나 자신은 나를 많이 속인단 말입니다. 그러니까 나의 구원 문제에 있어서 예수를 따라가야지 나를 따라서는 안 된다 말입니다. 자아를 거부하고 누가 구원자가 되느냐 하는 문제에 있어서 자아를 거부하란 말입니다.

　내가 먹으려고 하는 것도 먹지 아니하고 마시려고 하는 것도 마시지 아니하는 것이 아닙니다. 자아의 존재의 권리를 부인하라는 말이 아닙니다. 구원 문제에 있어서 참으로 돕는 일을 할 자는 자아가 아니고 예수라는 것입니다. 그러니까 자아를 부인해야 된다는 말이 그런 말입니다. 고행도 아니고 자학주의를 가지고 살라는 것이 아닙니다.

인도에서 어떤 이교 종파의 소위 성자라는 사람들은 송곳을 하나 가지고 다니면서 자기 생각에 죄라고 생각되는 일이 일어나면, 그런 욕심이 일어나면 그 송곳으로 자기 몸을 찌른다는 것입니다. 이런 것은 다 자학주의입니다. 하나님의 선물을 파괴시키는 어리석은 사람입니다. 그렇게 해 가지고 구원이 이루어지는 것이 아닙니다. 구원은 구원해 줄 존재가 있어야 합니다. 구원해 줄 수 있는 분은 예수님입니다.

이 구원 문제에 있어서 '누가 구원해 주느냐?' 하는 것을 분명히 알아야 합니다. 예수님이 구원해주십니다. 예수님뿐입니다. 내 구원을 이루는 데 있어서 예수님을 내가 도와드릴 수 있습니까? 그것도 못하는 자기 자신인 것입니다. 내가 한 것 같은데 후에 가보면 벌써 은혜를 받아서 된 것이라 말입니다.

산상보훈의 팔복은 언제나 구원자를 바라봐야 하지 나 자신이 나를 구원하지 못한다고 합니다. 언제나 그런 사상을 가져야 되겠습니다. 나 자신에게 대해서 낙관하다가는 죽습니다.

심령이 가난한 자

심령이 가난한 자는 복이 있나니 천국이 저희 것임이요(5:3).

첫째 복을 생각해 봅시다. 심령이 가난하다는 말뜻이 무엇입니까? 사람들 가운데는 그 뜻을 잘못 알고 읽는 사람들이 많습니다. 가난하다는 말은 파산당한 정도의 빈곤을 뜻합니다.

신약성경에서 헬라어로 가난하다는 말은 여러 단어로 나타납니다. 하나는 '페네스'라는 말이 있는데 이것은 날마다 노동을 죽도록 해야 먹고 살아가는 우리 형편을 나타내는 말입니다. 그러나 여기 쓰인 가난이란 말인 '프토코이'라는 말은 걸식하지 않으면 못 사는 것을 말합니다. 그러니까 자기 것은 하나도 없다는 뜻입니다. 자기 힘으로 노동도 못합니다. 그저 밥을 얻어먹어야 할 그런 처지에 있는 사람을 '프토코이' 곧 '가난한 자'라고 합니다. 걸식하는 자를 말합니다.

그러면 심령이 가난하다는 것은 무엇입니까? 심령이 가난하다는 것은 그야말로 자기가 죄인이고 자기에게는 구원받을 아무런 의가 없고 구원받을 아무런 힘도 없는 것을 느끼는 사람입니다. 이런 비참한 형편에 있지만 이것을 느낄 줄 모르는 사람은 '프토코이'에 해당되지 않습니다.

주님이 여기서 지적한 대로 가난한 자는 자기 스스로 구원 문제에 대해서 어떻게 할 수 없는 것을 느낍니다. 그래서 구원 문제에 있어서는 하나님에게 빌 수밖에 없는 그러한 생활 의식을 가지고 '하나님이 구원하기 전에는 나는 구원 못 받는다, 하나님이 구원해 줘야 나는 소망 있다'는 생각을 가지는 자입니다.

그는 하나님의 걸인입니다. 하나님에게 애걸하는 심리를 늘 가지고 있습니다. '나는 죽어 마땅하고 멸망 받아 마땅하니 내게는 힘도 없고 공로도 없고 의도 없습니다. 그저 하나님이 불쌍히 여겨서 구원해 주셔야만 내게 구원이 있습니다.' 그러한 생활 의식을 가진 자가 가난한 자라는 것입니다.

어떤 해석을 보니까 가난한 자라는 것은 마음이 빈 사람이라고 해석을 해놓은 것을 봤습니다. 이 마음에 아무것도 없다. 아무 생각도 없다. 욕심도 도무지 없고 아무 소원도 없고 그 무엇이든지 마음에 와서 차지하지 못하도록 되어 있는 빈 마음이라고 말입니다. 즉 공심(空心)이라고 했습니다.

그러나 그것은 성경이 말하는 심령의 가난이 아닙니다. 마음의 빈 것을 위주할 수는 없습니다. 왜냐하면 마음이란 빌 수가 없습니다. 사람이 마음을 가졌고 이 마음으로 생각하는 것인데 어떻게 생각이 없겠습니까? 생각하는 기관이 어떻게 전혀 생각이 없겠습니까? 그러므로 그것은 불가능합니다.

이 공심주의는 불교에서 숭상하는 것입니다. 불교에서는 무엇이 있다고도 하지 않고 무엇이 없다고도 하지 않는 것이라면 그것은 죄입니다. 그래서 불교는 멸상주의(滅相主義)를 말합니다. 다시 말하면 마음의 이미지를 전부 소멸시켜야 한다는 것입니다. 공심주의는 이런 불교 사상에서 따온 것입니다.

특별히 빛 되신 하나님의 말씀으로 비추어볼 때 인간의 모든 생각이나 그 어떤 것으로도 구원을 이룰 수 없습니다. 아담 이후 범죄하여 더러워졌고 어두워졌고 썩어졌는데 무엇이 가득 찼다고 해서 구원도 아니고, 아무것도 아니라 해서도 구원은 아닙니다. 결단코 인간 존재 그 자체가 구원을 이룰 수는 없습니다.

신구약이 말하는 바 구원은 하나님에게서 오는 것입니다. 또 우리가 그 말씀을 받아서 살아보니 더 그렇습니다. 우리가 살아갈수록 나이가 많아질수록 발견하는 것은 우리 자신이 부패했다는 것입니다. 따라서 공심주의로 소망을 가질 수는 없습니다.

혹시 생각하기를 마음이 가난하다는 것이 겸손을 의미했다고 생각할 수 있습니다. 물론 하나님 앞에 겸손도 당연히 있겠죠. 그러나 마음이 가난한 자라는 그 말에는 미치지 못합니다.

일반적으로 겸손이라는 것은 이웃을 향하여 나를 낮추는 것을 말합니다. 그러나 여기서 예수님은 그런 윤리를 가르치는 것이 아닙니다. 인간 대 인간의 관계를 조절하고 바로 잡으려는 정도의 것을 말씀하는 것이 아닙니다. 예수님은 구원자로서 하나님과 사람과의 관계를 바로 잡고자 하시는 것이 근본 목적입니다. 하나님과 인간의 관계를 바로 잡으면 인간과 인간과의 관계는 자동적으로 맺어지는 것입니다. 여기서 예수님이 중점적으로 가르치시는 것이 바로 그런 문제입니다.

그런고로 산상보훈에서 특별히 팔복에서 사람이 사람에 대해서 올바로 행할 도덕을 가르쳤다고 강조할 것 같으면 그것은 잘못 가르치는 것이 아니겠습니까? "심령이 가난한 자는 복이 있나니 천국이 그들의 것임이요"라고 했는데 천국이란 하나님이 다스리는 문제입니다. 하나님의 통치 사역을 말하는 것입니다. 하나님의 통치를 누가 받을 수 있느냐? 마음이 가난한 자가 받는다. 이웃에게 대하여 내가 나를 낮추는 정도로는 도저히 하나님과의 관계를 바로 잡을 수 없습니다.

그렇기 때문에 우리는 "심령이 가난한 자는 복이 있다"는 이 말씀을 우선 똑바로 깨달아야 합니다. 그것은 자아 거부의 제1계단입니다. 우리의 신앙 상태를 가지고 '가난하다', '부하다'고 하는 말씀은 계시록 3:15에 나옵니다. "내가 네 행위를 아노니 네가 차지도 아니하고 뜨겁지도 아니하도다 네가 차든지 뜨겁든지 하기를 원하노라 네가 이같이 미지근하여 뜨겁지도 아니하고 차지도 아니하니 내 입에서 너를 토하여 버리리라"(계 3:15).

여기서 "뜨겁지도 아니하고 차지도 아니하니"라는 표현은 교만한 상태를 말합니다. 교만한 자는 결단성 있게 순종을 안 합니다. 결단성 있게 구원 성취에 동참하지 않습니다. 미지근합니다. 자족하고 스스로 좋은 줄로 아는 그런 처지를 취합니다.

이어서 17절을 보면, "네가 말하기를 나는 부자라 부요하여 부족한 것이 없다 하나 네 곤고한 것과 가련한 것과 가난한 것과 눈 먼 것과 벌거벗은 것을 알지 못하는도다"(계 3:17)라고 말합니다. 이것은 경제 관계의 말씀이 아니고 사람의 심령을 두고 말씀한 것입니다. '심령이 부한 사람이 있다'는 말입니다. 스스로 된 줄로 아는 사람, 되지 못하고 된 줄로 아는 사람이 있습니다. 그런 분들은 미온 상태 가운데 있습니다. 뜨뜻미지근합니다. 결단성이 없습니다. 자기의 잘못을 고치거나 새롭게 개척하거나 새로이 전진하려고 하지도 않고 미지근한 상태에서 스스로 된 줄로 압니다. 심령의 부자라고 생각합니다. 그러나 실상은 가련하고 가난하고 눈멀고 벌거벗은 것입니다.

다음 절인 18절도 보겠습니다. "내가 너를 권하노니 내게서 불로 연단한 금을 사서 부요하게 하고 흰 옷을 사서 입어 벌거벗은 수치를 보이지 않게 하고 안약을 사서 눈에 발라 보게 하라"(계 3:18). 불로 연단한 금이라는 표현은 비유입니다. 금은 변치 않습니다. 변치 않는 신앙을 사서 부요하게 되라는 것입니다. 참으로 믿음이 있으면 부요함을 갖게 됩니다. 그러니까 "심령이 가난한 자는 복이 있나니 천국이 그들의 것임이요"라고 하는 것입니다.

애통하는 자

애통하는 자는 복이 있나니 그들이 위로를 받을 것임이요(5:4).

애통한다는 것은 무엇입니까? 슬플 '애'(哀), 아플 '통'(痛) 자인데 애통한다 할 적에는 소리를 내서 크게 우는 것을 생각합니다. 그러나 원뜻은 통탄한다는 말입니다. 아프게 탄식한다는 말입니다. 아프게 탄식한다는 것은 눈물을 흘릴 수도 있겠고 소리를 내서 울 수도 있을 것입니다. 그러나 그렇게 표현하지 않더라도 마음속으로 통탄하는 것이 있으면 애통하는 것이 됩니다. 눈물을 흘리든지 아니든지, 소리를 내든지 안 내든지 하는 것은 그 사람의 성질 나름입니다. 어떤 사람은 침착해 가지고 표현을 별로 안하지만 마음 가운데 아픈 것은 그대로 아픔을 느끼고 있습니다. 그런 사람들이 있습니다. 그런 사람들도 다 여기 포함됩니다.

그러면 무엇을 애통해 합니까? 무엇을 그렇게 아프게 탄식합니까? 자기 자신이 너무 한심스럽고 비참한 처지에 떨어졌고 자기가 죄인인 것이 분명하게 알려졌다는 말씀입니다. 옳은 것을 하려고 하면 그것은 잘 안됩니다. 못된 일은 쉽게 하고 맙니다. 이렇게 의를 이루는 힘이 도무지 없습니다. 과거를 살펴볼 때 허물투성이요 미래를 볼 때 막막합니다. 미래에 무엇이 되겠는가 할 때 낙심이 될 정도입니다. 그러하기 때문에 애통하는 단계가 된 것입니다.

시편 51편에 이런 마음이 잘 드러나 있습니다. 자기의 죄를 원통하게 여깁니다. 자기의 죄를 닦아내지 못하고 극히 일관되게 자기의 죄 때문에 자기는 영원히 멸망할 것을 느끼게 됩니다. 그 단계에서 다윗은 시편 51편을 지었습니다. "하나님이여 주의 인자를 따라 내게 은혜를 베푸시며 주의 많은 긍휼을 따라 내 죄악을 지워 주소서 나의 죄악을 말갛게 씻으시며 나의 죄를 깨끗이 제하소서 무릇 나는 내 죄과를 아오니 내 죄가 항상 내 앞에 있나이다"(시 51:1-3).

여기서 특별히 3절 말씀을 우리가 기억해야 합니다. "나는 내 죄과를 아오니 내 죄가 항상 내 앞에 있나이다." 잘못한 것을 생각할 때 생각하면 생각할수록 잠도 안 오고 마음이 괴롭습니다. 심장이 아프고 정신 착란증에 빠져 들어가 못살겠다는 것입니다. 그러니까 잊고 싶어 하는 사람도 있습니다. TV 같은 거라도 틀어놓고 그것을 보고 잠시나마 잘못한 것을 잊고서 머리를 다른 데로 전환시키려는 방법을 사람들이 씁니다.

이것이 건전한 방법이 되겠습니까? 하나님 앞에서 잘못한 것을 내가 잊고 있다면 하나님이 더욱 분노하실 일 아니겠습니까? 교활하게도 잘못한 것에 대한 책임을 아주 망각하고서 정신을 다른 데로 돌려버리는 방법이 하나님을 기쁘시게 하겠냐는 것입니다.

혹 나는 좋을지 모릅니다. 그렇게 잊고 있으면 괴롭던 마음을 잠깐이라도 쉬게 되니 아마 이 육신에는 유익이 될지 모르겠습니다.

하지만 영적으로는 죄를 더 쌓는 일입니다. 그러기 때문에 우리가 그런 방법을 쓴다는 것은 말이 안 됩니다.

다윗은 "내 죄가 항상 내 앞에 있나이다"라고 합니다. 그것이 책임감 있는 마음입니다. 하나님이 기뻐하시는 마음입니다. 죄 짓고 웃는 것을 하나님이 원하지 않습니다. 죄 짓고 우는 것을 하나님이 원하십니다. 죄 짓고 울 때 저 혼자 우는 게 아니라 하나님을 찾으면서 울면 하나님께서 그것을 은밀히 헤아려 주십니다.

그런 심령 속에 이상한 평안과 위로의 감정이 생기게 됩니다. 누군가 내 실수를 안다 해도 두려울 게 없다는 생각이 듭니다. 과연 하나님 앞에서 내가 책임감 있게 내 죄와 허물을 취급하는 심리가 애통하는 심리이고 하나님은 그것을 보십니다.

옛날에 유대인들이 죄를 많이 짓고도 도무지 애통하지 않았습니다. 이 철면피한 마음을 가지고 있는 그들을 하나님께서 예레미야를 통해서 꾸짖으셨습니다. 지혜로운 여인들을 불러서 울음을 가르치게 하라고 말씀하셨습니다. 지혜로운 여인은 마음이 부드럽기 때문에 쉽게 웁니다. 하나님은 우리 심령이 부드러운 것을 원하십니다. 에스겔 36장에 보면 하나님이 성령으로 우리의 돌 같은 마음을 살과 같이 부드럽게 해 주시리라고 예언하였는데 그것이 바로 신약시대의 중생의 은혜입니다. 회개의 은혜입니다.

사람의 마음이 살같이 부드러워야 아픈 것을 아프다고 느낍니다. 그야말로 비참한 것을 비참하게 느끼고 죄를 죄로 느낍니다. 그러나 심령이 강퍅하고 심령이 철면피와 같이 굳어져 있다면 이런 느낌이 없습니다. 잘못에 대한 책임이 없습니다.

하나님이 어느 때에는 강퍅한 심령을 부드럽게 만들기 위해서 환난으로 때리는 일이 있습니다. 교만하여 목이 곧고 도무지 책임감도 안 느끼고 끝까지 죄를 지을 때는 하나님께서 환난의 채찍을 통해서 때리면 그렇게 곧은 사람도 수그러듭니다. 사람이 어려움을 당하면 그래도 수그러듭니다. 그렇게 수그러짐에 따라서 그 심령도 그만큼 부드러워집니다.

잠언 28:13-14을 봅시다. "자기의 죄를 숨기는 자는 형통하지 못하나 죄를 자복하고 버리는 자는 불쌍히 여김을 받으리라 항상 경외하는 자는 복되거니와 마음을 완악하게 하는 자는 재앙에 빠지리라"(잠 28:13-14). 이렇게 하나님의 위로를 받습니다.

애통의 사람이 하나님의 인도를 받는 자라고 기록하고 있습니다. 이사야 22:12-13을 읽습니다. "그 날에 주 만군의 여호와께서 명령하사 통곡하며 애곡하며 머리 털을 뜯으며 굵은 베를 띠라 하셨거늘 너희가 기뻐하며 즐거워하여 소를 죽이고 양을 잡아 고기를 먹고 포도주를 마시면서 내일 죽으리니 먹고 마시자 하는도다"(사 22:12-13). 그때에 유대인들이 이렇게 회개하지 아니하고 눈물 없이 즐거워하며 잔치를 벌이며 이 세상 향락을 위해서 "내일 죽으리니 먹고 마시자"라는 옳지 않은 태도를 취했기 때문에 이사야는 책망합니다.

고린도후서 7:10도 보겠습니다. "하나님의 뜻대로 하는 근심은 후회할 것이 없는 구원에 이르게 하는 회개를 이루는 것이요 세상 근심은 사망을 이루는 것이니라 보라 하나님의 뜻대로 하게 된 이 근심이 너희로 얼마나 간절하게 하며 얼마나 변증하게 하며 얼마나 분하게 하며 얼마나 두렵게 하며 얼마나 사모하게 하며 얼마나 열심 있게 하며 얼마나 벌하게 하였는가 너희가 그 일에 대하여 일체 너희 자신의 깨끗함을 나타내었느니라"(고후 7:10-11).

하나님의 뜻대로 하는 근심은 후회할 것이 없는 구원에 이르게 하는 회개를 이룹니다. 하지만 세상 근심은 사망을 이루게 됩니다. 11절에서 "하나님의 뜻대로 하게 한 이 근심이 너희로 얼마나 간절하게 하며 얼마나 변명하게" 하였느냐고 합니다. 다시 말해 자기가 잘못한 것을 한번 생각하고 그만 두는 게 아니고 따갑게 했다는 것입니다. 또 "얼마나 변명하게"라고 했느냐고 했는데 이 변명이라는 것은 자기의 잘못을 가리려고 변명한다는 말이 아닙니다. 하나님의 법도와 질서의 측면에서 변명한다는 것입니다. '하나님 말씀은 이런데 나는 그와 같지 않다.' 그러니 분한 마음이 난다는 것입니다. 또 "얼마나 두렵게 하며"라고 했는데 그것은 잘못한 것에 대하여 두려운 생각이 난다는 것입니다. "얼마나 사모하게 하며"라는 말은 의를 사모하는 것입니다. 이 잘못된 자리에서 뛰쳐나가려고 사모하는 것입니다. "얼마나 벌하게 하였는가"라는 것은 자기를 자책해서 이 죄 때문에 자기가 어떠한 어려움을 당해도 마땅하다는 생각까지

가지는 것입니다. 이렇게 사는 길은 죄를 진실하게 취급하고 죄에 대해서 책임을 지는 마음의 태도를 가리킵니다. 이처럼 "애통하는 자는 복이 있나니 그들이 위로를 받을 것"입니다.

온유한 자

온유한 자는 복이 있나니 그들이 땅을 기업으로 받을 것임이요(5:5).

가나안 땅에 사람들의 죄악이 꽉 차자 하나님은 심판의 대행권을 이스라엘 민족에게 맡기셨습니다. 이러한 이스라엘의 가나안 점령 행위를 사람들이 표면적으로 볼 때는 침략 행위와 같으니까 그렇게 정의합니다. 남이 살던 곳을 가서 내쫓고 점령하니까 그것은 침략이라고 말합니다. 하지만 겉모양만 가지고 판단하면 안 됩니다.

하나님께서 사백년 전에 심판에 대해 미리 약속하셨습니다. 가나안 땅에 죄가 가득 차자 하나님은 심판할 수밖에 없었습니다. 그것이 사백년 후에 이렇게 이루어지게 됩니다.

가나안 민족이 얼마나 악했습니까? 제 자식을 불에 태워서 재물로 바치는 인간들을 하나님께서 자기가 지은 땅에 계속해서 살도록 그냥 두겠습니까? 그런 일들을 볼 때에 수천 년 지난 후대의 우리라도 땅을 치면서 울고 싶은 지경입니다. 그렇게 사람들이 악했는데 그들을 하나님께서 심판 안 하시겠습니까? 하나님은 심판을 자주 하시는 분이 아닙니다. 날마다 심판하시는 하나님이 아닙니다. 하나님은 자비하사 오래 참으십니다. 아브라함에게 약속하고도 사백년이라는 긴 세월을 보냈습니다. 아브라함을 불러서 가나안 땅에 데려다 놓고 또 사백년을 기다렸습니다. 사람 같으면 사백년 기다릴 필요 없이 벌써 심판해서 그 땅에서 내쫓았을 것입니다. 하지만 하나님은 사람을 기다리십니다. 이스라엘 민족으로 하여금 거기에 들어가서 살게 하려고 광야에서 사십년을 유리방황하는 고생을 당하게 했습니다. 이렇게 유리방황하게 한 목적은 그들의 자격을 준비하기 위함이었습니다. 신앙으로 준비해서 가나안 땅에 들어가서 그들을 치게 하셨는데 하나님이 기적적으로 이기도록 해 주셨습니다.

그러나 가나안의 민족들은 강했습니다. 군사 시설이 굉장했습니다. 열두 정탐 중에 열 정탐이 보고한 것을 들어보면 성벽이 하늘에 닿았다고 보고했는데 얼마나 군사 시설이 굉장했겠습니까? 그럼에도 불구하고 하나님이 영력으로 역사하여 이스라엘로 하여금 별 병기도 없이 승리하게 하셨습니다. 이것은 은혜입니다.

여호수아서를 읽어보면 첫 장부터 계속 기업이라는 말이 나옵니다. 가나안을 기업으로 주시겠다고 합니다. 이 기업이란 하나님 아버지께서 이스라엘에게 은혜로 거저 주는 것을 말합니다. 그리고 기업이라는 말은 신약에도 많이 나옵니다. 그 말은 신약에서는 어디에 썼느냐 하면 영생의 기업이라는 말에 사용합니다. 주님이 우리를 위하여 예비하신 구원의 세계를 말씀한 것입니다.

이처럼 하나님의 백성에게 기업으로 받는 일은 두 번 있습니다. 한번은 이스라엘 백성이 가나안을 차지하게 된 기업이고, 다른 한번은 '내세'를 말합니다. 그런데 5절에서 땅을 "기업으로 받을 것임이요"라는 말이 미래상으로 됐습니다. 미래의 될 일이란 말씀입니다.

그러니 이 기업이라는 말에 대해서 오해가 없어야 합니다. 우리가 이 세상에서 '온유한 자로 살면 물질도 모인다'는 식으로 해석할 수 없다는 것입니다. 온유하게 살아도 물질적으로 가난하게 사는 신자들도 많습니다. 따라서 여기서 기업이라는 말은 특별한 말입니다. 우리가 이것을 전면적으로 내세에 적용시켜야 합니다.

이사야 11장에 보면 땅을 기업으로 받게 될 현상에 대해서 말한 것이 있습니다. 이사야 11:6부터 보겠습니다. "그 때에 이리가 어린 양과 함께 살며 표범이 어린 염소와 함께 누우며 송아지와 어린 사자와 살진 짐승이 함께 있어 어린 아이에게 끌리며 암소와 곰이 함께 먹으며 그것들의 새끼가 함께 엎드리며 사자가 소처럼 풀을 먹을 것이며 젖 먹는 아이가 독사의 구멍에서 장난하며 젖 뗀 어린 아이가 독사의 굴에 손을 넣을 것이라"(사 11:6-8).

이 말씀에는 비유가 많이 들어있습니다. 맹수의 세계에서 지금 판을 치는 이들이 어린아이들입니다. 이 어린아이들이 누구입니까? 이들이 바로 온유한 자들입니다. 젖 뗀 아이가 그 어미 품에 온유하게 있는 거와 같습니다.

마태복음 11:25에서도 예수님이 이것을 지혜 있는 자에게 숨기시고 어린아이들에게 나타내심을 감사합니다라고 하십니다. 예수님께서 어린아이라고 말씀한 것은 연령적으로 유아들이나 또는 영아들을 말한 것이 아닙니다. 어린아이처럼 하나님 제일주의로 사는 자를 말합니다. 모든 것을 다 하나님께 총집중하는 사고방식으로 단순하게 살아가는 사람입니다. 이러한 사람을 어린아이라고 했습니다.

이사야가 이와 같이 말씀할 때에 맹수들이 유순한 짐승이 됐다는 것은 내세에 사는 그 땅 곧 새 하늘과 새 땅의 환경이 어떠할 것인가를 우리에게 보여줍니다. 거기에서 주장하는 사람들이 누구입니까? 어린아이들입니다. 어린아이와 같은 신앙의 사람들, 하나님의 아이들입니다. 이들이야말로 하나님을 배경으로 하고 이런 권세를 가집니다.

"그 때에 이리가 어린 양과 함께 살며 표범이 어린 염소와 함께 누우며 송아지와 어린 사자와 살진 짐승이 함께 있어 어린 아이에게 끌리며"(사 11:6)라는 광경에 저는 깊은 인상을 받았습니다. 어린아이가 하나님 아버지의 배경 아래서 기업으로 받아서 이렇게 그 땅을 주장합니다. "암소와 곰이 함께 먹으며 그것들의 새끼가 함께 엎드리며 사자가 소처럼 풀을 먹을 것이며 젖 먹는 아이가 독사의 구멍에서 장난하며 젖 뗀 어린아이가 독사의 굴에 손을 넣을 것이라"(사 11:7-8).

저는 이 말씀을 읽을 때마다 마음이 좋습니다. 읽을 때마다 심령이 평안하고 좋습니다. 저는 잠이 안 올 때 요한복음 3:16을 읽고 잠을 잡니다. 특별히 요한복음 3:16 하반절을 거듭거듭 암송합니다. "그를 믿는 자마다 멸망하지 않고 영생을 얻게 하려 하심이라." 이 영생이라는 말을 읽을 때마다 마음이 평안해집니다. 그래서 잠이 잘 옵니다. 저는 다른 사람들에게 잠이 잘 안 오면 이사야 11:6-8까지 읽으라고 권면합니다. 저는 이것으로 시험은 안 해봤는데 읽을 때마다 마음이 평안해집니다. 이것이 바로 땅을 기업으로 누리는 현상입니다.

의에 주리고 목마른 자

이제 처음 네 가지 복의 마지막입니다.

의에 주리고 목마른 자는 복이 있나니 그들이 배부를 것임이요(5:6).

이것도 역시 자아 거부입니다. 자기 자신에게서는 기대가 없단 말입니다. 자기 자신에게 기대가 없습니다. 의가 없고 의의 흔적도 없습니다. 이렇게 기대가 없는 나 자신인데 의를 어디서 찾아야 됩니까? 다른 데서 의를 받아야 되겠습니다. 이것은 바로 예수 그리스도 자신입니다. 예수 그리스도 자신이 바로 우리에게는 의가 됩니다. 영원한 의가 되며 무궁한 의가 됩니다.

이 의를 사모한다는 것입니다. 사모한다는 것은 자기에게 의가 없기 때문에 다른 데서 의를 받겠다는 마음의 작용입니다. 주리고 목마른 것입니다. 이제 이것이 신앙의 행동, 즉 믿음으로 받는 태도입니다. 잘 거부하고 예수만 따르는 심리입니다. 그래서 의에 주리고 목마른 자는 배가 부를 만큼 만족스런 의를 받게 됩니다. 이렇게 믿음으로 찾을 때 하나님께서 의를 입혀주십니다.

저는 이 네 가지 복의 말씀에 들어 있는 네 가지 자아 거부에 무엇이 들어 있는 것을 봅니다. 그것은 점진성이라는 것입니다. 이것을 비유적으로 물에 빠진 사람에 빗대어 생각할 수 있습니다. 처음에는 빠지지 않으려고 애를 씁니다. 그러다가 나른해지면 맥이 빠져서 말도 못하고 손발을 올리지도 못합니다. 그때에 재빨리 들어가서 끄집어내야 합니다. 만일 처음에 애를 쓰며 소리치며 야단 할 때에 들어갔다가는 건지려는 사람도 죽을 수 있습니다. 왜냐하면 맥이 다 없어지고 물위에 떴을 적에 재빨리 들어가서 끌어내면 그 사람 살린다 말입니다.

그와 마찬가지로 '나는 할 수 없구나' 하는 상태에서 하나님만 바라보게 됩니다. 그 때에 주님께서 우리에게 의를 주시고 우리에게 만족을 주시며 우리를 완전히 구원해 주십니다. 그러니까 우리가 애를 쓰고 소리를 치는 것이 다 필요합니다. 그것이 다 하나의 과정입니다.

주님이 우리를 제일 좋게 여기는 때는 '나는 할 수 없구나. 그저 뭐 하나님만 바라봐야겠다'고 할 때입니다. 이렇게 되는 단계를 주님이 제일 기뻐하십니다. 이렇게 주님만 바라볼 때 주님께서 우리에게 의를 거저 입혀주십니다.

우리가 이 산상보훈을 읽어볼 때 산상보훈은 율법을 가르치고 행하려는 데 집중하는 것 같은 인상을 받습니다. 그러나 이 산상보훈 역시 복음의 내용을 아주 짙게 가지고 있습니다. 특별히 이 팔복이 복음의 내용이라는 것입니다.

첫 번째 네 가지 복에 대해서 간략히 정리해 보겠습니다. 처음 네 가지 복은 사람이 자기 자신에게 의가 없어서 어찌할 수 없음을 발견하는 단계들입니다.

"마음이 가난한 자"라 함은 사람이 사람에 대한 겸손을 말하는 것이 아니고 사람이 하나님 앞에서 도무지 의를 가지지 못한 것에 대하여 발견했다는 것을 말하는 것입니다. "애통하는 자"란 자기에게 옳은 것은 없고 죄만 있음을 보고 회개하는 것을 말합니다. "온유하다"는 것은 자신에 대한 바른 인식을 한 자가 하나님의 처분과 말씀에 온전히 순종하려는 태도를 말합니다. 하나님이 처분하는 대로 따르는 것, 곧 그렇게 주님을 의지하는 것을 말합니다.

믿지 않은 세계에서도 사람 중에 온유한 사람이 있습니다. 인사성 있고 잘 양보하는 그런 사람이 있습니다. 그러나 성경이 말하는 온유는 그런 것이 아닙니다. 성경이 말하는 온유는 그야말로 젖 뗀 아이가 어미 품안에서 만족하듯이 주님을 의지하고 주님이 그저 하라는 대로 하면서 주님을 탁 믿는 것을 의미합니다. 그런 의미에서 온유는 믿음인 것입니다.

기독교의 온유는 하나님으로 만족해서 그렇게 된 것입니다. 그것은 무모한 온유도 아니요 패배자의 도덕도 아닙니다. 강자의 도덕입니다. 그렇기 때문에 온유한 자는 복이 있나니 그들이 땅을 차지한다고 했습니다. 결단코 약자가 아닙니다. 자기 속에 보는 것이 있습니다. 여호와 하나님을 믿어서 되는 것을 알았고 여호와 하나님이 돕는 것을 알았기 때문에 여호와 하나님을 의지해서 온유한 것입니다.

온유란 무엇입니까? 하나님을 의지하는 것입니다. 그것은 신앙입니다. 팔복이 도덕으로 구원 받는다는 것을 말하는 것이 아니라 인간은 철두철미 죄인이기 때문에 예수 그리스도를 믿음으로만 구원받는다는 것을 팔복이 가르친다는 것입니다.

이 말씀들은 복음의 위반이 아닙니다. 산상보훈을 보면 사람이 오해하기 쉽습니다. 예수님께서 행위를 강조했으니 행해야 한다고 합니다. 그러니까 예수님은 율법을 부흥시키기 위해서 오셨다. 율법을 실행하도록 강조하시기 위해서 오셨다. 이렇게 잘못 알기 쉽습니다.

　예수님이 오신 것은 "죄인을 불러 회개하게 하려 함이라" 한 것처럼 우리가 회개하고 믿음으로 살면 윤리면에 있어서 고치는 생활을 하는 것입니다. 회개함으로 죄를 사함 받고 새로워진다는 것은 결단코 율법주의가 아닙니다. 그것은 복음주의입니다. 복음을 믿어서 바로 되는 것을 말하는 것입니다. 구원도 받고 행실도 새로워져야 합니다.

　심령이 가난하다는 말은 아주 강한 말이라고 했습니다. 이것은 자기가 아무것도 아니라는 것을 깨달았다는 말입니다. 가치가 없다는 것을 깨달은 것입니다. 제로 정도가 아니라 마이너스라는 것입니다. 그러니까 걸인의 의식을 가지게 되는 것입니다. 영적 걸인이 된 것입니다.

　'애통한다'는 것도 대단히 강한 말입니다. 이것은 자기의 죄를 애통하는 것입니다. 이것은 회개라는 말입니다.

　또 온유가 무엇입니까? 그것은 공자가 말하는 온유가 아닙니다. 공자는 멀리서 바라보면 엄격하고 가까이 가보면 온유하다라는 말을 했습니다. 그러면 공자가 실천하고 있는 온유가 기독교의 온유입니까? 아닙니다. 절대로 아닙니다. 공자의 온유라는 것은 순 인본주의요 사람으로서 양심적으로 깨달은 정도입니다.

　그러나 에스겔 36:26에 약속하기를 내가 장차 너에게 돌과 같은 마음을 제거하고 살과 같은 마음이 되게 하겠다고 말씀합니다. 살과 같은 마음이 되게 하겠다. 그 예언대로 예수님이 오신 때에 성령으로 말미암아 받은 은혜로 된 심령 상태가 이런 것입니다. 죄를 원통히 여기고 울면 심령이 부드러워집니다. 이렇게 목이 꼿꼿하던 사람도 환난을 받던지 하면 머리가 수그러지면서 마음이 부드러워집니다.

사람이 자기 자신을 정말 바로 들여다보면 심령이 가난해질 정도로 아주 심각하게 자기의 빈곤을 느끼고 애통하면 심령이 부드러워집니다. 이 심령이 부드러워진다는 것은 나약을 의미하는 것이 아닙니다. 비유컨대 우리의 혀는 부드러운 것이지만 강합니다. 이빨은 평생 몇 번 부러지는 수도 있고 뽑는 수도 있습니다. 하지만 혀는 죽는 날까지 하나 가지고 씁니다. 이처럼 부드러운 것이 약한 것이 아닙니다. 이 부드러운 것은 신축성이 있는 강력을 가지고 있습니다. 기독교의 온유라는 것은 하나님을 뿌리로 하고 있어서 마음의 여유가 있고 부드러운 것입니다.

애들이 와서 자꾸 아버지를 집적거리지만 아버지는 웃고 있습니다. 왜 그럽니까? 마음이 여유가 있기 때문입니다. 힘이 애들과는 다르지 않습니까? 말씀이 육신이 되신 그 예수님을 믿는 사람은 마음의 여유가 있습니다. 하나님께 뿌리를 두고 있으니까 '뭐 그래도 괜찮다' 하는 부드러운 마음을 갖는 것입니다.

온유한 자가 땅을 기업으로 받는다는 것은 예수 잘 믿으면 땅 산다, 예수 잘 믿으면 재산이 많아진다는 식의 말씀이 아닙니다. 이것은 영적인 말씀입니다.

예수 그리스도께서 오셔서 우리를 대속해 주시므로 우리가 그리스도 안에서 후사가 되었어요. 그리스도께서 먼저 후사가 되시고 우리도 그와 함께 후사가 된 것입니다.

로마서 8:17에 "자녀이면 또한 후사 곧 하나님의 후사요 그리스도와 함께한 후사니 우리가 그와 함께 영광을 받기 위하여 고난도 함께 받아야 될 것이라." 후사가 무엇인지 18절에 또 나옵니다. "생각건대 현재의 고난은 장차 우리에게 나타날 영광과 족히 비교할 수 없도다."

장차 나타날 영광이 무엇입니까? 후사권입니다. 이제 만물이 다 새롭게 되고 주님께서 재림하면 땅이 새롭게 되어 우리의 모든 환경이 새로워집니다. 그때 정말 우리가 후사권을 누리게 될 것입니다. 새 하늘과 새 땅을 기업으로 얻는다는 것입니다. 이것이 그리스도 안에서 이루어질 것입니다.

나머지 네 가지 복(5:7-12)

이제 다음의 네 가지 복을 이야기해 보겠습니다. 이것들은 적극성이 있습니다. 처음 네 가지 복은 신앙의 과정을 말합니다. 다시 말하면, 자기 발견, 애통, 온유(즉 믿어지는 것), 의를 사모하는 것입니다. 심령이 부드러워지면 의를 사모합니다. 자기에게 의가 없는 줄 아니까 의를 사모합니다. 그것이 부드러운 심령입니다. 부드럽지 않은 심령은 의를 사모하지 않습니다. 내가 제일이라고 생각하고 내가 옳다고 생각하는데 의를 사모할 리가 있겠습니까?

이렇게 네 번째까지는 믿고서 의를 얻는 데까지 말합니다. 그러나 이런 표현은 바울의 것과 같은 표현이 아닙니다. 그 이유가 있습니다. 역사적 단계가 있다는 것입니다. 성경은 어디까지나 역사성을 지니고 있습니다. 다시 말해서 바울 시대에 가르칠 수 있는 그것을 미리 앞당겨서 말하지 않는다는 것입니다. 저자들도 역사의 보조를 맞춰나가면서 사실주의로 기록합니다.

여기에 바울의 '이신득의'(以信得義) 논설이 나온다고 하면 이상할 것입니다. '아, 이것은 바울 시대에 기록되지 않았나?' 그런 생각을 할 수 있습니다. 그런데 그렇지 않습니다. 성경 저자들은 어디까지나 사실주의입니다. 그때그때 된 일을 그대로 기록합니다. 신학자들 중에 바울과 예수가 다르다고 말하는 이들이 있습니다. 이것은 성경의 성격을 몰라서 그렇게 말합니다. 성경 저작자들의 사고방식은 어디까지나 사실주의입니다. 그때 예수님이 말씀하신 것을 딱 기록합니다. 처음 네 가지 복을 단순한 윤리로 풀 수 있겠습니까? 어디 울어서 구원받는 법이 있겠습니까? 구원은 믿음으로 받는다는 것입니다.

그 다음에 "주리고 목마른 자"라는 표현도 아주 강한 말입니다.

우리가 예수 믿는 데 있어서는 그야말로 진실해야 합니다. 진실이라는 것은 미온적인 형태일 수 없습니다. 미온이라는 것은 이럴까 저럴까 하는 태도를 말합니다. 기회주의로 그만 기울어지고 맙니다. 인격생활에 있어서 미온적이면 인격이 썩는 것이고, 교회생활에서 미온적이면 교회가 썩는 것이고, 사회생활에 미온적이면 사회가 썩고 맙니다. 미온이란 진리가 아닙니다.

주린다는 것은 어떤 것입니까? 주린 사람은 계속 밥만 생각합니다. 또 목마른 사람은 계속 물만 생각합니다. 중단하지 않습니다. 그만큼 그리스도를 사모해야 그리스도께서 내 주님이 되시는 것입니다. 미온적인 태도는 그리스도께서 원치 않으시는 것입니다. 요한계시록 3장에 보면 뜨뜻미지근한 것, 미온적인 것은 토한다고 했습니다. 예수님은 참을 원하십니다.

6절에서 의를 사모한다는 말은 예수님을 사모한다는 말입니다. 10절에 보면 "의를 위하여 박해를 받는 자는 복이 있나니 천국이 그들의 것임이라"고 합니다. 그리고 11절에서는 '의'라는 말이 '나'라는 말로 바뀌었습니다. "나로 말미암아 너희를 욕하고 박해하고 거짓으로 너희를 거슬러 모든 악한 말을 할 때에는 너희에게 복이 있나니"라고 말입니다. 벌써 신약 초기에도 의란 다른 데 있는 것이 아니다. 하나님만이 '의'라고 말합니다.

로마서 3:9 이하를 죽 보면 바울은 "의가 없나니 하나도 없다"고 말합니다. 이것은 설명에서 좀 더 진전한 것입니다. 그렇다면 예수님은 벌써 바울의 사상을 구체적으로 말한 것이 아닙니까? 예수님 자신이 '의'라는 것입니다. 예수님이 바로 우리의 '의'가 되는 것입니다. 우리가 예수님을 모시면 그것이 우리의 '의'입니다. 그런데 '예수를 본받아 가지고 내가 의로워지면 구원받는다'고 생각하는 것은 비성경적입니다.

신자는 영원토록 그리스도와 연합한 자입니다. 예수님은 영혼만 하늘에 올라가신 것이 아닙니다. 육으로 다시 살아나셔서 하늘에 올라가셨습니다. 그렇기 때문에 그리스도와 신자의 연합은 영원토록 지속하는 것입니다. 이것이 임마누엘입니다.

이제 7절부터 다음의 네 가지 복이 나오는데 사람이 그리스도인이 된 후 그의 책임과 의무를 가르치는 내용입니다. 앞의 네 가지 축복에 따라 의를 얻은 자가 이제 책임적으로 행해야 할 것을 말하고 있습니다. 따라서 이 네 가지 복은 적극성을 가지는 것입니다. 믿어서 의를 얻은 사람이 대외적으로 적극성을 띠고 행해야 한다는 것을 보여줍니다. 물론 이것도 공로를 세워서 구원받는다는 것을 말하지는 않습니다.

긍휼히 여기는 자

긍휼히 여기는 자는 복이 있나니 그들이 긍휼히 여김을 받을 것임이요 (5:7).

이것은 남과 관계되는 심리를 말합니다. 주의 일을 하겠다고 나설 때에는 남들을 불쌍히 여기는 마음이 있어야 합니다.

불쌍히 여기는 마음은 언제부터 시작됩니까? 직분을 받기 전에도 물론 거듭난 사람이었으므로 때를 따라 불쌍히 여기는 마음이 예수님을 믿기 전과는 아주 다르게 나타나는 일들도 있습니다. 하지만 이제 남달리 성경에 기록된 직분을 받은 입장에 있으면 이제부터는 자동적으로 마음이 달라져야 되겠습니다. 뭇 사람을 불쌍히 여기는 마음이 있어야 되겠습니다.

거듭난 자는 남을 불쌍히 여기게 되는데 내가 여유가 생기기 때문에 불쌍히 여기는 것입니다. 에스겔 36:26에 말하기를, 내가 너희에게 부드러운 마음을 주겠다고 했습니다. 거듭난 자는 부드러운 마음을 가집니다. 사람이 부드러운 마음을 가져야 본연적인 성질로 회복된 것입니다. 하나님이 사람을 지으실 때 본래 마음을 부드러운 자로 지으셨습니다. 그런데 죄를 범하자 이 마음이 별스러워졌습니다. 이 마음이 정상적이 아니고 뻣뻣해졌고 하나님에 대해서도 피하는 마음을 갖게 되었습니다. 이런 이상스런 마음으로 굳어졌습니다.

선에 대하여 느끼지 못하고 하나님에 대하여 느끼지 못하고 하나님의 진리의 아름다움과 참됨에 대하여 느낄 줄 모르게 되었습니다. 그 모든 방면에 느낌이라는 것이 죽었습니다. 그것이 바로 강퍅해진 것이요 굳어졌다는 것입니다.

하나님께서 인간을 거듭나게 해서 새롭게 할 때에 가장 본질적으로 나타나는 것은 심령이 부드러워지는 것입니다. 과연 귀한 것을 귀한 줄로 알고 좋은 것을 좋다고 하며, 좋지 못한 것을 좋지 못하게 느끼는 부드러움이 생기게 됩니다. 이 부드러워진 사람은 자기에게 여유가 생길 적에 남을 불쌍히 여깁니다. 그뿐 아니라 자기에게 여유가 없을 적에도 남을 불쌍히 여깁니다. 도리어 남들이 여유가 있고 자신은 여유가 없는데도 그 여유 있는 사람들을 불쌍히 여깁니다.

왜 그렇습니까? 그 자신이 천하보다 귀한 예수 그리스도를 받아서 이 세상에서는 괴로움을 당하고 이 세상에서는 발붙일 곳이 없다 하더라도 하나님 보시기에 또는 자기 신앙 양심으로 생각하기에 자신처럼 여유 있는 사람은 없다고 생각하기 때문입니다. 그래서 그는 이 세상에서 여유 있다고 생각하는 사람들을 볼 적에도 역시 불쌍히 여깁니다. 그는 자신이 이 세상적으로는 참 형편없이 되었고 고생하고 어려운 일을 당하고 있지만 그래도 역시 그는 다른 사람들을 깊이 볼 줄 알고 느낄 줄 압니다. 특별히 그는 자기에게 잘못한 사람일지라도 불쌍히 여깁니다. 자기에게 잘못한 사람에 대해서 보통으로는 '저 놈, 안 된 놈' 그럽니다. 그렇지만 중생한 사람은 모든 것을 깊이 보고 또 바로 봅니다. 그는 결단코 인상주의에서 살지 않습니다. 그저 보이는 대로 처신하지 않습니다. 그는 그야말로 깊이 생각하고 올바로 느낄 줄 압니다.

상대방이 내게 대하여 잘못했을 적에 내가 그를 용서하지 않는 것처럼 그에게 괴로운 일이 없다고 생각합니다. 자기 자신이 상대방에게 상처를 받는 것보다 내가 상대방을 용서하지 않을 때 상대방이 받는 상처가 말할 수 없이 크다는 것을 이쪽에서 느낍니다.

과연 죄를 범했는데 용서해 주지 않는 것처럼 괴로운 일은 없습니다. 죄를 범했을 적에, 과오를 범했을 적에, 상대방이 내게 대해서 웃어주고 나를 용서해 줄 적에 그것처럼 고마운 일이 없고 그것처럼 내게 생명을 주는 일이 없습니다.

이 세상에서 남이 잘못한 것에 대해 용서해 주지 않는 것처럼 괴로운 일이 없습니다. 이것을 아는 중생한 사람으로서는 상대방이 나에게 잘못했을 적에 내가 그를 용서하지 않는 경우에 저 사람의 처지가 어떠하리라는 것을 느낍니다. 그래서 그는 긍휼을 베푸는 것입니다.

이렇게 중생한 자는 마음이 부드러운 사람입니다. 우리가 어느 순간에라도 마음을 강퍅하게 해 가지고 마음을 굳게 만들고 마음을 사납게 만들 때 그만큼 내 영혼은 망해 들어간다는 걸 알아야 합니다. 바로 되어 가는 인생은 그 마음이 부드럽습니다. 마음이 부드럽다는 것은 결단코 나약을 의미하는 것이 아닙니다. 악에 대하여 양보한다는 그런 의미는 아닙니다.

과연 이렇게 부드러운 것은 우리 주님에 대해서 부드러운 것을 의미하는 것이고, 주의 말씀에 대해서 부드러운 것을 의미하는 것이고, 성령에 대해서나 인간 자체에 대하여 부드러운 것을 말하는 것입니다. 그러기 때문에 이 마음이 부드러운 것처럼 복된 것은 없습니다. 우리가 남들을 위하여 일하려고 할 적에 긍휼이 선두에 서야 합니다.

그런데 우리가 여기에서 생각할 것은 이 긍휼이라는 것은 감정적이기보다는 사색적이라는 것을 알아야 합니다. 그렇더라도 우리는 물론 감정을 무시하지 않습니다. 악한 의미에서 남에게 화를 낸다든가 남이 좋지 않게 느끼는 그런 감정을 말하는 게 아닙니다. 우리에게는 느낌의 작용이라는 것이 있습니다. 우리가 이것을 무시해서는 안 됩니다.

그러나 어떤 문제들에 있어서는 정서보다도 사색이 더 귀합니다. 우리가 긍휼히 여기는 문제에 있어서는 정서(emotion) 중심으로 움직이기보다는 사색적이어야 되겠습니다. 사색이라는 것이 출발점이 돼야 합니다. 생각이 있는 사람이 남을 불쌍히 여깁니다. 생각 없는 사람은 남을 불쌍히 여기지 못합니다. 생각이 있는 사람은 결단코 충동적이 아닙니다. 생각이 있는 사람은 그야말로 명상적입니다. 생각이 있는 사람이라야 생각을 깊이 합니다. 그는 소망이 없어 보이는 가운데서도 소망을 보는 사람입니다. 사색적이 아니고서는 그야말로 건전한 긍휼을 베풀 수가 없습니다.

우리 기독자들이 생각할 것은 무엇입니까? 눈물을 뚝뚝 흘러내리면서 다른 사람을 불쌍히 여기는 표현은 나오지 않는다 하더라도 좀 더 깊이 들어가서 근본적인 면에서 긍휼이 움직여야 합니다. 이것이 사색적인 것입니다.

우리가 가만히 생각해 보면 오늘날까지 우리의 움직임이라는 것은 예수님 중심으로 움직였습니다. 우리가 예수님을 위해서 시간을 안 쓴다, 안 쓴다 하면서도 시간을 많이 들였고 정력을 안 쓴다, 안 쓴다 하면서도 정력을 많이 집어넣었고 우리가 앞으로 자기 전부라도 기울여서 우리 주님을 섬기고자 하는 것이 우리의 인생관입니다.

그렇다고 할 것 같으면 우리가 받은 예수 그리스도는, 우리가 영접한 예수 그리스도는 얼마나 귀하고 얼마나 아름답고 얼마나 우리에게 유익한 분인지 말 다 못합니다. 그렇다고 할 것 같으면 그리스도를 알지 못하는 사람들을 가만히 생각해 보십시다.

그들이 무엇 때문에 삽니까? 저는 가정에서도 종종 집안사람과 함께 얘기해 보는 적이 있습니다. 그들이 이 세상 살다가 돌연히 세상을 뜨고 젊은 사람들이 무엇을 해보지도 못하고 세상을 뜨는 이런 모든 사건들을 만날 때마다 '참, 예수 안 믿고 어떻게 사는가?' 그런 말을 해봅니다. 과연 예수 안 믿고 사는 사람들은 허무맹랑한 생활을 하는구나. 참 우리가 예수 안 믿었다면 우리는 얼마나 불쌍한 사람이 되었겠는가? 그런 얘기를 하곤 합니다.

과연 주님을 알지 못하는 사람들이 이 세상에 태반인데 우리가 한세상 살면서 무슨 대망을 가지겠습니까? 큰 소망이 있다면 무슨 큰 소망입니까? 예수 그리스도를 끝까지 전해보고 죽는다는 것입니다. 예수님을 믿지 않은 사람들은 다 불쌍한 사람들입니다. 우리가 그것을 명심해야 할 것입니다.

바울은 얼마나 사람들을 불쌍히 여겼습니까? 사도행전 26:29을 보면 아그립바 왕과 베스도 총독과 기타 고위층 관리들이 꽉 찬 자리에서 말하기를 "모든 사람도 다 이렇게 결박된 것 외에는 나와 같이 되기를 하나님께 원하나이다"라고 말했습니다. 그 왕들과 모든 관리들을 향하여 나와 같이 되라고 했습니다. 그만큼 자기가 믿는 그리스도를 자랑한 것입니다. 그에게 있어서는 그리스도밖에 좋은 것이 없었습니다. 그리스도를 얻은 것은 천하를 얻은 것보다 귀하고, 그리스도를 얻은 것은 그 이상 무엇이 없다고 생각할 만큼 자랑의 내용으로 삼았습니다. 그는 그 자신을 자랑하는 것이 아니라 예수 그리스도를 자랑한 것입니다.

허드슨 테일러가 유명한 선교사로서 중국 내지에 깊이 들어가 모든 핍박과 환난을 무릅쓰고 주님을 위해서 평생 복음을 전하게 된 용기가 어디서 났습니까? 그것은 긍휼에서 시작된 것입니다. 그는 일분 동안에도 몇 백만 명의 중국 영혼들이 지옥에 가는 것을 눈으로 보았습니다. 그것을 보고 마음에 불이 붙어 견딜 수가 없어서 자기의 고국을 떠나 중국으로 가게 된 것입니다.

불쌍히 여긴다는 것이 사색적으로 행하는 문제라고 앞에서 이야기했습니다. 우리는 생활의 차원이 높을수록 충동적으로 행하지 않고 사색적으로 행하게 됩니다.

첫째는 두려워하는 마음으로 불쌍히 여기는 일도 있습니다. 유다서 1:23을 보면 "육체로 더럽힌 옷이라도 싫어하여 두려움으로 긍휼히 여기라"고 했습니다. 이 경우는 죄를 짓되 아마 험악한 죄를 지은 그런 사람 같습니다. 그런 사람은 참 불쌍한 사람인데 그를 불쌍히 여길 때 두려운 마음이 생길 수 있다는 것입니다. 그런 죄를 가까이 하고 싶지 않은 두려운 마음이 생긴다는 것입니다. '아, 내가 저런 죄를 범하면 어떠할까?' 하는 그런 두려운 마음입니다. 마음 한구석에서 싫은 생각도 난다는 것입니다. 하지만 그것을 극복하면서 불쌍히 여기는 것이 사색적인 것입니다.

둘째는 상대방도 나와 같은 사람이라는 것을 생각하므로 불쌍히 여기는 것입니다. 상대방이 아무리 저렇게 비참해도 꼭 나와 같은 사람이다. '내가 저 자리에 있다면 어떻게 될 것인가? 그런 생각을 하면 사실상 내가 저 사람과 같구나. 저 사람은 나와 같구나. 그도 하나님의 형상으로도 지음을 받았지. 얼마든지 조심하지 않으면 저렇게 될 위험성이 있다.' 이렇게 깊이 들어가 보면 상대방을 나와 같은 사람으로 생각하므로 불쌍히 여기는 것입니다.

누가복음 10:30-37을 보면 선한 사마리아인의 비유가 나옵니다. 여리고로 내려가다가 불한당 만난 사람을 사마리아 사람이 건져주었다는 내용입니다. 그런데 예수님이 그 예화를 왜 들었습니까? 자기를 찾아오는 사람에게 사랑을 가르치다가 그 예화를 들었습니다. "네 이웃을 네 자신같이 사랑하라" 하시고서 뒤이어 이 사마리아 사람 예를 든 것입니다. 그리고 끝에 가서 "너도 이와 같이 하라"고 하십니다.

그러니까 사마리아 사람은 불한당 만난 사람을 어떻게 불쌍히 여겼느냐 하면 "이웃을 자기 자신과 같이 생각하는" 사상에서 그렇게 한 것입니다. 이것이 우리 윤리의 표준입니다. 이것이 진리입니다. 이대로 안하면 다 죄가 됩니다. 이런 표준이 이 세상에는 없는 것입니다. 그래서 바울과 같이 다 "나는 죄인 중의 괴수라"는 생각을 늘 가지고 살아가야 정직하다는 것입니다. 그렇지 않으면 거짓말 하는 사람입니다.

셋째는 긍휼이 심판을 이기는 덕임을 기억해야 합니다. 야고보서 2:13에서 "긍휼은 심판을 이"긴다고 말씀합니다. 무슨 말씀입니까? 긍휼을 행하는 사람은 한 번 행하고 그만 둔 사람이 아니라 언제든지 그런 긍휼의 마음 태도를 가집니다. 그것이 그의 인격이 되어 있습니다.

누가 긍휼을 행합니까? 긍휼의 심리가 어디서 나왔습니까? 긍휼을 받은 자에게서 나오는 법입니다. 즉 하나님이 우리를 불쌍히 여기사 그리스도를 보내주셨고 그리스도께서 우리를 대신하여 십자가에 죽으시고 다시 살아나심으로 영원토록 우리를 건사하시는 이 긍휼을 우리가 받았습니다. 이것을 믿는다면 그것은 한없는 감격입니다. 그것을 믿는 자의 표현이 바로 남을 불쌍히 여기는 것입니다.

근본으로 말하자면 예수를 믿기 때문에 심판을 이깁니다. 정죄를 받지 않는다는 말입니다. 근본을 따져서 말하자면 그런 말입니다. 그러나 표면을 따져서 말할 때는 남을 불쌍히 여기는 인격이 결국 심판을 이긴다는 말입니다.

"네 믿음이 너를 구원하였다"는 말씀을 예수님이 종종 하셨습니다. 이것은 다 한 방면만 가지고 강조하는 말씀입니다. 믿으라는 것을 강조하는 말입니다. "네 믿음이 너를 구원하였다." 이런 말을 할 때에 예수님을 믿었으니까 예수님이 구원한다는 말과 다르지 않느냐 하는 생각이 날듯 하지만 같은 말입니다. 결국 예수님이 너를 구원했다는 말입니다.

그러니까 그 사건에 대한 인간면의 상황을 표현하는 것이 "네 믿음이 너를 구원했다"는 것입니다. 그와 마찬가지로 "긍휼이 심판을 이긴다"는 것도 그 말씀을 읽을 때 성경을 체계적으로 아는 입장에서 읽어야 합니다. 우리가 긍휼을 받았기 때문에 긍휼을 베푸는 것입니다.

넷째로 하나님의 긍휼을 벌써 입은 사실을 기억하는 신자가 긍휼을 행한다는 것입니다. 긍휼을 입은 자는 긍휼을 행할 의식 구조를 가지고 있습니다. 마태복음 18:23-35을 보면 예수님께서 비유를 들어 강하게 말씀한 것이 있습니다. 어떤 채주가 빚을 탕감해 준 사람이 있는데 그가 나가서 자기한테 빚진 사람들을 불러서 "얼마 내라. 얼마 내라"고 한 것입니다. 그가 그렇게 하자 주인은 "네가 주인의 긍휼을 받고도 너는 긍휼을 안 베풀어"라고 책망한 것입니다. 주기도문에서 "우리가 우리에게 죄 지은 자를 사하여 준 것 같이 우리 죄를 사하여 주시옵고"라는 말씀도 다 그렇게 통하는 말입니다. 우리가 긍휼을 행한다는 것도 심리 충동으로 행한다기보다는 차원 높게 사색적으로 행하여만 행하게 된다는 것입니다.

마음이 청결한 자

마음이 청결한 자는 복이 있나니 그들이 하나님을 볼 것임이요(5:8).

하나님을 본다는 말씀은 굉장한 것입니다. 하나님을 본다는 것은 육신의 눈으로 본다기보다는 우리 심령의 눈으로 본다는 것입니다. 심령의 눈으로 보는 것이 더 착실하게 보는 것입니다. 우리 육신의 눈으로 보는 것은 신체의 눈을 통과해서 파악되는 것이므로 간접적입니다. 그렇지만 우리 심령의 눈으로 본다는 것은 직접입니다. 무엇을 경유할 필요조차 없이 직접 이렇게 부딪치도록 하는 것입니다. 이렇게 우리 심령으로 봤을 적에는 우리 존재가 다 움직입니다. 그만큼 구체적인 사건입니다. 그러니까 심령의 눈으로 본다는 것을 가볍게 여기면 안 됩니다.

청결이라는 것은 무엇입니까? 우리가 어떻게 하면 마음을 청결하게 할 수 있습니까? 그것은 구체적인 문제가 됩니다. 실제적인 문제가 됩니다. 아무리 청결해지려고 해도 안 됩니다. 생각해선 안 될 것이 생각나고 그 방면으로 마음을 기울여서는 안 되는데 또 마음이 그리로 기울어집니다. 이렇게 마음을 마음대로 할 수가 없습니다. 사람의 마음은 아침마다 변합니다. 이처럼 사람의 마음은 약할 뿐 아니라 아주 쉽게 변합니다. 가득 담은 물을 가지고 걸어갈 때 그 물이 흔들흔들하고 찰랑찰랑해서 쏟아지는 것처럼 사람의 마음이 그 모양입니다. 이 마음이 어떻게 쉽게 동하는 모릅니다.

우리는 제 마음을 자기 원하는 대로 할 수가 없습니다. 그러나 하나님은 하실 수 있습니다. 하나님께서 우리 마음을 건사해 줄 수 있습니다. 사실 우리 마음을 우리가 건사하지 못해서 잘 못사는 것입니다. 마음을 건사하지 못하니 마음이 복잡해지고 마음을 지켜나가지 못하고 일이 잘못되고 생활이 잘못되고 악을 용납하고 결국은 망한단 말입니다.

우리는 마음을 스스로 지켜나갈 수 없지만 하나님이 지켜주십니다. 그 방법이 무엇이겠습니까? 그것은 시간을 하나님에게 많이 드리는 것입니다. 하나님께 시간을 드리지 아니하고 일을 하겠다고 하면 되겠습니까? 그것은 망령된 수작입니다. 하나님을 만홀히 여기는 것입니다. 입으로는 하나님을 찾고 주여, 주여 하지만 하나님이 없는 사람과 같습니다. 하나님을 하나님답게 모신다고 할 것 같으면 하나님께 드릴 것은 드려야 되지 않겠습니까? 하나님께 시간을 드려야 합니다.

어떻게 드려야 합니까? 기도회도 다 참여하고 설교 시간도 다 참여하고 성경공부 하는 시간에도 다 참여하고 주님을 위해서 하는 일이 있어도 다 참여하는 것입니다. 주님께 가까이 가는 일들에 대해서는 시간을 아끼지 않아야 합니다. 공연히 집안에 들어 누어 쓸데없는 생각을 한다든지 아니면 그 쓸데없는 생각에다 자기 자신을 맡겨서도 안 됩니다. 그렇게 하는 것은 곧 위험한 길로 가는 것입니다. 그것은 자동차를 몰고 일방통행으로 역주행하는 것과 같습니다. 저쪽에서 지금 차가 오는데 달려 들어간다면 어떻게 되겠습니까?

교회의 모임에 다 참여해야 합니다. 이것은 실제 문제입니다. 제가 공연히 공상으로 말하는 것이 아닙니다. 사람마다 그렇게 말하고 사람마다 그렇게 생각하고 사람마다 효과를 보는 것입니다. 이것은 쉬운 일입니다. 이것은 하나님께 속한 길입니다. 이렇게 할 때 신앙이 무럭무럭 자라나고 모든 잡념이 물러갑니다. 잡념이 물러가고 잠도 잘 옵니다. 결단코 혼자 공상하는 데 시간을 들이지 마십시오. 그것은 쓸데없는 짓이요 망하는 길입니다.

기독교가 어떠한 기독교입니까? 우리가 자랑하는 기독교는 청결한 마음으로 해 내려오는 일들입니다. 기독교는 청결한 마음의 유산으로 이 만큼 돼 나온 것입니다. 오늘날 우리가 받은 좋은 유산들은 청결한 마음으로 받아내려 온 것입니다. 청결한 마음이 아니고는 도저히 하나님을 상대 못합니다. 그러기 때문에 기독교의 유산은 시편 12편에 나오는 말씀처럼 흙 도가니에 일곱 번 단련한 은과 같습니다.

무엇보다도 우리의 성경은 흙 도가니에 일곱 번 단련한 은과 같아서 찌꺼기가 하나도 없고 완전히 진리입니다. 그것이 하나님의 말씀인데 하나님이 이것을 누구에게 주셨습니까? 청결한 마음의 소유자에게 주십니다. 죄인들이었지만 좌우간 청결한 마음을 만들어 놓고 받게 하십니다. 그리고 청결한 마음을 가지고 전해야 효과적이 됩니다.

설교자들이 잘 경험하는 일인데 마음이 청결하지 않으면 강단에서 맥을 못 춥니다. 마음 가운데 옳지 않은 생각을 갖고서 설교를 잘할 사람은 천하에 한 사람도 없습니다. 잘했다면 그것은 거짓으로 잘한 것 아니겠어요? 하나님이 쓰는 사람은 어떤 자입니까? 하나님께서 정말 하늘나라의 것으로 부어주실 만한 그릇이 어떤 것이겠습니까? 청결한 마음입니다.

그런고로 바울은 말하기를 청결한 양심으로 조상 때부터 섬겨오는 하나님이라고 했습니다. 우리가 받은 이 성경에 우리 심령 전체를 바칠지라도 만족하고도 남을 수밖에 없습니다. 이 성경 말씀은 청결한 양심으로 섬길 수 있는 하나님이 청결한 양심을 상대해서 주신 것입니다. 이것은 사실뿐이고 진실뿐이고 완전뿐입니다. 이렇게 확실하고 이렇게 진실하게 우리에게 임한 것인데 청결한 마음을 가진 자라야 하나님을 본다는 것입니다.

따라서 교회에서 직분을 가진 분들은 늘 무엇보다도 자기 마음을 잘 닦아야 합니다. 마음이 청결해야 하나님의 은혜를 받아 하나님의 교회를 잘 섬길 수 있습니다. 청결한 마음을 가지고 주를 섬기시기를 바랍니다.

그러나 이 청결이란 다른 종교에서 말하는 결백주의와는 아주 다른 것입니다. 마음이 청백하다는 것은 마음의 공백을 말하는 것이 아닙니다. 불교에서는 마음의 공백을 주장합니다. 그래서 '아공법공'(我空法空)이라 해서 나도 공이요 법도 공이라고 합니다. 나도 만물을 볼 때 저것이 무엇이라고 생각을 안 할 정도가 되어야 한다는 것입니다. 예컨대 '개를 볼 때 저것은 개라' 하는 개념이 생기지 않아야 한다는 말입니다. '멸상주의'(滅相主義)라는 말도 있습니다. 우리의 사색에서 어떤 생김새 곧 상(相)을 멸해야 한다는 것입니다. 이것은 순 공백주의를 말하는 것입니다.

그러면 공백주의에 행복이 오는 것입니까? 아닙니다. 그것은 순 인본주의인데 자신이 어떻게 마음가짐을 바로 가지면 행복해진다는 것으로 이것은 인생을 바로 보지 못한 것입니다. 마음이 공백이 됐다고 마음의 죄가 없어지는 것은 아닙니다. 마음 자체가 죄입니다. 마음 자체가 죄라고 할 만큼 죄의 뿌리가 바로 인간 존재 자체에 뿌리를 박고 있습니다. 물론 인간 자체가 죄라는 것은 아닙니다. 본래 하나님이 인간을 좋게 지으셨으므로 인간 자체가 죄는 아닙니다. 하지만 인간이 움직이므로 죄를 범했고 그 죄가 깊이 뿌리를 박게 된 것입니다.

존 번연은 말하기를 "죄가 물 덮음이라고 하면 사람은 물이라"고 했습니다. 그만큼 인간을 심각하게 깨달은 사람입니다. 그만큼 심각하게 인간 존재의 죄악성을 깨달았던 것입니다.

인간의 마음이 있는 것은 사실인데 인식 훈련을 통해서 존재 자체를 인식하지 않으려고 하는 것은 무리입니다. 그것은 사실을 부인하는 것이 아니겠습니까? 인간의 마음가짐을 어떻게 만들어서 이 존재를 인정하지 않게끔 하여 열반에 들어가고자 하는 이것은 사실(事實)을 부인하는 것입니다.

마음 자체는 죄에 물들었다고 성경은 말씀합니다. 예레미야 17:9에 말하기를, "만물보다 거짓되고 심히 부패한 것이 마음이라"고 했습니다. "만물보다 거짓되고 심히 부패한 것이 마음이라"고 했을 때 그 마음이란 어느 누구의 마음만을 말하는 것이 아닙니다. 사람 마음이 다 그렇다는 것입니다.

하나님의 은혜를 받아야 마음도 바로 되겠는데 그럼 정결이라는 것이란 무엇입니까? 정결이란 단일한 인격으로 주님을 찾아가는 인격 상황을 말합니다. 다시 말하면 두 마음을 품지 않는 겁니다. 이 세상에도 소망을 두고 하나님께도 소망을 좀 두는 것이 아닙니다. 하나님은 그것을 원치 않습니다.

하나님은 우리 마음에서 죄가 전혀 없어질 수 있다는 그런 기대를 안 하십니다. "죄가 없다고 하는 자는 거짓말 하는 자라"고 했습니다. 우리가 세상 뜨기 전에는 마음 상태가 완전해지지 않습니다. 이것은 차차 거룩하게 되고 정결하게 되는 것인데 여기서 말하는 정결이란 심령의 단일성(single mind)을 말합니다. 그것은 심령이 나뉜 것을 말하지 않습니다. 다시 말하면 단순하게 하나님만 사모하고 하나님만 사랑하는 것을 말합니다.

내가 나를 사랑한다면 내 영혼을 사랑해야 하는데 내 구원 문제를 위해서 전적으로 노력하고, 하나님을 영화롭게 하기 위해서 전적으로 노력하고, 신앙을 강화하기 위해서 희생적으로 뛰어다니는 이것이 바로 진정 나를 사랑하는 것입니다. 어떻게든지 주님 한 분을 모심으로 내가 잘되는 것이 나를 사랑하는 것입니다. 나를 사랑하기 때문에 기도를 많이 합니다. 밤낮 생각하는 것은 내 가족이 예수 잘 믿게 되기를 원하는 것이 가족을 사랑하는 것입니다.

그런 식으로 나를 사랑하면 하나님을 사랑하는 것입니다. 그런 식으로 가정을 사랑하면 하나님을 사랑하는 것입니다. "마음과 뜻과 힘을 다하여 주 너희 하나님을 사랑하라"는 것이 그런 것입니다. 여기에 대해서 우리가 잘못 생각하면 낙심하기 쉽지만 사실 그렇지 않습니다.

하나님 중심으로 살자는 말입니다. 하나님 제일주의로 살자는 것입니다. 이것이 단일 심리입니다. 그러나 아직 부패한 성질이 있어서 가다가 넘어지는 일이 있을 수는 있습니다. 말에서 실수하는 일도 있을 수 있습니다. 그래서 실수한 것만큼 손해는 봅니다.

그래도 택한 백성은 버리지 않습니다. 잘못한 것에 대해서 정말 참 뼈저리게 회개하면 다 용서해 주십니다. 회개하는 것도 역시 청결한 인격입니다. 이것은 먼지가 좀 들어와 있는 것인데 그것을 쓸어내는 것 아니겠습니까?

정결하다는 것이 무엇입니까? 칼 바르트가 말한 대로 그것이 바쿰(vakuum)입니까? 정결하다는 것이 진공입니까? 마음에 아무 생각도 없어야 한다는 것입니까? 그러한 생각은 잘못된 것입니다. 그것은 불교의 사상인 공심주의(空心主義)와 같습니다. 있다고도 하지 말고 없다고도 하지 말고 아무런 개념도 갖지 않도록 하자는 것은 바로 불교 사상입니다.

이것은 옳은 경건이 아닙니다. 하나님의 말씀은 우리 마음을 빈 것으로 두면 안 된다고 했습니다. 마귀가 들어온다는 것입니다. 우리의 마음은 무엇으로 채워져야 합니다. 채우는 것을 무엇으로 채워야 합니까? 하나님으로 채워야 합니다. "여호와는 나의 목자시니 내가 부족함이 없으리로다." 이처럼 목자이신 하나님 한 분으로 내 맘이 채워져야 합니다. 무디 선생은 이렇게 이야기했습니다. "사람의 만족은 많은 소원을 가지는 데 있는 것이 아니라 하나의 소원을 가지는 데 있다. 사람의 행복은 아무 소원도 안 가지는 데 있는 것이 아니라 소원을 가지는 데 있으며 많은 소원을 가지는 데 있는 것이 아니라 하나의 소원을 가지는 데 있다."

그러니까 마음이 정결하다는 것은 다른 게 아닙니다. 하나님으로 채우는 마음입니다. 다시 말하면 마음을 단순하게 가지는 것이 정결한 것입니다. 마태복음 6장에 다시 나오지만 "한 사람이 두 주인을 섬기지 못할 것이니 혹 이를 미워하고 저를 사랑하거나 혹 이를 중히 여기고 저를 경히 여김이라"고 하신 것처럼 한 사람이 두 주인을 섬기지 못한다는 것입니다. 한 사람이 두 주인을 섬기면 하나님께 합당치 않습니다. 오직 하나님 한 분만을 섬기라고 했습니다. 그것이 순결이요 정결입니다.

이 마음에 도무지 잡념이 침노하는 일이 전혀 없어야 정결하다고 생각하면 안 됩니다. 잡념이 전혀 침노하지 않게 된다면 유익할 것입니다. 그러나 잡념이 내게 와서 부딪혀 전투를 계속 하게 되면 나는 더렵혀진 것 아니겠어요? 경건은 '심리적 순결'(psychological purification)로써만 유지된다고 말하면 안 됩니다. 그런 순결이 안 되더라도 다시 말해 잡념이 혹시 침노한다 하더라도 그것에 대항해서 싸운다면 그것이 순결인 것입니다.

우리 기독교의 순결은 공심주의와 같은 것이 아님을 명심해야 합니다. 그렇다고 해서 모든 공심이 다 헛되다는 말은 아닙니다. 공심이 유익할 수도 있습니다. 정신 통일 잘 하는 것이 유익할 수 있습니다. 그러나 그 자체가 경건이라고 할 수는 없습니다. 경건이란 하나님을 모시고 있는 것입니다.

"마음이 청결한 자는 복이 있나니 그들이 하나님을 볼 것"입니다. 이것은 모든 잡념과 계속 싸우면서 하나님 제일주의로 움직여 나아가는 것을 말합니다. 이것은 이미 구원을 받은 사람이 행해야 할 경건의 책임을 말하는 것입니다.

화평하게 하는 자

화평하게 하는 자는 복이 있나니 그들이 하나님의 아들이라 일컬음을 받을 것임이요(5:9).

"화평하게 한다는 것"은 바로 앞 절의 "마음이 청결한 자가 복이 있다"는 말씀에 뒤 이어 나옵니다. 이 말의 순서가 보여주는 것은 청결이 있어야 화평하게 한다는 것입니다. 성경은 먼저 청결을 말하고 다음으로 화평을 말합니다.

야고보서 3:17에도 보면, "오직 위로부터 난 지혜는 첫째 성결하고 다음에 화평하고"라는 식으로 열거합니다. 화평이라는 것은 순결의 산물입니다. 순결치 못하고 화평이 있을 수 없습니다. 우리의 몸에 불순물이 있으면 몸이 편할 수 없습니다. 총알을 맞고 탄환이 몸에 박혀 있다면 평안이 있을 수 없습니다.

예레미야 선지자는 '거짓 평화'에 대해서 말합니다. 그가 예레미야서 6장과 8장에서 이를 지적합니다. 백성에게 고치라고 말하지는 않고 평안하다, 평안하다 이렇게 말하는 사람들을 거짓 선지자라고 했습니다. 예레미야 6:14에 말하기를, "그들이 내 백성의 상처를 가볍게 여기면서 말하기를 평강하다 평강하다 하나 평강이 없도다"라고 말합니다. 이처럼 순결이 없는 평안이란 있을 수 없습니다. 화평은 먼저 순결을 전제로 합니다.

하나님께서 주신 지혜는 첫째 성결합니다. 이 성결은 순결이라는 말과도 같습니다. 다음에 화평입니다. 예수님도 진리와 의를 세우는 것이 첫 순서임을 말씀했습니다. 마태복음 10:34에 말하기를, "내가 세상에 화평을 주러 온 줄로 생각하지 말라 화평이 아니요 검을 주러 왔노라 내가 온 것은 사람이 그 아비와, 딸이 어머니와, 며느리가 시어머니와 불화하게 하려 함이니"라고 하셨습니다. 이것은 먼저 옳은 것을 붙잡아야 된다는 것 아니겠습니까? 예수님은 먼저 진리를 전했습니다. 그렇게 진리를 전했을 때에 그 진리에 응종하지 아니하면 화합은 안 됩니다.

예수님께서 바리새인 세계에 진리와 의를 전했을 때 화평이 왔습니까? 아닙니다. 바리새인들은 늘 예수님을 잡아 죽이려고 했습니다. 화평이라는 것은 맹목적 화평이 아닙니다. 불순물이 끼어 있으면 불화가 있을 뿐입니다. 한 가족 안에서도 화합이 안 됩니다. 예수 믿는 사람이 있고 안 믿는 사람이 있으면 화합이 안 됩니다. 진짜로 믿는 사람이라면 화합이 안 되겠지요. 물론 참는 것과 용서하는 것과 포용하는 그것은 있을 수 있지만 어떻게 평안이 정말 있겠냐는 것입니다.

그러니까 성경이 말하는 화평이라는 것은 무조건적인 화평이 아니고 진리와 의를 전제로 한 성결이요 청결을 전제로 한 화평입니다. 예수님도 일하신 결과가 그렇게 되었습니다. 진리와 의를 희생한 대가로 화평을 가져온다는 것은 가짜입니다. 그것은 마귀의 것입니다. 진리와 의를 포기하고서는 화평이 오지 않습니다. 비 진리와 불의로 화평을 도모하면 가짜 화평을 가져올 뿐 진정한 평안은 없는 법입니다.

그런데 우리가 이 점에서 명심해야 할 바는 진리와 의에 있어서 합치점을 보지 못할지라도 진리와 의를 소유한 자의 마음에는 화평이 있다는 것입니다. 상대방에 대해서 악덕과 혈기와 불안으로 대하고 싸우는 것은 결국 자신이 화평을 잃은 것입니다. 그 마음에 화평이 없다는 것은 진리와 의에 대해서 배치되는 마음의 태도를 가지고 있다는 것입니다. 시험에 든 것입니다.

주의 일을 하는 사람은 화목의 사람입니다. 주의 일을 하는 사람에게 있어서 원수는 하나밖에 없는데 마귀입니다. 그는 결단코 남과 틀어지는 것을 시원하게 여기는 마음은 꿈에도 없습니다. 혹시 상대가 주님의 말씀을 위반하고 갈라섰다면 어찌할 수는 없겠지만 화목의 마음을 가지는 법입니다. 거듭난 사람은 화목의 사람입니다. 그 이름을 가리켜 화목이라 해도 좋을 것입니다.

히브리서 12:14에 말하기를, "모든 사람으로 더불어 화평함과 거룩함을 따르라 이것이 없이는 아무도 주를 보지 못하리라"고 합니다. 화평함과 거룩함은 교회의 두 다리입니다.

하나님 말씀을 그대로 지켜나가고 하나님 말씀에 세상 말을 섞지 아니하고 사람의 사상을 섞지 않고서 하나님 말씀만 위주로 전한다면 이것은 교리적 성결인 동시에 생활상 순결이 됩니다.

성결을 지키려고 하다가 화목을 깨뜨리기 쉽습니다. 그러니 성결을 지키면서도 화목을 깨뜨리지 않기 위해서 만반의 준비를 해야 하고 또 노력해야 하겠습니다. 하나님이 기뻐하지 아니하는 일을 끝까지 주장하기 때문에 결국 화목이 깨지는 경우가 생길지라도 불붙는 마음으로 늘 화목을 사모해야 합니다.

무디 선생은 각처에 부흥회를 늘 다녔지만 싸움이 있는 교회는 안 갔답니다. 그 이유는 싸움이 있는 교회는 아무래도 은혜가 안 된다는 것이었습니다. 하나님께서는 이 타투고 싸우는 것을 금물로 여깁니다. 그것은 교회의 생명에 독약입니다. 그렇기 때문에 바울 선생은 무엇이라고 말씀했습니까? "만일 서로 물고 먹으면 피차 멸망할까 조심하라"(갈 5:15)고 하지 않았습니까? 그러니 이 화목이 얼마나 귀합니까?

구약시대에 태산처럼 높이 두드러진 인물이 하나 있습니다. 그 인물은 요나단입니다. 사람들은 이 요나단을 깊이 알아주지 않습니다. 그러나 그 인격이 구약 교회에 얼마나 귀중했습니까? 요나단은 이 화목의 방면에 있어서 아주 모범된 인물이었습니다. 자기 아버지와 다윗 사이를 그렇게 싸고돌았습니다. 자기 아버지는 그냥 죄 없는 다윗을 죽이려고 했습니다. 그리고 나중에는 이 왕국이 저 사람에게 갈 것이고 너 요나단은 허탕칠 것이라고 한 것입니다. 왕국이 요나단에게 가야 할 텐데 다윗에게로 갈 것이라 하면서 기어코 다윗을 죽이려고 했지만 요나단은 다윗을 죽이지 못하게끔 자기 아버지를 막았습니다. 또 아들로서 옳은 말을 아끼지 않았습니다.

많은 사람들이 혈통 관계로 주님의 일을 그르치게 하는 일이 많습니다. 교회 안에서도 친족의 인연으로써 이렇게 저렇게 잘못하는 일들이 많은데도 요나단은 자기 아버지의 하는 일이 틀렸다고 명백히 지적하면서 목숨을 내걸고 자기가 죽으면 죽었지 다윗이 죽는 것을 용납할 수 없었습니다. 그렇게 한두 번만 한 것이 아니라 한평생 그런 역할을 했다는 것입니다.

이것을 볼 때 그의 위대함은 의리를 위해서는 혈육을 던지고, 의리를 위해서는 모든 사적인 문제를 다 버리고 오직 주님의 영광과 의만을 받들어 드리는 생활을 끝까지 해 나간 것입니다. 이것이 얼마나 만고의 모범이 됩니까? 화목의 인물로서 요나단은 구약시대에서 두드러진 태산처럼 솟아난 사람입니다.

신약에 있어서는 바나바입니다. 바울은 기독자들을 잡아 죽이는 파괴자였습니다. 그렇게 파괴자였지만 나중에 하나님께서 그를 회개시켜 주님께로 돌아오게 했습니다. 그때에 예루살렘의 원 제자들, 다시 말해 원래부터 예수님을 따르던 제자들은 바울을 이해하지 못하고 인정하지 않았습니다. 그러나 바나바가 나서서 원 제자들에게 바울의 최근 개종 사실, 최근에 회개한 사실을 다 말하고 그를 잘 용납하고 이해하게끔 해서 마침내 모든 이방 사람의 사도로 내세우게 한 것입니다. 그가 바나바 요한입니다. 교회에는 요나단이나 바나바와 같은 인물들이 있어야 합니다.

의를 위하여 박해를 받는 자

이제 팔복에서 마지막 부분입니다.

> 의를 위하여 박해를 받는 자는 복이 있나니 천국이 그들의 것임이라 나로 말미암아 너희를 욕하고 박해하고 거짓으로 너희를 거슬러 모든 악한 말을 할 때에는 너희에게 복이 있나니 기뻐하고 즐거워하라 하늘에서 너희의 상이 큼이라 너희 전에 있던 선지자들도 이같이 박해하였느니라(5:10-12).

이 말씀을 보면 진정한 의는 바로 살아계신 예수님밖에 없다는 것을 알 수 있습니다. 그리고 박해를 받는 것이 복이라는 것입니다. 헬라어 원문에서는 마지막에 역설하는 문구가 있습니다. 박해받는 것이 제일 큰 축복이라는 의미로 마지막에 넣은 것입니다.

그런데 이 박해를 성경이 얼마나 강조합니까? 박해는 기뻐할 만하다고 말씀합니다. 그 이유가 무엇이겠습니까?

첫째로 '의'의 편에 서있는 것이 즐거운 일이기 때문입니다. 박해하는 자들은 어두움에 속해 있기 때문에 의를 붙잡는다고 말썽을 일으키고 박해를 합니다. 그들의 양심은 삐뚫어져 있습니다. 인간 존재 자체가 불행합니다. 그러니까 하나님의 은혜로 의를 붙잡고 있는 사실을 기뻐해야 할 일입니다.

둘째로 박해받는 자는 하나님 편에 서있다는 것을 인식할 수 있기 때문입니다. 우리 본문 10절에 "의를 위하여 박해를 받은 자는 복이 있나니 천국이 그들의 것임이라" 하고서 바로 그 다음 절에 "나로 말미암아" 그런 일이 일어났다고 설명합니다. 하나님 편에 서있는 신분이기 때문에 박해를 받은 것이라고 말합니다. 박해를 받는 자는 하나님 편에 서있습니다. 그것을 인식할 때 복을 받았다 하는 생각이 날 만합니다.

그런데 문제가 있습니다. 박해는 누구나 받기 싫어합니다. 누가 박해 받기를 원하겠습니까? 박해 받는 것은 매우 괴로운 일입니다. 욕먹는 것을 위시해서 매 맞고 죽기까지 하는데 누가 그것을 좋아합니까? 누가 욕먹기 좋아합니까? 누가 매 맞는 것을 좋아하겠어요? 박해란 그러한 어려움이요 괴로운 일입니다. 사람은 본능적으로 평안을 원하지 박해를 원하지 않습니다. 입으로 말하기는 쉽지만 또 생각해 보면 아주 어려움이 따릅니다. 원할 수가 없습니다. 그렇지만 꼭 그런 것만도 아닙니다.

셋째로 이 박해를 받는 것은 실상 하나님이 힘을 주셔서 받기 때문이라는 것입니다. 하나님이 힘주기 전에는 감당 못합니다. 다시 말해면 기뻐서 당하는 일이라는 것입니다. 기뻐서 당하는 일이라면 당할 만한 일이지 미리부터 덮어놓고 틀렸다, 덮어놓고 나는 안 가겠다 그럴 필요는 없습니다. 기쁨으로 당할 일이라면 좋은 일입니다. 문제는 하나님이 힘을 주셔야 되는 일입니다.

우리가 성경을 보면 구약시대의 사드락과 메삭과 아벳느고가 박해를 받은 이야기를 읽을 수 있습니다. 그때 하나님이 직접 간섭했던 증거가 많습니다. 풀무불에 던져서도 이상한 일이 나타났습니다.

의를 위해서 곧 주님을 위해서 굳게 서면 하나님이 간섭하기 시작하시므로 기뻐할 수 있습니다. 그런데 입으로는 주님의 이름을 부르고 주의 의에 대해서 말하다가도 어려움이 오면 얼른 떠나버리고 맙니다. 이랬다, 저랬다 할 수 있습니다. 그러면 하나님이 기뻐하지 않습니다.

그러나 여기 있는 말씀처럼 의의 편에 서있고 하나님의 편에 서있으면 하나님이 기뻐하시고 하나님께서 맡아주십니다. 그러니까 하나님의 편에 설 때 시간 문제가 있는 것이긴 하지만 반드시 하나님이 간섭하십니다. 하나님이 힘을 줄 때에 기쁨이 생겨서 하게 됩니다. 기쁨이 생겨서 한다면 매 맞아도 기뻐할 수 있는 마음이 있는 것이 아니겠어요. 미리부터 '아 그건 어렵다, 그것은 불행이다'라고 우리가 딱 못박아버릴 필요는 없습니다. 그것은 어리석은 것입니다.

요약해 보자면, 우리가 주를 위해서 든든히 선다는 것, 의를 위해서 든든히 선다는 것이 참으로 가치가 있습니다. 또 박해를 받는 자는 하나님 편에 있는 것이니 행복감을 가져야 되겠습니다. 그리고 우리가 비록 본능적으로 평안을 원하지만 박해를 받는 것은 하나님이 힘을 주셔서 받을 수 있으므로 기뻐한다는 것입니다.

그런데 우리가 걸핏하면 예수님을 믿는다고 하면서도 늘 현세주의로 세월 보내기 쉽습니다. 주를 위해서 조금이라도 고생하는 것은 될 수 있는 한 면하려고 생각합니다. 예수님을 믿지만 하나님을 의지하여 서기보다는 세상의 명예나 권세나 물질로써 든든함을 느끼는 사고방식으로 산다면 그것은 안 될 것입니다. 이런 현세주의, 편리주의에 중점을 두고 처세를 하면 시험받기 쉽습니다.

우리가 이제까지 팔복에 대해서 살펴봤는데 거기에 천국이란 말이 두 번 나옵니다. "심령이 가난한 자는 복이 있나니 천국이 그들의 것임이요"라는 3절 말씀과 "의를 위하여 박해를 받은 자는 복이 있나니 천국이 그들의 것임이라"라는 10절 말씀입니다.

천국이란 무엇입니까? 천국이라는 말은 헬라어 원문에 '바실레이아'입니다. 이 말은 하나님의 다스림, 즉 하나님의 통치를 의미하기도 하고 혹은 하나님이 통치하시는 영역을 의미하기도 합니다. 따라서 그 말을 하나님의 통치하시는 영역이라고 하든지, 하나님의 통치라고 하든지 뭐 다를 것은 없습니다. 즉 하나님이 우리를 다스려 주는 것이 천국의 임재입니다. 이 천국은 하나님의 나라(헬라어 원문으로 '바실레이아 투 떼우')와 같은 의미로서 신약의 하나님의 다스림을 의미하는 세계관을 말합니다.

마태복음 13장은 천국을 씨 뿌리는 비유나, 고기 잡는 비유나 보배를 찾는 비유로 말씀합니다. 그렇다면 이것은 이 세상에서 다 일어나는 것이 아닙니까? 이것은 참된 교회 운동입니다. 하나님의 말씀이 임했고 성령의 역사가 임했습니다. 이것이 하나님의 통치입니다. 복음을 전해서 교회를 세우는 역사가 일어나는 일이 있고, 주님이 재림해서 이루어 놓을 영광의 세계인 완성된 천국이 있습니다. 이처럼 천국이란 말은 이 세 가지 단계를 말합니다.

그리고 디모데후서 4장에 보면 우리가 세상 떠서 영혼이 하나님께로 가는 것도 천국이라 했습니다. 이처럼 천국은 네 가지 의미를 가지고 있습니다. 이 모두 다 하나님의 통치와 관련된 것입니다.

12절에서 "기뻐하고 즐거워하라 하늘에서 너희의 상이 큼이라"고 했는데 이 하늘이라는 것은 천국과는 다른 것입니다. 이것은 디모데후서 4장에 말한 대로 사도 바울이 박해를 받고 순교해서 들어갈 세계를 말한 것입니다. 여기서 하늘이란 영혼이 들어가는, 하나님이 계신 곳입니다.

우리가 천국에 대해서 알 수 있는 것이 많습니다. 이 세상에서 참된 교회 생활을 해 보면 은혜를 받을 때 그 마음이 어떻습니까? 천국 맛이지요. 어느 정도 우리가 압니다.

우리는 아직 하늘 세계에서 누릴 경험은 못했습니다. 또 주께서 재림해서 세울 천국에 대해서도 우리는 아직 경험을 못했습니다. 그러나 우리는 우리의 경험과 관계된 것만 믿을 것으로 알면 안 됩니다. 경험이란 제한된 것이라서 모든 것을 다 경험한다고 할 수 없기 때문입니다.

물고기는 소나 양의 체험을 못할 것입니다. 또 사람의 체험도 못할 것입니다. 그와 마찬가지로 운명이란 것도 제한된 우리 자신으로서는 '내가 전부를 안다'고 할 수 없습니다. 그러나 우리는 이 성경 말씀을 믿습니다. 믿는 일에 있어서 눈에 안 보인다고 약해지면 안 됩니다.

헬라어 문법에 보면 중요한 것을 마지막에 기록하는 일이 종종 있습니다. 중요한 것을 가장 첫머리에 기록하는 일도 있지만 가장 마지막에 기록하는 일도 있습니다. "의를 위하여 박해를 받은 자는 복이 있나니 천국이 그들의 것임이라"라는 것이 그런 구절입니다. 박해받는 것이 큰 복입니다.

팔복과 복음의 관계

그러면 산상보훈의 팔복은 복음과 위반되는 것입니까? 그렇지 않습니다. 처음 네 가지 복은 회개하고 믿는 것에 대해서 말하고 다음 네 가지 복은 신자로서 당연히 행해야 할 행실을 보여줍니다. 이 팔복은 결단코 구원받는 공로를 가르치고 있지 않습니다.

산상보훈에 대한 단편적인 이해보다는 산상보훈에 대한 전체적인 신학적 이해가 중요합니다. 신학적 이해라는 것은 예수님께서 이 말씀을 가르치실 때에 어떠한 구원 진리를 가르쳤느냐는 것입니다. 바울과 반대되는 구원 진리를 가르쳤습니까? 믿음으로 구원받는 진리와 상반되는 말씀을 하신 것입니까? 그게 아닙니다.

여러분이 확신을 가져야 합니다. 그 확신이란 것은 다른 게 아니라 진리의 단일성을 잡아야 한다는 것입니다. 진리는 뭐 이랬다, 저랬다 하는 게 아닙니다. 예수님은 가르치시기를 행실을 선하게 해야 구원받는다고 하신 것 같은데 바울은 가르치기를 구원은 행실의 공로와 관계없다고 한 것이 아니냐? 이거 뭐 구원론을 알 수가 없다. 그래서 믿기는 믿지만 구원을 어떻게 받는지 확신은 없다고 하면 안 됩니다.

구원은 행실의 공로로 구원 받는 것이 아니라 오직 믿음으로 구원을 받습니다. 구원을 받아 가지고 내가 어떻게 힘써서 만들어내는 것이 구원이 아닙니다. 구원은 이렇게 은혜로운 구원이요, 이렇게 감격스러운 구원인 줄 알아야 우선 우리의 마음이 편해집니다. 그러면 이 다음 단계에는 무엇이 나옵니까? 내가 이 큰 구원을 거저 받았으니 주님을 위해서 무엇을 할 것인가? 그런 생각이 안 날 수 없습니다. 성령으로 믿고 성령을 받았고 성령과 함께 생각하는 사람이라면 어찌 그런 생각을 안 하겠습니까? 주님께서 내게 가르쳐 주신 모든 행위의 말씀을 다 지켜야 되겠다. 이런 생각을 안 하겠습니까?

그런 생각이 든 사람은 성령과 함께 생각하니까 하나님의 뜻을 바로 알게 됩니다. 무슨 목적으로 나를 구원하셨는가? 그것은 경건하게 살기 위해서, 생활면에서 의를 행하기 위해서, 성결을 회복하기 위해서 하나님이 구원해 주신 것 아닌가? 이런 관심으로 의를 행하게 된다는 것입니다.

이러한 구원론을 우리가 확연하게 깨닫고 확신을 가지고서 산상보훈을 읽어야 율법에 관한 말들을 바로 깨달을 수가 있습니다. 그것은 결코 행위의 공로를 세우라는 말이 아닙니다.

중요한 구절을 하나 생각해 보겠습니다. "만일 네 오른 눈이 너로 실족하게 하거든 **빼어 내버리라** 네 백체 중 하나가 없어지고 온 몸이 지옥에 던져지지 않는 것이 유익하며 또한 만일 네 오른손이 너로 실족하게 하거든 찍어 내버리라 네 백체 중 하나가 없어지고 온 몸이 지옥에 던져지지 않는 것이 유익하니라"(마 5:29-30).

저는 이 말씀을 보면 지옥에 가느냐, 안 가느냐의 문제가 행실에 달리지 않았다는 것입니다. "만일 네 오른 눈이 너로 실족하게 하거든 **빼어 내버리라**"고 합니다. 이것은 빼버릴 정도로 심각하게 결단성 있게 회개하라는 뜻입니다. 그런 뜻이지 지옥에 안 던져지려면 네 지체 중 하나를 빼버리라는 뜻입니까? 이렇게 행실을 고침으로써 구원을 받으라는 뜻입니까? 결단코 그렇지 않습니다.

로마서 4장입니다. "일하는 자에게는 그 삯이 은혜로 여겨지지 아니하고 보수로 여기거니와 일을 아니할지라도 경건하지 아니한 자를 의롭다 하시는 이를 믿는 자에게는 그의 믿음을 의로 여기시나니"(롬 4:4-5). 깨닫게 하려니까 얼마나 심하게 말했습니까? 오직 믿음으로 구원받는다는 말은 철저히 이 구원이 행실의 공로와는 상관없다는 것입니다. 그것을 정확히 갈라 말하기 위해서 서로 반대되는 말을 여기 씁니다. "일을 아니할지라도"라고 했습니다. 그리고 바로 이어 "경건하지 아니한 자를 의롭다" 하신다고 하셨습니다. 그가 경건하기는커녕 경건에서는 마이너스라는 것입니다. 공로가 없을 뿐만 아니라 공로에 대해서 마이너스입니다.

고린도후서 5장입니다. "하나님이 죄를 알지도 못하신 이를 우리를 대신하여 죄로 삼으신 것은 우리로 하여금 그 안에서 하나님의 의가 되게 하려 하심이라"(고후 5:21). 그리스도께서는 죄를 알지도 못했지만 죄로 삼으셨다고 합니다. 이 말은 죄인으로 삼는다는 말보다 더 강합니다.

그러면 이 마태복음 5:29-30이 팔복 초두에 나오는 말과 반대가 됩니까? 이것을 알아야 하겠습니다. 신약성경에 은혜를 말하지만 "행한 대로 갚는다"는 말도 나옵니다.

왜 그렇습니까? 예수 그리스도의 공로로 구원받는다는 은혜 계약이 아닙니까? 하나님이 세운 법입니다. 은혜 계약은 행위 계약을 물리치고 성립되는 것이 아닙니다. 행위 계약이라는 것은 아담에게 세웠던 법입니다. "선악과를 먹지 말라. 먹는 날에는 네가 죽으리라." 그러나 먹지 않으면 산다는 말입니다. 이것은 행함으로 되는 것입니다. 행하면 영생한다고 했습니다. 그것은 행위 계약입니다. 그러나 하나님의 백성을 그 법대로는 취급하지 않으십니다. 그렇다고 해서 그 법이 폐지된 것은 아닙니다. 폐지되지 않았습니다. 그대로 그 법은 살아서 외칩니다. 살아서 외치기 때문에 은혜 계약이 뜻이 있습니다. 살아서 외치지 아니하고 폐지시켰다면 은혜도 소용없습니다. 그것을 폐지시켰다면 죄가 없습니다. 죄를 정하는 행위 계약이 없으면 인간에게 죄를 정하지 못합니다. 죄를 정하지 못한다면 죄인이 아닌데 은혜로 구원받는다는 말은 성립이 될 수 없습니다. 이 행위 계약은 계속 살아있습니다. 심판 때까지 살아있습니다. 그리고 외칩니다. 우리 믿는 사람 앞에서 외칩니다. 외치기 때문에 은혜 계약이 뜻을 발휘합니다.

불에 잘 견디는 내연 벽돌로 집을 지었다고 합시다. 그런 벽돌로 집을 짓고 나는 여기 앉아있습니다. 그런데 그만 동네 전부가 불이 났습니다. '아, 내가 이 집에 앉아 있지 않았다면 이 불에 탈 뻔했구나. 내가 여기 있기 때문에 안전하다.' 이렇게 되지 않겠습니까? 그와 마찬가지로 오늘날도 계속 하나님의 행위 계약은 외치고 있습니다. '죄를 지으면 망한다'고 외치기 때문에 우리가 은혜의 집에 들어앉은 것이 다행한 일이고 기쁜 일이고 하나님께 감사하고 또 그 은혜를 인식하는 것입니다. 바깥에 불난 것이 전혀 없었다면 내연 벽돌이 뭐가 반갑겠습니까?

사람에게 죄감이 있어야 은혜감이 있습니다. 만일 이 세상에 행위 계약이라는 것이 없다면 죄를 정하는 일도 없고 죄를 꾸짖는 것도 없습니다. 죄를 범해 망한다는 말도 없다면 죄감도 없을 것입니다. 죄감이 없으면 동시에 은혜감도 없어지고 맙니다. 그와 같이 우리는 믿습니다. 믿지 아니하면 망한다. 행위 계약이 살아있습니다. 감사하다. 왜 감사합니까? 감사하지 않으면 망합니다. 행위 계약이 살아있다는 것입니다.

Ⅲ

기독 신자의 진리 증거
5:13-16

　마태복음 5:13-16은 그 이하의 말씀 곧 17-48절에 대한 개괄적인 것이요 줄거리가 된다고 할 수 있습니다. 그리고 17-48절은 13-16절에 대한 방법론이요 설명이라고 생각됩니다. 그래서 우선 13-16절까지 간단하게 밝히고 다음 구절들을 설명하겠습니다.
　13-16절은 기독자의 신분이 어떠하다는 것을 말합니다. 기독 신자의 신분을 두 가지로 말씀하셨는데 하나는 소금으로 비유하셨고 다른 하나는 빛으로 비유하셨습니다. 이 소금에 대해서 여러 가지 말을 하긴 합니다만 분명한 것은 희생인줄 압니다. 언제든지 성경은 성경으로 풀어야 하는 것이지 짐작으로 하면 안 됩니다.

너희는 세상의 소금이니(5:13)

너희는 세상의 소금이니 소금이 만일 그 맛을 잃으면 무엇으로 짜게 하리요 후에는 아무 쓸 데 없어 다만 밖에 버려져 사람에게 밟힐 뿐이니라(5:13).

예수님은 "너희는 세상의 소금"이라 했습니다. 세상이 예수 믿는 사람들과 함께 소금이 된다는 것이 아닙니다. 예수 믿는 사람들이 소금이 된다고 하셨습니다. 도리어 세상은 소금과 제일 반대되는 요소입니다. 그렇다면 예수 믿는 사람들은 세상에서 나지를 않았습니까, 세상에서 먹지를 않습니까, 세상에서 입지를 않습니까? 믿지 아니하는 모든 사람과 마찬가지로 생활하고 있는 처지입니다. 무엇 때문에 예수 믿는 사람들은 믿지 않는 사람들과 아주 판이한 내용을 가지고 있는 것입니까? 여기서 "세상"이란 말은 모든 불신 세계를 가리킵니다. 믿지 않는 세상, 믿지 않는 모든 사람들, 믿지 않는 인류를 가리킵니다. 거기에 대하여 우리 믿는 사람들은 소금이 되어라가 아니라 소금이라고 하셨습니다.

벌써 소금이라 말입니다. 그런고로 이것은 벌써 무슨 변동이 일어난 것을 말합니다. 주님을 알지 못하는 인류 사회와 비교해서 아주 다른 변동이 있었기 때문에 말씀이 이렇게 나옵니다. '너희는 세상의 소금이 되라'가 아닙니다. "너희는 세상의 소금"이라고 했으니 벌써 사실이 돼 있습니다. 성령을 받아 예수 믿는 사람들이 믿지 아니하는 인류 사회와 비교해서 크게 변동을 받은 것을 말합니다. 결국 사람은 다 자기가 자기를 알 것이고, 그보다 하나님이 그 사람을 더 잘 아시겠지만, 정말 양심적으로 예수를 믿는 사람이라면 큰 변동이 일어난 사람입니다. 혹 자기가 알기에는 시원한 것이 없을지도 모릅니다. 내가 예수님을 믿지만 무엇이 다른 게 있나, 생각해 볼 만큼 뚜렷하게 새 것이 없다고 생각할지 모릅니다. 그래도 이 문제는 신중히 취급해야 합니다.

정말 예수님을 양심적으로 믿고 양심적으로 더 잘 믿기를 원한다면 그것은 다른 문제입니다. 그것이 예수님을 믿지 아니하는 사람과는 달라진 것입니다. 그 방면이 아주 달라진 방면입니다. 그것을 소홀히 여기면 안 됩니다. 우리가 다 겸손해야 되겠지만 하나님이 주신 은혜만은 또한 존중해야 합니다. 하나님이 주신 은혜는 귀히 여기고, 사랑하고, 좋아하고, 감사하고, 간수하고, 잘 발전시키기 위해 힘써야 합니다. 예수를 진실히 믿는 사람이라면 그런 심리를 안 가질 수 없습니다. 어디까지든지 더 잘 믿어 보려고 힘을 씁니다. 그것이 바로 믿음입니다. 더 잘 믿어 보려고 힘쓰는 것, 더 살아 보겠다고 하는 것입니다. 삶이 있는 사람은 더 살아 보겠다고 합니다. 그런고로 누구든지 자기의 믿음이 연약하고, 어떻게 생각하면 믿음이 없는 것 같기도 하고, 뚜렷한 무슨 새 것이 없는 것 같아도, 중심에 더 잘 믿기를 원하고 주님을 사랑하기를 원하는 마음이 있고, 또 발버둥 친다면 그것이 달라진 것입니다. 그것이 바로 예수를 믿지 않는 사람과 아주 달라진 것입니다. 이것이 작은 일이 아닙니다.

그런고로 너희는 세상의 소금이라 하셨을 때에 우리에게 이 말씀을 적용시켜 보자는 것입니다. 먼저 우리에게 이 말씀을 적용시키려면 우리가 지금 어떠한 위치에 있나 생각해야 합니다. 정말 양심적으로 예수를 믿고 더 잘 믿기를 원하는 심리에서 산다고 할 것 같으면 제가 생각하기에 거듭난 분입니다. 거듭난 사실이 바로 소금입니다. 그분은 바로 이 세상의 소금이다, 라고 말할 수 있습니다. 그분은 이 세상의 소금이 될 것이다가 아니고 그분은 이 세상의 소금이라는 것입니다.

이 소금이라는 말에 대해서 여러 가지로 해석합니다. 다 지당한 해석이고 성경에 있는 것입니다. 한 가지 더 보충적으로 말해보자면 성경의 소금은 제물 중에 특별히 지적을 받았습니다. 레위기 2:13을 봅시다. "네 모든 소제물에 소금을 치라 네 하나님의 언약의 소금을 네 소제에 빼지 못할지니 네 모든 예물에 소금을 드릴지니라." 우리가 이 말씀을 보면, 너희는 세상의 소금이라고 말씀하시는 주님의 마음 가운데 제물을 생각하고 계신 줄로 믿습니다. 거듭난 사람은 하나님 앞에 제물의 위치를 차지한 것입니다. 하나님께서 우리를 거듭나게 하실 적에 아무 목적도 없이 그리 하신 것이 아니고 주님께서 쓰시려고 그렇게 하신 것입니다. 그를 거듭나게 해 가지고 전적으로 주님 장중에 넣으시고, 주님이 원하시는 대로 그 사람을 가지고자 하시는 것입니다. 그 사람을 소유하시고자 함입니다. 그런고로 거듭난 사람의 신분은 하나님의 일을 할 처지에 있습니다. 그는 이 땅에서 주님께서 하시는 일에 이바지하도록 되어 있습니다.

그 일이란 무엇입니까? 모든 유력한 해석가들이 말하는 것처럼 방부제의 역할입니다. 다시 말하면 썩는 것을 막는 작용입니다. 썩는 것을 막는 작용을 하게 하려고 하나님께서 그를 거듭나게 했습니다. 그가 거듭났기 때문에 예수님을 양심적으로 믿는 것이고 더 잘 믿으려고 하는 것입니다. 이 거듭난 사람의 할 일이란 모든 썩어 가는 것을 방지할 방부제의 역할을 맡은 것입니다.

썩었다는 것이 무엇입니까? 그것은 물론 여러분이 잘 아시다시피 죄악입니다. 거듭난 사람은 죄와 더불어 싸우는 성질이 있습니다. 죄를 불쾌하게 여기고, 죄를 기뻐하지 아니하고, 죄를 싫어하며, 죄로 더불어 싸우는 투쟁의 생활이란 오직 거듭난 사람에게만 있습니다. 거듭나지 않은 사람은 자기 속에 있는 죄와 더불어 그렇게 치열한 전쟁을 하지 않습니다. 전쟁인지 전쟁이 아닌지도 모를 정도로 희미한 가운데 있습니다. 그러나 우리 믿는 사람들, 진실로 거듭난 사람은 죄를 유일한 적으로 알고서 죄와 더불어 싸우는 것입니다. 싸우되 어느 정도 치열한 싸움을 해야 하느냐 하면, 히브리서 12:4에 말한 것처럼 피 흘리기까지 싸우는 치열한 전쟁을 벌이는 것입니다.

그런데 우리가 이 점에 있어서 명심해야 될 것은 이 세상의 전쟁이란 피를 흘려도 이기지 못하는 일이 있습니다. 그러나 죄로 더불어 싸우는 이 전쟁은 하나님께서 반드시 함께해 주시기 때문에 치열한 전쟁만 한다면 이긴다는 것입니다. 큰 죄든 작은 죄든 그 어떠한 죄든지 이기게 해 주십니다. 그 어떠한 강적이라고 할 수 있는 죄악이라 하더라도, 정말 진지하게 전쟁을 시작하고 전쟁을 이끌어 나간다면 반드시 하나님께서 승리하게 해 주십니다. 열 번이면 열 번 다 이기는 것입니다. 이렇게 죄로 더불어 싸우는 생활을 진지하게 해 나가는 것이 거듭난 사람의 특징입니다.

과연 주를 위해서 일하는 분들, 교회를 위해서 참되이 일하는 분들은 먼저 죄로 더불어 싸우는 이 전쟁의 용사가 되어야 하겠습니다. 죄로 더불어 싸워 나가는 군인이 될 때에 하나님이 도와주시고, 하나님이 배경이 되어 주시고, 하나님이 그에게 전적으로 역사해 주셔서 승리를 거두게 됩니다. 그야말로 다른 사람들까지도 승리의 개가를 부르도록 인도할 수 있는 능력자들이 되는 것입니다. 하나님께서는 아무 사람에게나 그저 목적도 없이 능력을 주시는 하나님이 아닙니다. 진실로 목표를 정하고 주를 위하여 자신이 살기를 원하고, 주님을 위해서 죄를 유일한 대적으로 알아 피 흘리기까지 싸울 각오를 가지고 싸워나가는 생활을 해 나갈 때에, 하나님께서는 그에게 권능을 주시고 그로 하여금 예상 밖에 큰 승리를 거두게 하며 열매를 거두게 합니다. 피 흘리기까지 죄를 대적한다고 해서 반드시 여러 가지 손해를 보는 일이 있겠다는 이러한 공연한 상상은 하지 않아야 합니다.

피 흘리기까지 죄를 대적한다는 것은 최후까지 죄를 대적한다는 말로 바꿀 수도 있습니다. 최후까지 죄를 대적한다는 말은 진실하게 죄를 대적한다는 말로도 바꿀 수 있습니다. 진실하게 죄를 대적하는 투쟁을 하는 사람에게는 열 번이면 열 번 다 하나님이 함께해 주시기 때문에 그는 승리하며, 그는 많은 기쁨을 얻으며, 그는 많은 좋은 일을 보게 됩니다. 그런고로 죄로 더불어 싸우는 사람이라면 반드시 비참한 결과가 올 것이라는, 이러한 잘못된 생각을 해서는 안 됩니다.

너희는 세상의 빛이라(5:14)

너희는 세상의 빛이라 산 위에 있는 동네가 숨겨지지 못할 것이요 (5:14).

너희는 세상의 빛이라고 주님은 또 다시 말씀하십니다. 여기서 빛이란 무엇입니까? 여러 가지로 사람들이 정당한 해석을 합니다마는 여기에 하나를 보충하여 말씀드리겠습니다. 에베소서 5장입니다. "빛의 열매는 모든 착함과 의로움과 진실함에 있느니라"(엡

5:9). 그렇다면 빛이란 착함이며, 의로움이며, 진실함입니다. 착함과 의로움과 진실함은 모든 기독교 경건과 도덕을 망라해서 말했다고 해도 과언이 아닙니다. 착함과 의로움과 진실함은 우리 주 예수 그리스도의 십자가에 나타난 것이기 때문입니다.

우리 주 예수 그리스도의 십자가 희생은 착한 희생입니다. 하나님이 세상을 이처럼 사랑하사 독생자를 주셨습니다. 하나님이 세상을 이처럼 사랑해서 착하게 돌아보아 주셨습니다. 따라서 "착함"이란 사랑을 의미합니다. 착하게 인류를 돌아보셨습니다. 불쌍히 여기셨습니다. 세상을 이처럼 사랑하셨습니다. 주님이 십자가에 매달려서 속죄의 보혈을 흘리신 것은 바로 이 착하심의 역사입니다. 이것이 바로 착하신 희생입니다. 자기는 죽고 무수한 인류를 살리려고 하신 착한 마음의 실현입니다.

동시에 그가 십자가에서 이렇게 죽으신 것은 의를 이루기 위함이었습니다. 하나님께서 당신님의 백성을 구원하려고 하시는데 그저 마구 구원하신 것이 아닙니다. 억지로 구원하신 것이 아닙니다. 그저 자기 마음대로 허투루 하신 것이 아닙니다. 주님께서 자기 백성을 구원하시는 방법은 의를 이루시어 하신 것입니다. 다시 말하면 당신님의 백성의 죄 값을 담당하고 구원하십니다. 지옥에서 영원히 멸망 받을 수밖에 없는 못된 것들을 그냥 당신의 권리로 구원하신 것이 절대 아닙니다. 하나님께서 자기 백성을 구원하실 때 그들의 모든 죄 값을 담당하시고, 그들이 지은 모든 죄에 대한 문제를 공의롭게 해결하심으로 마귀도 입이 떡 막힐 만큼 해 놓으시고 구원하셨습니다. 자기 백성의 죄를 걸머지시고, 그 죄를 다 처치해 버리시고 구원하셨으니, 이것이야말로 이 구원에 참가한 우리 자신들도 얼마나 당당하겠습니까? 하늘에 계신 하나님께서 그 아들로 말미암아 친히 피를 흘려 죄 값을 담당하게 하시고 의를 이루심으로 구원하셨으니, 우리는 당당히 은혜의 보좌 앞으로 나아갈 만합니다. 우리는 의를 입은 것입니다. 착함과 의로움과 진실함이란 예수님께서 십자가에서 퍼뜨린 바로 그 빛입니다.

그 진실은 바로 구약에 예언한 그대로 한 자도 틀림없이 다 이루어 놓으시고 이렇게 구원하신 것입니다. 주님이 십자가에 못 박히신 것은 바로 성경대로 된 것입니다. 수 천 년 전에, 수 백 년 전에, 여러 차례 예고하고 예언하고 약속한 대로, 추호만큼도 어기지 아니하시고 그대로 이루셨습니다. 이렇게 십자가를 지시고 우리를 구원하셨으니 십자가 희생이야말로 진실을 표본으로 보여 주신 것입니다. 우리 믿는 사람들은 주님의 이와 같이 착하신 희생, 주님의 이와 같이 의로우심, 주님의 이와 같이 진실하심을 본받아 하나님의 빛을 반영하는 위치에서 빛을 보여주는 사역을 하는 자들입니다. 우리 믿는 사람들은 예수 그리스도를 떠나서 독립적으로 어떤 특별한 빛을 발하는 것이 아니고, 우리 주 예수 그리스도의 십자가를 진실하게 믿고, 진실하게 전하고, 그대로 살기를 기뻐하고, 십자가를 자랑하면서 움직일 때에 그것이 바로 빛이 되는 것입니다.

그런즉 주님을 위해서 일하는 일꾼들은 다른 일 하는 사람들이 아닙니다. 독자적으로 어떠한 원료를 개발하고, 능력을 개발하고, 자기의 힘으로써 어떠한 새 세계를 발견해서 힘을 얻는 것이 아닙니다. 이 세상 사람들이 어리석다 하는 십자가를 그대로 믿고 땅 끝까지 이르러 자랑할 수 있는 믿음으로 움직일 때 그를 통하여 빛이 나타나고, 그를 통하여 모든 다른 사람들이 하나님의 영광을 보고 하나님께로 돌아오게 되는 것입니다.

우리 믿는 사람들은 주님의 일꾼들이요 직분을 받은 사람들로서 간단하게 이 두 가지를 명심하십시다. 우리는 소금이 되자 할 게 아니라 우리는 소금입니다, 라고 말할 수 있어야 합니다. 그것이 신앙입니다. 그리고 다른 하나는 우리는 빛입니다, 라고 양심적으로 고백할 수 있어야 합니다. 우리가 소금이고 빛입니다만 더 소금이 되고 더 빛이 되려는 노력이 있어야 진짜 소금이요 진짜 빛이 됩니다.

다시 말하면 하나님이 하라고 하시는 고상하고 위대하고 영광스러운 과업을 맡은 것을 알고, 그 과업을 필사적으로 해 나가야 합니다. 그것은 바로 주님이 우리에게 주신 율법입니다. 미련한 사람들은 율법을 생각할 때에 치를 떨고 위축되고 있던 기쁨도 없어지고, 그야말로 지옥과 같이 생각합니다. 그러나 정말 소금이고 정말 빛의 신분을 가진 나라고 할 것 같으면 마땅히 나를 전진하게 하고 발전하게 하도록 넓고 크고 높은 표준을 주신 하나님 앞에 감사함을 드려야 할 것입니다.

IV

예수님의 율법관
5:17-48

　사도 바울의 신학으로 말하면 예수 그리스도에게서 취한 신학이고 예수 그리스도에게서 받은 사상입니다. 사도 바울은 그리스도와 별도로 자신의 신학을 창작한 것이 절대 아닙니다. 그것은 무엇으로 증명이 가능합니까? 산상보훈이 증명합니다. 이 산상보훈은 사도 바울의 사고의 근본이요 원천입니다. 예수 그리스도께서 믿음으로 구원받는 도리를 말씀하셨습니다.

　예수님은 17절에서 '내가 왔다'고 말씀하십니다. 이 '내가 왔다'고 하는 것은 온 우주가 진동할 말씀입니다. 천지를 창조하신 여호와께서 땅위에 오셨습니다. 오신 목적이 무엇입니까? 아무 목적 없이 오셨습니까? 아닙니다. 여기에 분명히 밝히셨습니다. 율법의 일점일획이라도 틀림없이 다 이루기 위해서 오셨다고 합니다.

이러한 말씀을 마음 가운데 기억하고 우리가 이 산상보훈을 읽어야 합니다. 예수님의 모든 교훈을 읽어야 합니다. 예수님이 이룬다고 약속하셨습니다. 그 약속대로 십자가에 못 박혀 죽었다가 다시 살아나셔서 사십일 동안 보이시고 사십일 후에 승천하셔서 믿는 자들을 의롭게 하시는 운동을 시작하십니다. 그는 약속대로 다 이루신 것입니다.

예수님이 여기에서 율법에 대하여 말씀하시는데 그렇게 말씀하신 목적이 있습니다. 바리새인의 의는 예수 그리스도의 의와 다르다는 것입니다. 그렇다면 의가 두 가지 있는 셈인데 바리새인의 의는 틀린 것이고 천국의 의는 절대 완전합니다.

바리새인의 의는 외부주의(externalism)입니다. 외식으로 그저 하는 체만 하는 것입니다. 바리새인의 의란 밖으로 의로운 것처럼 나타내면 될 뿐입니다. 그 속에 의가 있어야 되는 것은 아닙니다. 의가 속에 없어도 됩니다. 그렇지만 천국의 의는 철두철미 안팎이 같습니다. 겉도 의로워야 하고 속도 의로워야 합니다. 이것이 진짜 천국의 의입니다. 얼마나 철저합니까?

우리가 5:17-48에 있는 말씀을 읽을 때에 "옛 사람들에게 말한 바…는 것을 너희가 들었으나 나는 너희에게 이르노니"(5:21-22, 33-34)라는 말씀이 나옵니다. 이것은 바리새인의 의와 천국의 의의 차이를 대조하는 것입니다.

우리가 들어가는 천국은 외부적인 의로써가 아니라 철두철미 내부적인 의까지 요구합니다. 그러면 현실에 있어서 이와 같은 놀라운 절대 완성의 의가 일조일석에 이루어지는 것은 아니지만 주님이 바로 우리의 의가 되어 주시기 때문에 가능합니다. 주님이 바로 우리의 의가 되시고 우리에게 임하시사 죄 많은 우리를 점진적으로 성화시켜 나갑니다. 거룩하게 만들고 계십니다.

신자의 의라는 것은, 신자의 성결이라는 것은 그리스도 자신입니다. 그렇기 때문에 우리의 속이 답답할 적에 그리스도를 가까이 해야 합니다. 우리가 원하지 않고 옳지 못한 것이 있을지라도 그리스도를 가까이 하면 됩니다. 그리스도 자신이 바로 성결이기 때문입니다. 그 분이 바로 의입니다. 우리가 그 분을 가까이 모실수록 우리의 마음이 시원해지고 기쁘고 평안을 누리고 의가 빛납니다.

우리 기독자가 의를 이루는 방법은 우리 안에서 무엇을 쥐어짜 가지고 이루는 것이 아니라 그저 오신 그리스도를 가까이 하므로 되는 것입니다. 그리스도께서 바로 우리의 의, 구원받게 하는 의가 되어 주셨기 때문입니다.

내가 왔다(5:17-18)

내가 율법이나 선지자나 폐하러 온 줄로 생각하지 말라 폐하러 온 것이 아니요 완전하게 하려 함이로다 진실로 너희에게 이르노니 천지가 없어지기 전에는 율법의 일점 일획이라도 결코 없어지지 아니하고 다 이루리라(5:17-18).

이 말씀은 보통 사람이라면 할 수 없는 말입니다. 그 어느 누가 이렇게 분명하게 말할 수 있겠습니까? 천지가 없어지기 전에는 율법의 일점 일획이라도 결코 없어지지 아니하고 다 이루리라고 하는 말씀을 누가 하겠습니까? 선지자의 신분으로도 말하기가 어려울 것입니다. 그런 높은 말씀을 누가 할 수 있겠습니까?

이것은 율법의 주인공이 아니면 할 수 없는 말입니다. 또 자기가 친히 이것을 다 이룰 수 없다면 이런 말을 할 수 없습니다. 인간들은 죄를 짓기에도 바쁘고 율법을 범하기에도 바쁩니다. 그런데 어떻게 인간들이 이 율법의 일점 일획이라도 다 이룰 수 있겠습니까? 그럴 수는 없습니다.

"내가 율법이나 선지자나 폐하러 온 줄로 생각하지 말라"(5:17)는 말씀은 그가 누구인지를 밝히고 있습니다. '내가'라는 표현에 잘 나타납니다. 주님 자신입니다. 예수님이 율법이나 선지자를 완전하게 하려고 왔다는 것입니다. 이렇게 율법을 이루실 분이 주님 자신인 것을 명백히 밝히고서 이제 율법을 말하는 것입니다. 이 천국에 대해서 예수님이 선포하면서 이런 법이 있다, 저런 법이 있다고 말씀하신 것이 아니라, 무엇보다 먼저 주님 자신이 왔다는 사실을 선포합니다. 그러니 천국은 주님 자신에게 달려있다는 말입니다.

천국의 법을 선포하는 자리에서 예수님 자신을 천국에 내세우신 것입니다. 천국은 전적으로 하늘에서 오신 예수 그리스도에게 달려 있습니다. 하늘에서 오신 하나님의 아들 예수님이 이 세상에 친히 왕으로 오셨고 지금 천국을 선포하는 이 마당인데 하나님은 어떠한 왕이십니까? 그분은 천지 만물을 창조하신 하나님이시고, 없는 것을 있게도 하시고, 모든 악을 뽑아 버리거나 없애 버릴 수도 있는 하나님입니다. 이 분이 오시므로 천국이 소개되는 것이고, 이 분이 오시므로 우주가 새로워지는 것이고, 이 분이 오시므로 심판이 되는 것이고, 이 분이 오시므로 구원이 됩니다. 우리는 이 율법론을 읽을 때에 무엇보다도 먼저 예수 그리스도께서 오셨다는 그 말을 명심해야 합니다.

예수님은 이제 많은 사람들을 가르치시는 출발에서 먼저 율법을 취급합니다. 십자가가 아니고 먼저 율법입니다. 먼저 십자가를 말할 리가 없습니다. 왜냐하면 먼저 죄를 밝혀놔야 사람들이 죄인인 줄 깨닫기 때문입니다. 죄를 밝히는 것은 율법으로야 가능합니다.

이 율법의 말씀은 어떠한 말씀입니까? 율법은 행위의 법칙입니다. 사람 앞에서 행하는 행위의 법칙이라기보다는 하나님 앞에서 하나님과의 관계를 놓고 잘했느냐 못했느냐를 논하는 행위의 법칙입니다. 이렇게 해서 인류가 죄인이라는 것은 먼저 밝혀놓아야 합니다.

죄인이 아니라면 무엇 때문에 십자가를 요구해야 하겠습니까? 즉 예수님이 십자가에 못 박혀 죽으심으로 죄를 사하셨다는 것입니다. 그것이 속죄의 구원입니다. 우리를 죄 가운데서 구원하시는 구주라고 마태복음 1장에 말했습니다. 우리는 죄인으로서 멸망 받을 수밖에 없어서 스스로 고치지도 못합니다. 영원히 멸망 받을 수밖에 없는 죄인인데 이 죄 가운데서 구원해 주시는 구주입니다.

그러면 우리를 죄에서 구원하시는 분이 율법보다 먼저 십자가를 내놓아야 하지 않겠느냐고 물을 수 있습니다. 그러나 예수님은 내가 너희를 위하여 장차 죽는다고 하는 말씀부터 하지 않습니다. 그렇게 말하면 깨닫지를 못합니다. 우리가 다 옳은 사람이고 약간 허물이 있다 하더라도 멸망 받을 사람은 아닌데 자신들을 대신하여 죽는다는 것이 무슨 뜻인지 도무지 깨달을 수 없습니다.

주님이 우리를 위하여 십자가에 못 박혀 죽으시는 것은 죽을 죄인이기 때문에 그와 같이 십자가에 못 박히시는 것입니다. 그런데 그때 사람들이 다 죽을 죄인인 줄 알았겠습니까? 바리새 교인들이 가르쳤지만 민중은 외식이나 하고 율법을 안다 하지만 겉껍데기만 알았고 깊이를 몰랐습니다. 표면에서만 움직이는 사람들이었습니다. 그들이야말로 피상주의였습니다. 하나님 말씀과 율법의 속을 모르는 사람이었습니다.

　바리새 교인들은 외식주의자들이기 때문에 성경 해석하는 것도 외식으로 했습니다. 성경 해석하는 것도 겉껍데기만 했습니다. 그렇기 때문에 바리새 교인들이 가르치는 교훈대로 율법을 아는 사람들은 다 의인이라고 생각했을 것입니다. 뭐 그것쯤이야 지킬 수 있겠다 했을 것입니다. 율법의 껍데기만 핥는 것이니까 사람의 힘으로 그것쯤은 지킬 수 있습니다. 그러니까 저마다 모두 의인이라 하고 병이 없다고 하는데 수술할 필요가 있었겠습니까? 수술하려고 하지도 않았을 것입니다. 그런고로 주님께서 가르치실 때에 처음부터 강조한 것은 십자가가 아닌 율법 문제였다는 것입니다.

　여러분, 이 성경을 바로 알아야 합니다. 성경은 죽느냐 사느냐 하는 문제를 판가름하는 말씀인데 이것을 잘 모르면 어떻게 되겠습니까? 우리가 성경을 알 때에 현미경식으로도 알아야 하겠지만 망원경식으로 꼭 알아야 합니다. 현미경식으로 안다는 것은 한 구절 한 구절씩 가까이 들여다보는 것을 말합니다. 그러나 망원경식으로 신구약의 큰 줄거리를 잡을 줄 알아야 합니다. 큰 줄거리는 하나밖에 없습니다. 구약도 믿음으로 구원을 얻는다고 하고 신약도 믿음으로 구원을 얻는다고 말합니다. 구약은 행함으로써 구원받고 신약은 믿음으로 구원받는다는 식으로 왔다 갔다 하지 않습니다.

　예수 믿는다는 것은 어떻게 믿는 것입니까? 구원받는다는 것은 어떻게 구원받는 것입니까? 구약시대 사람이나 신약시대 사람이나 사람은 마찬가지 아닙니까? 왜 같은 사람을 놓고 구원하는 방법이 이랬다저랬다 달라지겠습니까? 만약 구약시대에는 꼬박꼬박 행함으로 의를 세워야 구원을 받고, 신약시대에는 그렇게 할 필요 없이 이천여 년 전에 하나님의 아들이 와서 죽으심으로 그것을 내가 믿기만 하면 구원을 받는다고 말한다면 그것은 진리의 연속성이 없는 것입니다.

구원받는 중요한 문제를 놓고서 구약시대는 이렇게 가르치고 신약시대는 저렇게 가르친다고 하면 어떻게 하나님의 진리가 설 수 있겠습니까? 하나님께서 진리를 어느 때는 이렇게 하고 다른 때는 저렇게 한다는 것은 말도 안 되는 것입니다. 사람은 언제나 꼭 마찬가지인데 왜 구원의 방법이 달라야 하겠습니까? 구약시대 사람들도 멸망 받을 죄인이고 신약시대 사람들도 멸망 받을 죄인입니다. 인생은 다 똑같습니다. 따라서 구원의 방법을 달리 가르친다고 하면 사람들은 정신을 차리기 어려울 것입니다. 도저히 진리에 대한 확신이 생기지 않을 것입니다.

우리는 망원경식으로도 똑바로 알아야 합니다. 다시 말하면 신구약 성경을 관통해서 흐르는 대원리, 대진리, 구원받는 방법에 관한 하나의 줄거리를 명확히 알아야 합니다. 그러면 구약시대 사람들도 믿음으로 구원받으며 신약시대 사람들도 믿음으로 구원받고, 구약시대 사람들도 예수의 피로 구원받으며 신약시대 사람들도 예수의 피로 구원받는다고 말해야 그것이 이치에 맞는 것입니다.

아담부터 구원받은 사람은 예수님의 피로 구원받습니다. 구약시대 사람은 예수님이 오시지도 않았는데 어떻게 그분의 피로 구원받습니까? 오실 분의 피를 무엇으로 표하였습니까? 사람을 잡아서 피를 흘린다는 것은 말도 안 되는 것이고 표를 할 바에야 짐승 중에 제일 착한 놈을 잡아서 표를 해야 할 것 아니겠어요?

우리가 돈을 취급할 적에 현찰을 꼭 가져야 일할 때도 있지만 수표를 가지고 일할 수 있습니다. 그 수표를 쓰면 현찰이 있다는 것을 증명합니다. 그러나 이 수표는 현찰은 아닙니다. 현찰이 있다는 것을 바라보게 합니다. 이처럼 수표가 현찰을 대신하듯이 구약시대는 수표 시대라고 할 수 있습니다. 수표란 현찰이 아니라 현찰에 대한 약속입니다.

구약시대에는 양을 잡아 피를 받아서 하나님의 제단에 뿌렸습니다. 이것은 제사 드리는 사람 대신에 양이 피를 흘리는 행위입니다. 죄를 범했지만 그렇게 함으로써 그 사람이 죄 사함을 받습니다. 피 흘림이 없이는 사죄함이 없습니다. 구약시대 사람들도 피로 구원받는데 역시 예수의 피로 구원받습니다. 양의 피는 수표와 같습니다.

히브리서 13:8에서 말한 것과 같이 "예수 그리스도는 어제나 오늘이나 영원토록 동일하시니라." 예수 그리스도는 어제 즉 구약이나, 오늘 즉 신약이나 영원토록 언제든지 그분만이 구원의 길입니다. 계시록 7:10에 "구원하심이 보좌에 앉으신 우리 하나님과 어린 양에게 있도다"라고 함과 같습니다. 보좌에 앉으신 이와 어린 양에게로부터 구원이 우리에게 왔습니다.

그런데 이렇게 묻는 자들도 있습니다. 바울은 예수의 피로 구원 받는다고 했는데 산상보훈 어디에 피라는 말이 한마디라도 있느냐? 산상보훈이 예수님의 교훈의 골자라고 할 수 있는 제일 긴 설교인데 어디에 십자가라는 말이 하나라도 있느냐? 예수님은 구원받는 일에 대해서 율법만 말했으니까 율법을 행함으로만 구원받는다고 교훈하신 것 아닌가? 바울은 예수의 피와 그리스도 안에서 구원받는다는 것을 강조했으니 바울은 예수님과 상관없으며 바울은 다른 종교를 세운 자로서 자작 신학자가 아닌가? 예수님의 보혈로 구원받는다고 하는 바울의 보혈 신학은 바울의 자작이지 예수님은 그런 말 한 적이 없다고 하는 사상이 있습니다. 그런 사람들의 주장을 소위 사회복음주의라고 말합니다.

사회복음주의는 무엇입니까? 예수님이 산상보훈에서 가르쳐 준 대로 이 세상에서 사랑을 하되 그렇게 철저히 원수를 사랑하고 산상보훈에서 가르치는 모든 말씀을 다 실행하면 지상 천국이 된다고 합니다. 즉 좋은 사회가 된다는 것입니다. 예수님은 그것을 위해서 왔다고 합니다. 그러나 사도 바울은 예수님이 이 세상에 오신 목적이 십자가를 지고 피 흘려서 우리 죄를 대속하기 위하여 오셨다고 했으니 그것은 그 사람의 자작이라는 것입니다. 산상보훈이 예수님의 교훈의 대표인데 그 대표적인 설교에 없는 소리를 왜 하냐고 따집니다.

그러나 성경 전체가 일관되게 주장해 나가며 가르치는 구원론이 어떠한가를 분명히 알아야 합니다. 예수님은 산상보훈에서 율법을 강조했습니다. 그것은 사실입니다. 율법은 행위의 법칙입니다. 하나님 앞에서 우리가 어떻게 행해야 하는가? 생각은 어떻게 해야 하며 행동은 어떻게 해야 하는가? 산상보훈은 행동의 법칙을 많이 말했습니다. 예수님이 이 세상에 오셔서 제일착으로 상당한 세월을 통해 율법에 관한 교훈을 하셨습니다.

그러면 왜 율법에 관한 교훈을 하신 것입니까? 사람은 다 어찌어찌할 수 없는 죄인이고 전적으로 부패한 죄인입니다. "만물보다 거짓되고 심히 부패한 것이 마음"입니다(렘 17:9). "의인은 없나니 곧 하나도 없"습니다(롬 3:10). 에베소서 2:1에서는 "너희가 허물과 죄로 죽었다"고 말씀합니다. 죽었다는 것은 하나님을 도무지 알지 못하는 생활을 하고 있다는 뜻입니다. 이러한 자들은 제 잘났다고 하면서 하나님이 없다고까지 합니다. 하나님에 대한 느낌도 없고 하나님에 대한 의식도 없습니다. 따라서 하나님에 대하여 옳다고 할 만한 행동을 하나도 못한다 말입니다. 하나님이 과연 알아줄 수 있는 그런 행동은 하나도 못합니다. 그 자신이 하나님을 전혀 인식도 못합니다.

그러나 빛 가운데 들어와 보면 어두움이 어떻다는 것을 아는 것과 마찬가지로 말씀의 빛이 들어와야, 성경을 알아야 자신이 그렇게 틀려먹었다는 것을 알게 됩니다. 자기가 전적으로 죄인이라는 것을 압니다. 만 번 죽었다 깨도 하나님이 기뻐하실 만한 의를 세울 수 없다는 것을 압니다.

바리새 교인들이 생각하는 율법과 예수님이 생각하는 율법은 다릅니다. 모양은 같은 것 같지만 그 취급이 다릅니다. 바리새 교인은 율법에 대해서 다른 것을 붙여서 율법을 변동시켜 가르쳤습니다. 그래서 사람들이 오해할 수 있었습니다. 예수님께서 율법을 폐지한다는 식의 오해를 할 수 있습니다. 이렇게 사람이 남을 허는 동안에는 시간 낭비하고 은혜를 못 받습니다. 그러니까 바야흐로 곧추 오해를 안 하도록 미리 경고합니다. 내가 율법을 폐지하려고 온 줄로 생각하지 말라고 말입니다. 바리새인이 가르치는 것과 다르게 한다고 해서 율법을 폐지하려고 온 줄로 알지 말라고 하신 것입니다.

그 대신에 무엇이라고 말씀합니까? "내가 율법이나 선지자를 폐하러 온 줄로 생각하지 말라 폐하러 온 것이 아니요 완전하게 하려 함이라"(5:17)고 하십니다. 완전하게 한다는 말은 헬라어 원문에는 '플레로사이'라는 말입니다. 채운다는 뜻입니다. 가득 채운다는 뜻입니다. 빈 그릇에 가득 채운다는 것입니다. 빈 그릇에 가득 채운다는 말이 무엇입니까? 율법은 빈 그릇이다 말입니다. 여기다 가득히 채우기 위해서 오셨다는 것입니다.

가령 제단에서 피를 뿌려 제사를 합니다. 그것은 율법입니다. 율법의 의식적인 부분입니다. 양의 피를 뿌렸습니다. 그렇게 제사를 드려서 그 사람의 험한 죄를 용서하십니다. 그것은 적극적으로 하는 일입니다. 그런 적극적인 내용이 있습니다. 그러나 피를 뿌려서 제사를 드림으로써 죄 사함을 받았지만 아직 실물은 없습니다. 피 뿌린다는 것은 비유로서 예수님의 피를 비유하는 것입니다. 그때 교인들은 비유의 행동을 통해서 은혜를 받았습니다. 그것은 비유의 행동이지 실물이 아닙니다. 예수님이 오시므로 실물이 여기 드러납니다. 이제 앞으로 실물을 오게 해야 되니까 실물이 오긴 와야겠는데 지금은 비유다, 빈 그릇이란 말입니다.

구약시대 사람들이 이런 적극적인 내용을 가졌을지라도 기다리는 신앙이었습니다. 궁극적으로 말하면 빈 그릇입니다. 예수님이 아직 안 오셨기 때문입니다. 그러나 예수님이 오심으로 빈 그릇이 가득 찼습니다. 율법이나 예언은 다 함께 그리스도를 내다보는 것입니다. 다 빈 그릇입니다. 예수님께서 오심으로 그 빈 그릇이 가득 찼습니다. 제가 이렇게 혼자 해석을 하는 것 같아서 독단적이 아닌가 생각할지 모르나 성경을 옳게 보는 학자들은 다 이렇게 봅니다.

메시아가 오셔서 일점 일획이라도 다 그대로 이룬다는 것은 당신님이 이룬다는 것입니다. 이 서론은 아주 굉장히 큰 서론입니다. 그것은 메시아 선포입니다. 내가 메시아다고 하는 말과 꼭 같은 말입니다. 메시아는 하나의 보통사람이 아닙니다. 메시아라고 하면 바로 하나님 백성의 머리입니다. 머리가 가는 대로 몸뚱이가 가는 것입니다. 예수님은 하나님 백성의 머리로서 율법을 채우시고 또 율법을 다 이루셨으므로 그의 의가 우리의 의가 되도록 하신 겁니다.

'내가 온 것은 이 율법을 채우고 이 율법을 이루기 위해서 왔다. 우주보다 큰 의를 이루기 위해서 내가 왔다.' 그 말입니다. 특별히 공관복음에서 '내가 왔다'는 말은 보통 말이 아닙니다. 아주 큰 사람이 왔다는 말입니다. 큰 사람이란 술어가 합당치 않습니다만 '하나님의 아들이 왔다'는 말입니다. 이 한마디가 벌써 복음을 내놓은 것입니다. 이게 복음입니다. 예수님은 이 율법을 채우고 이 율법을 다 이루겠다고 하신 것입니다.

두 가지 의의 대조(5:19-20)

그러므로 누구든지 이 계명 중의 지극히 작은 것 하나라도 버리고 또 그같이 사람을 가르치는 자는 천국에서 지극히 작다 일컬음을 받을 것이요 누구든지 이를 행하며 가르치는 자는 천국에서 크다 일컬음을 받으리라 내가 너희에게 이르노니 너희 의가 서기관과 바리새인보다 더 낫지 못하면 결코 천국에 들어가지 못하리라(5:19-20).

이것은 무슨 말입니까? 이것은 믿는 사람을 상대로 해서 하는 말입니다. 산상보훈은 믿는 사람 상대로 주시는 말씀입니다. 불신자를 '너희'라고 할 수 없고 또 그들은 소금이 될 수 없기 때문입니다.

계명 중에 지극히 작은 것 하나라도 버리면 천국에서는 작은 자가 된다고 하면 이상하지 않아요. 지극히 작은 계명을 버렸다고 천국에서 지극히 작은 사람이 될 리가 없는 것이 아닙니까? 이 사람이 큰 것은 지켰고 작은 것을 못 지켰다면 그만큼 조금 손해를 볼 터이고 천국에서 큰 사람이라고 할 수 있을 텐데 천국에서 밑바닥이라는 것입니다. 이상하지 않습니까? 큰 것은 지킨 사람들입니다. 우리는 이것을 자세히 알아야 합니다.

여기 조금 난제들이 있습니다. 우리가 율법을 자세히 알아야 하는데 야고보서 2:9-11을 조금 생각해 보겠습니다. 먼저 9절을 보겠습니다. "만일 너희가 사람을 차별하여 대하면 죄를 짓는 것이니 율법이 너희를 범법자로 정죄하리라"(약 2:9). 사람을 차별하여 대하는 것은 외모를 보고 판단하기 때문입니다. 어느 한 부분을 보고 다 아는 줄 알지 말라는 것입니다. 겉은 이렇지만 속은 좀 다를 수 있습니다. 겉을 볼 때에 좋은 사람 같은데 속이 좋지 않은 사람일 수도 있습니다. 바리새인들은 외모주의입니다. 그들은 부분을 가지고 전체를 평가하는 사람들입니다. 예수님이 그걸 공격합니다. 야고보가 예수님에게 배웠습니다. 예수님의 산상보훈이 야고보서에 많이 반영되어 나옵니다. 어떤 것은 아주 문자대로 인용한 것도 있습니다.

마태복음 5:18-19에 따르면, 지극히 작은 것을 어기고 그대로 가르치는 자는 천국에서 지극히 작은 자가 된다고 했는데 좀 이상하게 보이지 않습니까? 이걸 풀어야 합니다. 외모주의는 안 된다고 했습니다. 야고보서 2:10에 보면, "누구든지 온 율법을 지키다가 그 하나를 범하면 모두 범한 자가 되나니"라고 합니다. 율법은 십계명만이 아닙니다. 모세오경에는 십계명에 없는 말씀도 많습니다. 그 수를 다 헤아릴 수 없이 많습니다. '이런 때에는 이렇게 해라.' 또 '저런 때에는 저렇게 해라.' '이렇게 하면 안 된다.' 명령과 금령이 많이 있습니다.

그런데 그것을 가져다 분류하면 조금씩 다르지만 결국은 십계명으로 모아집니다. 그 십계명을 응용할 때 사회적으로 응용하면 모양이 이렇고, 개인적으로 응용할 적에는 모양이 저렇고, 조금씩 모양이 다를 수 있습니다. 하지만 그 정신은 같습니다. 그렇기 때문에 칼빈은 이 오경을 주석할 적에 율법들을 열 가지 계명에다 붙여서 분류해 가지고 해석했습니다. 잘한 해석입니다.

모세오경에 기록된 행위의 법칙 곧 온 율법을 누구든지 지키다가 하나를 어긴다면 모두 범한 자가 된다고 하셨습니다. 말하자면 한 모퉁이에 걸렸는데 그 영향이 십계명 전체를 범한 것이라는 말씀입니다. 한 가지를 못했지만 열 가지를 범한 것이나 마찬가지라는 말씀입니다. 그 실례를 다음 구절을 통해 보여줍니다. "간음하지 말라 하신 이가 또한 살인하지 말라 하셨은즉 네가 비록 간음하지 아니하여도 살인하면 율법을 범한 자가 되느니라"(약 2:11). 살인하는 율법을 범했지만 다른 율법도 범한 자가 된다는 것입니다.

옛날에 과거를 보는 사람들은 여섯 가지를 다 통과해야 했는데 그 중 하나를 통과하지 못하고 다섯 가지만 통과했더라도 그 다섯 가지가 모두 쓸데없게 되었다고 합니다.

그러면 율법을 어떻게 지켜야 합니까? "너희는 자유의 율법대로 심판받을 자처럼 말도 하고 행동하기도 하라"(약 2:12). 이 결론은 무슨 뜻인지 알기 어렵습니다. 자유의 율법대로 살아라. 열 가지 계명을 지키려다가 한 모퉁이에 걸리면 열 가지 다 범한 것과 마찬가지라 해놓고 자유의 율법대로 살아야 된다고 합니다. 자유의 율법이란 사람이 제 맘대로 하는 자유를 말하는 것이 아니라 사랑의 율법을 말합니다. 무슨 사랑입니까? 하나님을 사랑하는 것입니다.

겉모양에서 '내가 이 계명을 지켰다, 저 계명을 지켰다'거나 '열 가지 계명을 다 지켰다'는 식의 숫자적으로 말하지 말고 근본 뿌리로 들어가 지키라는 말입니다. 이 열 가지 계명은 결국 근본 뿌리, 곧 하나님의 뜻을 표시한 것입니다. 하나님의 뜻이 1계명으로도 나타났고 2계명으로도 나타났고 3계명으로도 나타났고 마침내는 제10계명으로까지 다 나타났습니다. 이 십계명이란 하나님의 뜻을 나타냅니다. 하나님의 뜻은 줄거리이고 그 뜻에서 표시된 것이 열 가지입니다. 그러면 이것을 숫자적으로 '첫째 계명을 내가 지켰다', '둘째 계명을 내가 지켰다', '열째 계명을 내가 지켰다'고 하는 것이 쓸데없다는 것은 아니지만 보다 더 근본으로 들어가라는 말입니다. 표면에서 글자대로 지켰다고 하는 것으로 만족하지 마라. 이것은 글자대로 지키지 말라는 말이 아닙니다. 이것을 오해하면 안 됩니다. 조문을 지키지 말라는 게 아닙니다. 이 조문은 열 가지 조문 아닙니까? 이 조문을 수량적으로 하나, 둘, 셋, 넷, 다섯, 여섯 이렇게 지킨 것으로 만족하지 말라는 말입니다.

바리새인들이 조문주의를 가지고 율법을 주장하니까 조문도 못 지키는 것입니다. 또 조문도 오해를 많이 합니다. 이제 야고보가 말하는 것은 예수님의 중심을 말하는 것입니다. 조문주의를 가지지 말고 하나님 사랑주의를 가져라. 그게 자유의 율법입니다. 사랑으로 율법을 지키니까 마음이 기쁩니다. '하나님을 내가 섬긴다. 하나님을 영화롭게 한다. 하나님을 내가 사랑한다.' 이런 생각을 가지고 율법을 지킬 때는 마음이 기쁘고 아주 자유로워집니다.

무엇에 눌려가지고 지키는 것이 아닙니다. 율법을 폭군처럼 생각하면 눌리고 맙니다. 말만 들어도 속이 끔찍하다는 식으로 계명을 오해하고 지킨다는 겁니다. 이 계명은 폭군의 명령이 아닙니다. 하나님을 보지 않고 그 조문만 보니까 무섭기만 합니다. 계명의 조문만 보지 말고 그 이면을 보라는 것입니다. 열 가지 조문으로 표시된 살아계신 하나님의 의지를 보라는 것입니다. 그러면서 즐거워하고 기쁨으로 조문도 지켜라. 그게 자유를 주는 율법입니다.

복되고 사랑이 무한하고 의가 무궁하고 기쁨이 무궁하고 긍휼이 무궁하고 성결이 충만한 하나님을 상대하는 까닭에 계명을 지킬 때 기쁘게 지킵니다. 무슨 죄수처럼 생각하면서 지키는 게 아니라 주님을 사랑하므로 주님을 좋아하므로 주님을 찬송하므로 지킨다는 것입니다. 이것이 자유입니다.

그럼 다시 마태복음 5:19로 돌아가 봅시다. 기독교의 율법이란 것이 어떤 것인지 그 성격 전체를 우리가 좀 분명히 알아야 합니다.

> 그러므로 누구든지 이 계명 중의 지극히 작은 것 하나라도 버리고 또 그같이 사람을 가르치는 자는 천국에서 지극히 작다 일컬음을 받을 것이요 누구든지 이를 행하며 가르치는 자는 천국에서 크다 일컬음을 받으리라(5:19).

여기 이 사람은 큰 것은 지켰다는 말 아닙니까? 그럼 큰 것은 지키고 지극히 작은 것 하나를 못 지켰는데 그것 때문에 천국에서 지극히 작은 자가 되는 이유가 무엇입니까? 지극히 작은 것에 저촉되어 하나님을 거스른 것이 된 것입니다. 조문으로 볼 때는 이거 하나 다치면 다른 계명들까지 흔들흔들한 게 아닌가 이렇게 보기 쉽습니다. 그렇게 보기 쉬운데 우리가 그렇게 생각할 게 아니고 열 가지 조문은 표현이고 이것들을 내놓은 근본은 살아하신 하나님입니다. 우리가 늘 이 하나님을 상대할 때는 어느 한 모퉁이에 내가 걸릴지라도 그 전체를 내신 하나님에 대해서 거스른다는 것입니다. 영적으로는 그렇다는 말입니다. 우리가 이것을 볼 때에 조문은 쓸 데 없다고 하는 것은 잘못된 표현입니다. 바리새 교인들은 자유의 율법을 도무지 생각하지 못하고 조문주의에만 급급하고 거기에 머물러 있었습니다.

그렇다면 바리새 교인의 율법을 행하기가 어렵겠습니까 아니면 예수님의 율법을 행하기 어렵겠습니까? 은혜를 받은 세계에서는 그렇지 않겠지만 은혜를 받지 못한 세계에서는 예수님의 율법 행하기가 어렵겠지요. 하나만 범해도 전체를 범하는 원리이고 또 통과를 받아야 하니 아주 어렵습니다. 지금 예수님이 여기서 가르치는 것은 율법을 바리새 교인들보다 쉽게 좀 하자는 것은 절대 아닙니다.

사실 바리새인의 율법관대로 하자면 쉬운 것입니다. 그들은 지키기 쉽도록 만들어 놨습니다. 예를 들자면 맹세하는 것도 하나님의 이름으로 맹세한 것은 지켜라. 하지만 하늘로 맹세한 것이나, 땅으로 맹세한 것이나, 또 사람의 머리로 맹세한 것은 안 지켜도 된다고 가르쳤습니다. 그것을 예수님이 반박했습니다. 왜 그랬습니까? 땅이든 하늘이든 다 하나님과 관계가 있기 때문입니다. 그래서 조각조각 잘라서 생각하면 안 되는 것입니다. 그런데 바리새인들은 이렇게 에누리를 했습니다. 에누리를 해 가지고 '이것쯤은 괜찮다' 이렇게 해 놨으니까 극히 피상주의인 겁니다. 그러니까 지킬 수 있습니다. 그때 그 세계에서는 그것을 지키면 의인으로 간주를 했습니다. 말도 안 되는 겁니다. 예수님께서 오셔서 십자가에 달려 죽을 판이지만 먼저 깨뜨린 것이 바로 이것입니다. 이 잘못된 율법관을 깨뜨리지 않고는 도저히 십자가가 들어갈 수 없습니다.

　그런데 예수님의 중심을 모르는 사람들은, 예수님께서 속죄니, 십자가니, 피니 그런 말 안 했다 하고서, 그것은 바울의 사상이라고 합니다. 예수님이 이 세상에 오셔서 가르치고자 한 것은 율법을 부흥시키고 이 세상을 바로 천국 만드는 것이라고 합니다. 다시 말하면 그의 활동은 도덕적으로 사랑의 질서를 회복시키려고 오셨던 것이지 죽을 죄인이 예수님의 피로 속죄함 받아 의인으로 간주돼 가지고 하늘나라 기업을 잇는다는 것이 어디 예수님의 사상에 있느냐고 합니다. 이것은 공관복음을 제대로 읽지도 않고 하는 소리입니다. 그들이 그렇게 주장하고 싶어서 성경을 자기들 마음대로 구부리는 것입니다.

　형제를 미련한 자라고 하는 자는 지옥 불에 던진다고 그러지 않았습니까. 얼마나 어렵습니까? 다시 말하면 미워해도 살인과 똑같이 간주합니다. 이렇게 보이는 조문에서 지켜야 할 것은 지켜야 되겠지만 영계에서 틀림이 없어야 합니다. 그 얼마나 어렵습니까? 그러니 예수님께서 이렇게 가르치심으로 우리는 교만할 수가 없습니다. 오직 겸손해질 수밖에 없습니다. 다시 말하면 밑바닥에 떨어집니다. 바리새 교인들이 가르칠 적에는 우리도 몇 조, 몇 조는 좀 지켜서 소망이 있었는데 예수님의 율법 강해를 들어보니 뭐 지옥 갈 지경이라 말입니다.

　그런데 5:17에서 말씀 한마디 크게 해 놓은 게 있어서 우리가 소망을 가집니다. 이렇게 고상하고 이렇게 높고 이렇게 깊고 이렇게 위대한 율법을 예수님께서 이루겠다고 하셨기 때문입니다. 율법은 바리새인들이 말하는 그런 겉껍데기의 율법이 아니기 때문입니다. 지금 여기서 대조시키는 것은 구약과 자기를 대조시키는 게 아닙니다. 그렇게 잘못 알면 안 됩니다. "내가 너희에게 이르노니"라는 말은 바리새인이 말하는 율법과 나는 다르게 말한다는 말입니다. 그걸 알아야 합니다. 결단코 이것은 구약을 반대해서 지금 말하는 게 아닙니다. '모세는 이렇게 말했지만 나는 그와 다르다'고 하는 게 절대로 아닙니다. 예수님은 구약을 성취하러 오셨으므로 구약의 연속 자이시지 결단코 대립자나 반대자나 부정하는 자가 아닙니다.

제6계명 해석(5:21-26)

옛 사람에게 말한 바 살인하지 말라 누구든지 살인하면 심판을 받게 되리라 하였다는 것을 너희가 들었으나 나는 너희에게 이르노니 형제에게 노하는 자마다 심판을 받게 되고 형제를 대하여 라가라 하는 자는 공회에 잡혀가게 되고 미련한 놈이라 하는 자는 지옥불에 들어가게 되리라(5:21-22).

예수님은 5:17-20에서 바리새인의 의와 천국의 의를 대조시키는 의미로 말씀합니다. 그리고 21절부터는 구체적으로 그것들을 대조하십니다. 천국의 의는 어떠하고 바리새인의 의는 어떠한 것인가? 한마디로 말해서 바리새인의 의는 외부주의라는 것입니다. 모양에 발라 맞추는 식입니다. 그러나 예수 그리스도의 의, 곧 천국의 의는 철두철미 속과 바깥이 일치를 이룬다는 것입니다.

예수님은 21절에서 "옛 사람에게 말한 바 살인하지 말라 누구든지 살인하면 심판을 받게 되리라 하였다는 것을 너희가 들었으나"라고 말씀합니다. 이것은 바리새인들이 구약을 가지고 하는 말입니다. 다시 말해 바리새인들은 실제로 피 흘려 사람 죽이는 것만 살인이라고 가르친 것입니다. 그리고 "옛 사람에게 말한 바"란 표현은 모세가 옛적 사람들에게 말하였다고 하면서 바리새인들이 가르쳤다는 뜻입니다. 바리새인들은 모세를 빙자해서 그런 식으로 가르친 것입니다.

이것은 바리새인들이 구약을 잘못 소개했기 때문에 반대하신 것입니다. "살인하지 말라"는 말은 피를 흘려 살인하지 말라는 것으로 끝나느냐 하면 그렇지 않습니다. 남을 미워하는 것도 역시 살인하는 것입니다. 바깥으로 행동하는 것만 살인이 아니고 마음속으로 남을 미워하는 것도 살인이라는 것입니다.

"살인하지 말라"는 말은 어디 있습니까? 출애굽기 20:13에 있지만 거기에 심판을 받으리라는 말은 없습니다. 바리새인들이 그 말을 덧붙였습니다. 출애굽기 20:13에 심판을 받게 된다는 말은 없습니다. 심판을 받게 된다는 말의 뜻은 지방 재판소에서 정죄를 받는 다는 말입니다. 유대 지방 재판소에서 심판을 받는다, 정죄를 받는다라는 뜻입니다. 이렇게 바리새교인들이 그럴듯하게 갖다 붙였습니다. 하나님 말씀에 다른 것을 많이 붙여 놓았습니다. 그들이 이처럼 살인하면 지방 재판소에서 심판을 받는다고 들었겠지만 그것은 바리새 교인들의 쓸데없는 말이요 피상주의입니다. 살인하면 재판을 받는 정도가 아닙니다. 이 세상에서 형을 받는 그 정도가 아니라는 것입니다.

"나는 너희에게 이르노니 형제에게 노하는 자마다 심판을 받게 되고"(마 5:22a). 형제에게 노해도 지방 재판을 받을 만한 죄라는 것입니다. 노하는 것도 그렇게 큰 죄라 말씀합니다. "형제를 대하여 라가라 하는 자는 공회에 잡혀가게 되고"(마 5:22b). 라가라는 말은 무슨 뜻입니까? 욕하는 말입니다. 노하는 정도만 아니라 욕설까지 합니다. 그러면 공회 곧 고등법원에 보내진다는 말입니다. "미련한 놈이라 하는 자는 지옥 불에 들어가게 되리라"(마 5:22c). 미련한 놈이라고 말하는 것은 미움보다 더 심한 것입니다. 이 말은 하나님을 모르는 놈이라는 뜻입니다. 그때 유대에서 하나님을 모르는 것이 제일 큰 죄였습니다. 배교자라 말입니다. 아주 지독히 미워했습니다. 미워하는 죄를 생각해 볼 때 이 만큼 미워하면 이러한 벌을 받을 만하고, 또 그보다 더 미워하면 또 저런 벌을 받을 만하고, 그보다 더 미워하면 지옥에 떨어질 만한 죄라고 한 것입니다.

형제를 미워하는 것을 요한 사도도 살인이라고 말합니다.

그 형제를 미워하는 자마다 살인하는 자니 살인하는 자마다 영생이 그 속에 거하지 아니하는 것을 너희가 아는 바라 그가 우리를 위하여 목숨을 버리셨으니 우리가 이로써 사랑을 알고 우리도 형제들을 위하여 목숨을 버리는 것이 마땅하니라 누가 이 세상의 재물을 가지고 형제의 궁핍함을 보고도 도와 줄 마음을 닫으면 하나님의 사랑이 어찌 그 속에 거하겠느냐 자녀들아 우리가 말과 혀로만 사랑하지 말고 행함과 진실함으로 하자 이로써 우리가 진리에 속한 줄을 알고 또 우리 마음을 주 앞에서 굳세게 하리니 이는 우리 마음이 혹 우리를 책망할 일이 있어도 하나님은 우리 마음보다 크시고 모든 것을 아시기 때문이라 사랑하는 자들아 만일 우리 마음이 우리를 책망할 것이 없으면 하나님 앞에서 담대함을 얻고 무엇이든지 구하는 바를 그에게서 받나니 이는 우리가 그의 계명을 지키고 그 앞에서 기뻐하시는 것을 행함이라 그의 계명은 이것이니 곧 그 아들 예수 그리스도의 이름을 믿고 그가 우리에게 주신 계명대로 서로 사랑할 것이니라 그의 계명을 지키는 자는 주 안에 거하고 주는 그의 안에 거하시나니 우리에게 주신 성령으로 말미암아 그가 우리 안에 거하시는 줄을 우리가 아느니라(요일 3:15-24).

여기 15절에 미워하는 것이 살인이라고 했고, 그 다음 16절에서는 미워하지 말고 사랑하라고 말씀했습니다. 사랑하지 않는 것 역시 미움이라는 것입니다. 미워하는 것이 살인인데 미워하지 않으려면 사랑해야 하고 사랑하는 것이 미워하지 않는 것입니다. 20절을 보면 형제를 미워하지 않고 사랑하는 자가 담대하다는 것입니다. 19절 끝에 "마음을 주 앞에서 굳세게 하리니"라는 말이 있는데 무슨 말입니까? 형제를 사랑함으로써 내 마음이 주님과 통해지고 마음이 주님 앞에 담대해진다는 것을 말합니다. 형제를 사랑하는 것이 바로 미워하지 않는 방법입니다. 형제를 사랑하지 않는 것은 미움입니다. 그러니까 하나님 앞에 마음이 놓이지 않습니다. 그렇게 되면 마음이 평안치 않고 담력도 안 생기는 법입니다.

21절에 "사랑하는 자들아 만일 우리 마음이 우리를 책망할 것이 없으면 하나님 앞에서 담대함을 얻고"라고 함과 같습니다. 우리가 사랑을 행하지만 어느 장수라도 사랑을 늘 완전하게 행할 수 있겠습니까? 완전하게 행하지는 못해도 회개하면 그 허물을 용서해 주십니다. 사랑을 하다가 내가 잘못한 것이 있으면 그 허물을 예수의 보혈로 씻고 넘어갑니다. 이는 우리의 주관적인 성결 문제에 대해 말하는 것입니다. 구원 문제를 말하는 것이 아닙니다. 구원 문제가 예수님의 공로 외에도 있습니까? 없습니다. 제가 지금 말하는 것은 우리가 하나님 앞에 좀 잘 살아야 되겠고, 하나님의 은혜를 받으면서 살아야 되겠고, 하나님을 영화롭게 해야 되겠고 또 기도 응답도 받아야 되겠는데 그런 문제들과 연결된 것입니다.

하나님 앞에서 담대해진다는 것은 하나님과 일대일로 덤비는 것을 말하지 않습니다. 하나님은 폭군이 아닙니다. 우리는 폭군 앞에서 종처럼 기쁨도 없이 지내는 자들이 아닙니다. 우리 신자들은 하나님 앞에서 자녀 된 담력을 가져야 합니다. 아이들이 아버지 앞에 얼마나 자유합니까? 와서 무릎에도 앉고 어깨에도 올라타고 머리카락도 쥐어뜯고 하지 않습니까? 그것은 아버지를 사랑하기 때문입니다.

하나님 앞에서 담대해지는 비결은 우리가 행할 바를 행하는 것과 관련이 있습니다. 행할 바를 행하지 않으면 신앙의 양심이 우선 자유를 안 줍니다. 생활의 자유가 없습니다. 하나님을 기쁘시게 못하면 하나님과 나와의 관계가 열리지 않아서 답답할뿐더러 기도 응답도 못 받습니다. 그러나 하나님 앞에서 담대함을 얻게 되면 22절에 기도 응답을 받게 된다고 말씀합니다. "…우리 마음이 우리를 책망할 것이 없으면 하나님 앞에서 담대함을 얻고 무엇이든지 구하는 바를 그에게서 받나니"라고 말입니다.

다시 마태복음으로 돌아와서, 형제를 미련한 놈이라고 해도 지옥 불에 던져지게 된다는 5:22의 주님의 말씀에 대하여 감사한 줄 알아야 합니다. 천국에는 미움이라는 것이 털끝만치도 없다는 것입니다. 그렇게 훌륭한 세계요 놀라운 세계요 생명의 세계입니다. 얼마나 감사합니까?

그러면 사람이 이대로 행하느냐 못 행하느냐 하는 문제가 있습니다. 이대로 행했다 할 사람은 하나도 없을 것입니다. 그렇다고 해서 예수님께서 천국은 이렇다고 말을 안 해야 합니까? 아닙니다. 당연히 해야 합니다. 예수님께서 천국은 이렇다고 말씀하셔야 합니다.

주님이 오셨습니다. 우리는 이 진리를 지키는 데 있어서 혼자 지키는 것이 아니라는 것을 명심합시다. 주님이 함께해 주신다는 것을 명심합시다. 문제는 우리가 진실한가, 정말 바뀌었는가, 정말 천국 가겠느냐 하는 것이 문제입니다. 진실이 우리에게 있다면 우리는 기도를 합니다. 주여 도와주시옵소서. 진실이 우리에게 있다면 우리는 믿습니다. 꼭 그 나라를 믿습니다. 우리가 믿고 기도하며 간절히 불타는 가슴으로 올바로 되어 나가기를 원할 것입니다. 이것은 주님의 힘을 받아 가지고 되는 것입니다. 아무 힘도 안 쓰겠다고 하는 것은 말도 안 됩니다.

왜냐하면 우리는 거듭났기 때문입니다. 생명이 살아 있다면 자꾸 살겠다고 애를 쓰는 법입니다. 생명은 결단코 죽음의 길을 안 갑니다. 자꾸 앞으로 나가려고 하고 자라나려고 하는 것입니다. 그렇게 해서 우리는 이 놀라운 축복에 들어가려고 하는 것입니다. 그 영광의 세계에 내가 들어가기 위해서 무엇보다도 기도하고 전심전력으로 진실하게 주님을 따르면 우리에게 하나님의 역사가 임하고 주님의 능력이 임할 것입니다.

이제 23절 이하입니다.

그러므로 예물을 제단에 드리려다가 거기서 네 형제에게 원망들을 만한 일이 있는 것이 생각나거든 예물을 제단 앞에 두고 먼저 가서 형제와 화목하고 그 후에 와서 예물을 드리라 너를 고발하는 자와 함께 길에 있을 때에 급히 사화하라 그 고발하는 자가 너를 재판관에게 내어 주고 재판관이 옥리에게 내어 주어 옥에 가둘까 염려하라 진실로 네게 이르노니 네가 한 푼이라도 남김이 없이 다 갚기 전에는 결코 거기서 나오지 못하리라(5:23-26).

형제를 미워한 사람으로서 "예물을 제단에 드리려"는 경우에는 어떠해야 합니까? "네 형제에게 원망 들을 만한 일이 있는 것이 생각나거든 예물을 제단 앞에 두고 먼저 가서 형제와 화목하고 그 후에 와서 예물을 드리라"(5:23-24)고 합니다. 즉 형제를 미워하는 죄를 해결하고 예물을 드리라는 것입니다. 그리하면 응답이 된다는 것입니다.

제7계명 해석(5:27-32)

27절부터는 제7계명에 대해서 말씀합니다.

또 간음하지 말라 하였다는 것을 너희가 들었으나 나는 너희에게 이르노니 음욕을 품고 여자를 보는 자마다 마음에 이미 간음하였느니라 만일 네 오른 눈이 너로 실족하게 하거든 빼어 내버리라 네 백체 중 하나가 없어지고 온 몸이 지옥에 던져지지 않는 것이 유익하며 또한 만일 네 오른손이 너로 실족하게 하거든 찍어 내버리라 네 백체 중 하나가 없어지고 온 몸이 지옥에 던져지지 않는 것이 유익하니라 또 일렀으되 누구든지 아내를 버리려거든 이혼 증서를 줄 것이라 하였으나 나는 너희에게 이르노니 누구든지 음행한 이유 없이 아내를 버리면 이는 그로 간음하게 함이요 또 누구든지 버림받은 여자에게 장가드는 자도 간음함이니라(5:27-32).

"또 간음하지 말라 하였다는 것을 너희가 들었으나 나는 너희에게 이르노니"라는 예수님의 말씀은 출애굽기 20:14을 반대하는 것이 아닙니다. 바래새 교인들이 이 말씀에 대해서 잘못 생각하고 잘못 가르치는 것을 반대한 것입니다. "나는 너희에게 이르노니"라는 표현은 예수님이 바리새 교인들과 다르게 생각한다는 뜻입니다. 다시 말해 제7계명에 대하여 바리새 교인들이 갖는 사고방식을 시정시키는 말씀입니다.

출애굽기 20:14에 보면 "간음하지 말라"라는 말씀이 나옵니다. 이 계명에 대하여 바리새 교인들은 문자적으로만 생각합니다. 그러나 예수님은 심령의 불경도 간음이라고 하십니다. 바리새인들은 이것이 심령과 관계없고 외부적으로 나타나는 간음에 대해서 가르쳤다고 봅니다. 그들은 당시에 구체적으로 나타난, 육체적으로 나타난 간음만을 말한다는 식으로 가르쳤습니다. 그러나 출애굽기 20:14을 그렇게 풀어서는 안 된다고 하신 것입니다. "여자를 보고 음욕을 품는 자마다 마음에 이미 간음하였느니라"(5:28)고 하심과 같습니다.

예수님께서 출애굽기 20:14의 뜻을 아주 심령에까지 보입니다. 그래서 다음과 같이 엄하게 말씀하십니다. "만일 네 오른 눈이 너로 실족하게 하거든 빼어 내버리라 네 백체 중 하나가 없어지고 온 몸이 지옥에 던져지지 않는 것이 유익하며 또한 만일 네 오른손이 너로 실족하게 하거든 찍어 내버리라 네 백체 중 하나가 없어지고 온 몸이 지옥에 던져지지 않는 것이 유익하니라"(5:29-30).

죄 짓는 것은 오른 눈만 짓겠습니까? 왼쪽 눈도 죄를 짓는 게 아니겠어요? 왜 하필이면 '오른' 자를 거기다가 썼겠습니까? 또 오른손만 범죄하겠습니까? 왼손은 죄를 안 범합니까? 왜 여기에 이렇게 '오른'이란 말을 붙여서 맹세를 한 것입니까?

그것은 어쨌든 힘 있는 손을 말함인데 동서양을 막론하고 오른

손입니다. 물론 왼손으로 일하고 왼손으로 글을 쓰는 사람도 있지만 그것은 특수한 경우입니다. 오른손이 힘 있는 손입니다. 또 오른손이 의지적인 손입니다. '내가 한다' 할 적에는 오른손이 힘을 많이 쓰고 왼손은 따라갑니다. 왼손은 좌우간 힘이 없습니다. 왼손은 거의 무의식적으로 따라가는 것뿐이고 오른손이 그야말로 의지적 결정과 의사 표시를 결정적으로 하는 것입니다. 좌우간 '오른'이란 말을 쓸 때는 의지적이고 결정적이고 힘 있게 나아가는 그것을 의미한 줄로 생각합니다.

"만일 네 오른 눈이 너로 실족하게 하거든 빼어 내버리라"(5:29)고 합니다. 빼어 내버리라는 것은 이것은 은유적 표현입니다. 훌륭한 한국인 문학자를 어떻게 말할 수 있습니까? '한국의 셰익스피어'라고 말합니다. 셰익스피어는 아니지만 그와 같다는 것입니다. 같다는 말은 안 쓰지만 사실상 같다는 것입니다.

여기 "빼어 내버리라"라는 말도 빼어 내버리는 것과 같이 반성하고 빼어 내버리는 것과 같이 회개하는 것을 말합니다. 이러한 회개는 손쉽게 하는 것이 아닙니다. 그야말로 진정한 회개는 사실상 손해를 보는 일이 있습니다. 또 아픈 것이고 결단성이 있어야 합니다. 눈을 뽑으려고 하는 것과 같은 결심과 결단성이 있어야 합니다.

"네 백체 중 하나가 없어지고 온 몸이 지옥에 던져지지 않는 것이 유익하"(5:29)다고 말합니다. 이 말씀을 보면 은혜로 구원받는다는 교훈, 믿음으로 구원받는다는 교훈이 없습니다. 이것은 행함대로 갚음 받는다는 것이지 예수 그리스도의 보혈로 내 죄를 담당시키고 구원받는 의의 구원을 말하는 것이 아닙니다. 그러나 우리가 이것을 볼 때에 예수님은 피로 구원받는, 은혜로 구원받는 것을 가르치지 않았다는 그러한 잘못된 생각을 해서는 안 됩니다.

앞에서도 말했지만 예수님의 성역 초기에는 대부분 율법을 가르치셨습니다. 즉 행하면 되고 행하지 않으면 망한다. 율법을 먼저 가르쳐야 죄가 무엇인지 압니다. 사람이 최종적으로 구원 못 받는다는 것을 압니다. 그것을 알아야 예수님의 십자가 보혈 공로로 믿어 구원 받는다는 것을 깨닫게 됩니다.

율법은 행한 대로 갚음 받는다는 것이 율법이고 복음은 예수님을 의미합니다. 즉 그것은 예수님의 공로를 받음으로 즉 예수님을 믿음으로 구원을 받는 것입니다. 이렇게 율법과 복음은 서로 다릅니다. 예수님은 복음이시고 복음을 우리에게 주시려고 오셨는데 이 복음을 우리로 하여금 받게 하시려면 먼저 율법을 똑바로 가르쳐놔야 합니다.

ABC도 모르는 사람에게 읽기를 가르칠 수는 없습니다. 율법을 모르는 사람은 율법을 똑바로 알아서 어느 것이 죄고 또 어느 것이 의인지 알게 되고 자기 자신이 누구인지 바로 알게 됩니다. 나는 죄인이구나, 라고 말입니다. 예수님의 율법 해설을 보고 자기는 할 수 없는 죄인이라는 생각을 안 가질 사람이 없습니다. 이제 그렇게 하고서 십자가를 가르칩니다. "인자의 온 것은 섬김을 받으려 함이 아니라 도리어 섬기려 하고 자기 목숨을 많은 사람의 대속물로 주려 함이니라"(막 10:45). 이제 내가 죽는다. 주님은 자주 자신이 죽는다고 말씀하셨습니다. '대속'이라는 것은 대신 죄 값을 담당해 준다는 뜻입니다.

예수님이 율법을 안 가르쳤다면, 믿음으로 구원받는다는 십자가의 복음이 그때 사람들에게 받아지지도 않습니다. 그러기 때문에 율법을 가르쳐 주신 것은 아주 자연스러운 순서이고 주님의 지혜로운 방법입니다.

흑판에 백묵 글씨를 쓸 때 글자가 나타납니다. 그와 마찬가지로 시커면 죄를 깨달아야 그 죄가 나타납니다. '시커면 나로구나.' 이것을 깨달아야 예수님의 빛나는 십자가가 자기를 사로잡을 수 있습니다. 예수님의 교육 방법은 이렇게 온유하고 인지적인 산교육입니다. 상대방을 알고 가르치신 것입니다. 먼저 지옥을 말합니다. 뭐 여기만 말합니까? 다른 곳에서도 말씀합니다. 즉 "몸은 죽여도 영혼은 능히 죽이지 못하는 자들을 두려워하지 말고 오직 몸과 영혼을 능히 지옥에 멸하실 수 있는 이를 두려워하라"(마 10:28).

지옥은 내세의 멸망 장소인데 이 지옥에 대하여 다른 곳에서도 많이 말씀했지만 특별히 성역 초기에는 율법론에서 이 말이 필연적으로 나옵니다. 그러면 이 말씀 가운데는 복음이 없는 것입니까? 아닙니다. 복음이 올 수 있도록 자리를 율법으로 마련합니다. 바울 선생은 율법을 몽학선생이라고 했습니다. 몽학선생이란 어느 집의 아들을 맡아 가지고 학교도 데려다 주고 그 아이의 모든 신변을 지켜주는 역할을 합니다.

율법이 사람들을 복음으로 인도합니다. 다시 말하면 사람들로 하여금 자기가 죄인인줄 깨닫게 해서 복음을 받을 수 있게 합니다. 그런데 '난 죄인이 아닙니다, 난 의인입니다, 난 누구의 도움도 필요하지 않습니다, 다른 사람이 내 죄 때문에 죽는다는 그 말이 무슨 말이오, 나 이해가 안 됩니다'라고 하는 사람은 복음을 받을 수 없습니다.

그러나 그 사람도 성령으로 말미암아 율법을 깨닫게 되면 자기가 죄인이요 할 수 없는 죄인이라는 알게 됩니다. 성경은 사람을 어느 정도로 죄인이라고 했느냐 하면 에베소서 2:1에 "허물과 죄로 죽은 자", 즉 멸망 받은 자라고 했습니다. 하나님 세계에 있어서는 아무 감각도 없는 자입니다. 시체는 그 시체를 빙 둘러앉아 우는 사람들에 대하여 아무것도 모르듯이 허물과 죄로 죽은 사람은 이 방 안에 하나님이 계시지만 아무것도 모르고 앉아있는 사람과 같다는 말입니다. 그게 죽은 사람입니다.

죽었다는 것은 무엇이 죽었다는 것입니까? 죄로 죽었다는 겁니다. 죄가 그만큼 심각하게 인간을 망하게 했습니다. 그것을 알게 하는 것이 율법입니다. 그러니까 율법이 똑바로 나올 때는 복음의 대합실이 됩니다. 복음을 기다리는 자리가 됩니다. 복음을 바로 알게 해주는 역할을 합니다. 그러기 때문에 예수님의 율법론을 볼 때에는 바리새인의 율법론과 달라서 복음을 기다리도록 만들어 줍니다.

바리새 교인의 율법론은 구약 율법의 말씀에서 많이 깎아 내버리고 또 거기에 다른 생각을 붙이고 해서 사람들로 하여금 행할 수 있게 만들어 놓았습니다. 그리고 또 하나님 앞에서 행하지 아니하고 사람 앞에서 행하는 체 하도록 흐리게 합니다. 율법을 그렇게 만들어 놓고서 스스로 의롭다고 여기게 하는 율법관을 제시한 것입니다. 31절입니다.

또 일렀으되 누구든지 아내를 버리려거든 이혼 증서를 줄 것이라 하였으나(마 5:31).

여기서도 바리새 교인들은 빼먹고 말합니다. 신명기 24장에 있는 말씀은 자기 아내에게 수치스러운 일이 있으면 버릴 수 있다고 했습니다. 그런데 그들은 그 수치스러운 일이라는 말은 제거시키고 아주 쉽게 이혼할 수 있게 만들었습니다. 아무 허물없는 아내라도 쉽게 이혼할 수 있도록 만든 것입니다.

예수님은 바리새 교인들이 "누구든지 아내를 버리려거든 이혼증서를 줄 것이라"고 가르쳤다고 말합니다. 이혼증서를 준다는 것은 이 사람은 아내가 아니라는 것을 증명하는 겁니다. 그런데 예수님은 "나는 너희에게 이르노니 누구든지 음행한 이유 없이"라고 분명히 밝히십니다. 신명기 24:1에도 그대로 드러납니다. 그리고 이어서 음행한 이유 없이 "아내를 버리면 이는 그로 간음하게 함이요 또 누구든지 버림받은 여자에게 장가드는 자도 간음함이니라"(5:32)고 말씀합니다.

제3, 9계명 해석(5:33-37)

또 옛사람에게 말한 바 헛맹세를 하지 말고 네 맹세한 것을 주께 지키라 하였다는 것을 너희가 들었으나(5:33).

그들은 맹세에 대해서도 성경에 있는 말씀을 삐뚤게 사용합니다. 레위기 19:12에 있는 말씀을 말입니다. "옛사람에게 말한 바", 즉 모세가 옛사람에게 말했다고 하면서 가르치는 바리새 교인들의 교훈을 들었다는 것입니다. "헛맹세를 하지 말고 네 맹세한 것을 주께 지키라." 즉 하나님께 맹세한 것은 지키라고 말입니다.

그러나 레위기 19:12에 있는 말씀은 하나님께 맹세한 것만 지키라는 뜻으로 말씀한 것이 아닙니다. "너희는 내 이름으로 거짓 맹세함으로 네 하나님의 이름을 욕되게 하지 말라"(레 19:12)고 합니다. 그런데 바리새 교인들은 하나님께 맹세한 것은 지켜야 하나 하늘로 맹세한 것은 안 지켜도 되고, 땅으로 맹세한 것도 안 지켜도 되고, 예루살렘으로 맹세한 것도 안 지켜도 되고, 사람의 머리로 맹세한 것도 안 지켜도 된다고 했습니다. 그러한 잘못된 해석을 했습니다.

예수님은 그것을 반대합니다. 성경이 말한 대로 헛맹세를 하지 말라는 것은 하나님의 이름으로 맹세하는 것만 지킬 의무가 있다는 뜻이 아닙니다. 무엇으로 맹세했던지 그것이 다 하나님과 관계된 것이니 다 지켜야 된다는 뜻으로 예수님이 우리에게 가르쳤습니다.

> 나는 너희에게 이르노니 도무지 맹세하지 말지니 하늘로도 말라 이는 하나님의 보좌임이요 땅으로도 하지 말라 이는 하나님의 발등상임이요 예루살렘으로도 하지 말라 이는 큰 임금의 성임이요 네 머리로도 하지 말라 이는 네가 한 터럭도 희고 검게 할 수 없음이라 오직 너희 말은 옳다 옳다, 아니라 아니라 하라 이에서 지나는 것은 악으로부터 나느니라(5:33-37).

하늘이라 할 때는 하나님과 관계가 있습니다. 하나님이 계신 곳입니다. 그러니까 하늘로 맹세한 것도 결국 간접적으로 하나님께 맹세한 것과 같습니다. "땅으로도 말라 이는 하나님의 발등상임이요"(5:35a)라는 표현에서, 발등상이란 발을 가져다 올려놓는 대를 말합니다. 이 발등상은 하나님이 다스리는 장소를 말합니다. 성경에서 발로 짓밟는다는 것은 다스린다는 뜻입니다. 그러므로 하나님의 통치의 장소가 이 땅인데 역시 하나님이 관계하는 곳이요 하나님과 상관없는 곳이라 할 수 없습니다.

"예루살렘으로도 하지 말라"(5:35b). 예루살렘은 하나님이 특별히 구약시대에 택한 백성의 수도요 성경에 많이 말한 대로 예루살렘은 하나님의 성입니다. 예루살렘은 하나님의 영광이 나타난 도시요 하나님의 성전이 있는 곳인 만큼 거룩한 곳이라고 성경은 말합니다. 이처럼 예루살렘도 하나님과 관계가 있으므로 예루살렘으로 맹세한 것도 지켜야 합니다.

또 사람의 머리로 맹세한 것도 지켜야 합니다. 그 머리털을 그 누구라도 자기 마음대로 희게 하거나 검게 하거나 할 수 없습니다. 이 머리털도 하나님이 주장하시는 것이니까 다 하나님과 관계있는 것인데 사람이 할 수 없는 그 무엇을 가지고 맹세한다는 자체가 자기가 하나님 노릇하는 못된 행동인 것입니다.

"오직 너희 말은 옳다 옳다, 아니라 하니라 하라"(5:37a). 즉 옳은 것이라면 그렇다고 할 뿐이지 자기의 말을 믿도록 만들기 위해서 하나님의 거룩한 일들을 거기 결부시켜 놓지 말라는 것입니다. 그것은 도리어 외람된 행위입니다. 그러니까 옳은 것은 옳다고 할 뿐이고 또 아닌 것은 아니라고 할 뿐인 것입니다. 아닌 것을 아니라고 힘 있게 주장할 일이 아닙니다. 하나님과 관계된 일들을 거기 결부시켜 놓는 것은 망령된 행동입니다.

따라서 거짓말을 거짓말이 아닌 것처럼 꾸미기 위해 맹세를 사용한 것이니 제9계를 위반한 것이요 또 다른 하나는 개인의 사사로운 일을 직간접으로 하나님의 이름과 관련시키는 외람된 행위를 한 것이니 제3계를 위반한 것입니다.

모든 계명의 완성인 사랑(5:38-48)

이 구절들을 간단하게 간추려 봅니다.

또 눈은 눈으로 이는 이로 갚으라 하였다는 것을 너희가 들었으나 (5:38).

이것도 바리새 교인들이 잘못 말한 것입니다. 출애굽기 21:24과 레위기 24:20에 각각 "눈은 눈으로, 이는 이로" "눈에는 눈으로, 이에는 이로 갚을지라"고 말씀합니다. 이것은 개인이 복수하는 문제에 대해서 말씀한 것이 아닙니다. 성경은 구약이든 신약이든 개인적으로 복수하는 것을 엄금했습니다.

성경에 따르면 심판은 하나님이 하신다고 말씀합니다. 그러니 사람들 사이에 잘하고 못한 것을 밝혀내는 것이 하나님에게 있다는 것입니다. 반드시 억울한 일이라면 하나님이 갚아 주시므로 개인적으로 원수 갚지 말라고 합니다. 개인적으로 원수 갚는 것은 큰 죄라는 것입니다. 성경이 그렇게 많이 말씀합니다.

38절의 "눈은 눈으로 이는 이로 갚으라"는 말씀은 재판할 때에 공정하게 재판하라는 말씀입니다. 재판할 때에 공정하게 재판하라는 뜻으로 말씀한 것이지 복수하라는 뜻이 아닙니다. 그런데 바리새 교인들은 이 말씀을 자기들 마음대로 복수하라는 뜻으로 가르쳤습니다. 그럼 어떻게 됩니까? 성경은 복수하지 말라, 원수 갚지 말라고 했는데 바리새 교인들은 성경 어느 한 구절을 알지도 못하면서 복수하는 것이 옳다고 가르친 것입니다.

"눈은 눈으로 이는 이로 갚으라 하였다는 것을 너희가 들었으나 나는 너희에게 이르노니"라고 하시면서 그 말씀에 이어 원수를 갚지 말고 구체적으로 어떻게 해야 할지를 말씀합니다. "악한 자를 대적하지 말라 누구든지 네 오른편 뺨을 치거든 왼편도 돌려대"(5:39)라고 하십니다. 복수하지 말고 차라리 당한 대로 가만히 있으라고 하십니다.

> 또 너를 고발하여 속옷을 가지고자 하는 자에게 겉옷까지도 가지게 하며 또 누구든지 너로 억지로 오 리를 가게 하거든 그 사람과 십 리를 동행하고 네게 구하는 자에게 주며 네게 꾸고자 하는 자에게 거절하지 말라 또 네 이웃을 사랑하고 네 원수를 미워하라 하였다는 것을 너희가 들었으나(5:40-43).

이것은 복수하지 말라는 뜻입니까? 정당방어하지 말라는 말입니까? 복수하지 말라는 것은 이미 내가 억울함을 당한 후에 일어날 행동입니다. 개인적으로 복수하지 말고 가만히 피동적으로 억울함을 당하라는 뜻입니다.

그러나 정당방어란 억울함을 당하기 전의 일입니다. 도둑이 들어와서 무기를 가지고 나를 살해하고 파괴하려고 할 적에 정당방어를 안 해야 합니까? 정당방어를 해야지요. 정당방어를 하는 것은 죄가 아닙니다. 여기서 예수님이 말씀하시는 것은 이미 당한 것, 곧 억울함에 대해서 내가 어떤 태도를 취해야 하느냐에 관한 것입니다. 복수하지 말라는 것입니다.

로마서 13장을 전체적으로 보면 정당방어를 말하고 있습니다. 칼을 가지고 무기를 가지고 백성을 보호하는 것은 정당방어입니다. 개인적으로 부득이 하게 해를 입었을 때라도 성도는 여러 방법으로 대처할 수 있습니다. 자기 믿음대로 할 것입니다. 어떤 사람은 정당방어를 할 수도 있겠고 어떤 사람은 아무 방어도 하지 않고 죽을 수도 있습니다. 그렇게 죽는다 해도 그것이 지는 게 아닙니다. 그리고 가만히 도적을 피할 수도 있습니다.

"네 이웃을 사랑하고 네 원수를 미워하라"(5:43)고 하였다는 것을 너희가 들었겠지만 예수님은 이렇게 말씀합니다. "너희 원수를 사랑하며 너희를 박해하는 자를 위하여 기도하라"(5:44)고 하십니다. 이미 일단 내가 당한 억울한 것을 내 개인적으로 보복을 하지 말고 도리어 그 원수를 사랑하며 원수를 위해서 기도해 주라고 하십니다. 이렇게 할 때 "하늘에 계신 너희 아버지의 아들"(5:45)이라는 자격, 곧 정체성을 드러내게 될 것이라고 말씀합니다. 그리고 5장 맨 끝에 가서는 사랑을 행할 때 치우침 없이 하라는 뜻으로 이렇게 말씀합니다. "그러므로 하늘에 계신 너희 아버지의 온전하심과 같이 너희도 온전하라"(5:48).

V

하나님 중심한 의리
6:1-34

우상을 섬기지 말라

마태복음 6장은 크게 둘로 나눌 수 있습니다. 1-18절은 종교적 의미에서 '사람을 섬기지 말라'는 내용이고, 19-34절은 종교적 의미에서 '물질을 섬기지 말라'는 내용입니다. 이 두 가지 큰 뜻을 보여주는데 첫째 계명과 둘째 계명을 취급합니다. 직접적으로 첫째 계명, 둘째 계명에 대한 말씀은 없습니다. 그러나 간접적으로 인간 생활면에서 '우상을 섬기지 말라'는 말씀입니다.

사람 앞에서 의를 행하지 말라. 즉 사람에게서 상급을 받으려고 의를 행하지 말라. 심지어 자기 자신 앞에서도 의를 행하지 말라고 하십니다. "오른손이 행하는 것을 왼손이 모르게 하"라는 말씀에 그런 뜻이 들어 있습니다. 구제를 하고도 내가 지금 의를 행했다는 관념을 갖지 말라는 것입니다. 자신에게 인정을 받으려고 자기를 섬기는 것 역시 사람 섬기는 것입니다. 물론 사람들에게 봉사해야 되겠지만 종교적 의미에서 봉사하는 것은 죄가 됩니다.

종교적 의미라는 것은 인간을 궁극적인 상대자로 아는 것입니다. 다시 말하면 인간 외에 무엇이 또 있느냐 하는 생각입니다. 인간 외에 누가 나를 봐주겠느냐 하는 생각입니다. 인간을 초월하여 계시는 하나님이 나를 봐주신다, 그런 궁극적인 종교적 대상 앞에서 행해야 하는데 기껏 생각하는 것이 사람밖에 못 생각합니다. '저 사람이 나를 인정해야 한다'는 데서 꼼짝도 못하고 사로잡혀 있다는 것입니다. 그것이 바로 사람 우상입니다.

또 자기 자신의 인격 아래서 자족해 하는 것입니다. '내가 이것을 행했다. 내가 이 의를 행했다'고 스스로 자신을 인정하는 것입니다. 이것은 하나님이 제일 미워하는 것입니다. 그뿐 아니라 그것이 바리새인들의 사상입니다. 예수님이 산상보훈에서 취급하는 것은 바리새인들의 사상이 틀렸다는 것을 지적하고 하나님의 법이 어떻다는 것을 밝혀주는 것입니다.

따라서 6장 전체를 한 가지로 이렇게 간추릴 수 있습니다. 즉 '우상을 섬기지 말라.' '내 앞에 다른 신을 두지 말라.' 하나님에 대한 잘못된 사상을 교정시켜 주는 것입니다.

하나님 중심한 행위(6:1-4)

사람에게 보이려고 그들 앞에서 너희 의를 행치 않도록 주의하라 그리하지 아니하면 하늘에 계신 너희 아버지께 상을 얻지 못하느니라 (6:1).

사람 앞에서 인정받으려고 행하는 것은 옳지 않습니다. 우리가 사람 앞에 인정받으려고 행하는 일이 없다고 할 수 있겠습니까? 예수님이 그것을 모르시겠습니까?

가령 학생들이 선생 앞에서 점수 인정을 받으려고 공부하지 않습니까? 그런 일이 있지요. 또 부하로서 상관에게 인정받으려고 모든 책임을 그 눈에 들도록 하는 것이 뭐 잘못이겠습니까? 상관이 부하에게 명령한 것이 이렇고 저렇고 하는 것인데 그것을 잘 해서 상관의 마음에 흡족하게 하려는 것이 뭐 틀린 것이겠습니까?

인륜상 질서가 있으므로 아래 질서가 윗 질서에 잘 맞추어 행해 나가는 것은 하나님의 명령입니다. 마태복음 6장은 인륜의 질서를 무시하는 것이 아닙니다. 자식이 돼 가지고 부모의 마음을 만족하게 하려고 힘쓰는 것이 윤리입니다. 즉 사람 대 사람, 사람 대 인간 사회에서는 모든 질서와 행동 원리가 있고 또 그것은 지켜야 합니다.

여기서 사람 앞에서 칭찬받으려고 하지 말라는 것은 종교적 의미에서 그렇게 하지 말라는 뜻입니다. 윤리적 의미라는 것은 인간 대 인간의 관계입니다. 종교적 의미라는 말은 하나님 대 사람이 아니고 나와 하나님과의 관계를 말합니다. 사람의 칭찬을 받으려고 할 때 하나님의 칭찬을 바라는 마음에서 부모한테 할 도리를 하고, 부모를 즐겁게 해 드리고, 형제와 서로 화목하고, 아우가 됐으면 형님에게 잘 순종해서 형님의 마음을 기쁘게 하고, 제자가 됐으면 배우는 데 있어서 선생의 마음을 만족하게 하는 이런 것을 잘 지켜 나가는 것은 당연합니다.

'하나님이면 된다. 다 무너져도 하나님이면 된다' 하는 울타리가 있어야 하는데 그것 없이 그저 사람에게 매달려 사는 사람들이 있습니다. 자신이 최선을 다한 경우에도 위에 있는 사람이 만족스러워 하지 못해 쫓겨날 때에도 상심하지 말고 '난 하나님이라는 울타리가 있어'라는 생리를 가지고 자신의 유익을 지켜야 합니다. 이렇게 최후적이고 그야말로 내 생사 문제가 달린 것이 바로 하나님입니다. 하나님 앞에서 내가 지금 잘 되는 것인가, 못되는 것인가 하는 이것은 언제나 있어야 합니다.

그런데 지금 예수님은 자기 시대에 있어서 잘못 나가는 사람들에게 가르치고 계십니다. 그 사람들은 바리새주의로 살아갑니다. '하나님이 계신다. 나는 하나님의 칭찬을 받고 산다.' 이것을 가지지 아니하고 다만 인본주의에서 그저 하나님이란 말은 껍데기 수작이고 하나님을 섬겨야 된다는 것도 껍데기 수작일 뿐입니다. 궁극적으로 따져 볼 때 그들이 하나님을 안 섬겼다는 말입니다. 다만 사람에게 매달려 살았습니다. 예수님은 그것을 틀렸다고 하시는 것입니다.

> 그러므로 구제할 때에 외식하는 자가 사람에게서 영광을 받으려고 회당과 거리에서 하는 것 같이 너희 앞에 나팔을 불지 말라 진실로 너희에게 이르노니 그들은 자기 상을 이미 받았느니라 너는 구제할 때에 오른손이 하는 것을 왼손이 모르게 하여 네 구제함을 은밀하게 하라 은밀한 중에 보시는 너의 아버지께서 갚으시리라(6:2-4).

사람들한테 칭찬을 받았으니까 상을 벌써 받았다는 것입니다. 하나님이 주시는 상이 있어야 하는데 이들이 목표한 바는 하늘의 상이 아니라 사람의 상들이고 또 사람의 칭찬은 벌써 받았으므로 상급도 이미 받은 것입니다.

"그들은 자기 상을 이미 받았느니라 너는 구제할 때에 오른손의 하는 것을 왼손이 모르게 하여"라는 것은 무슨 말씀입니까? 오른손이 하는 것을 왼손이 모르게 하라는 것은 '내가 언제 의를 행했는가?' 할 정도가 돼야 하겠다는 말입니다.

마태복음 25:31 이하를 읽어보면, 왕이 심판 자리에 왔을 때 즉 주님께서 오셨을 때 양과 염소를 갈라놓는다는 비유가 나옵니다. 양은 의인을 비유한 것인데 의인들이 무엇이라고 말했습니까? 내가 주렸을 적에 대접했고 내가 옥에 갇혔을 적에 돌아보았다고 하십니다. 그러니까 의인들이 무엇이라고 대답합니까? "언제 내가 그렇게 했습니까?"라고 반응합니다. 자기들도 모를 정도로 의를 행한 것입니다. 언제든지 믿는 사람은 자기의 의를 인정하지 않아야 합니다.

누가복음 17장에 보면, 충성하고도 주님 앞에서 "우리는 무익한 종"(17:10)이라 해야 한다고 주님께서 말씀합니다. 의를 행하면서라도 내가 지금 의를 행한다고 자랑하려는 태도를 갖지 않아야 한다고 하십니다. 사실 그렇게 해야 되지 않겠습니까? 우리가 자기 잘못을 생각해 볼 때 언제 내 의를 자랑할 수 있겠습니까? 내게 의가 있다고 해도 이것도 '부족하다. 옥에도 티가 있다'고 해야 할 것입니다. 무엇을 행했다고 하지만 정말 하나님이 은혜를 주셔서 된 것이요 또 거기도 결점이 있다. 그러니 내가 이걸 어떻게 자랑하겠나 하는 생각이 있어야 합니다.

벌써 무엇을 해놓고 자랑할 정도가 된다면 그것은 잘못한 것입니다. 자기 부족에 대한 생각이 태산같이 무거워서 자랑할 용기가 나지 않는다 말입니다. 주님이 와서 심문하실 때 칭찬하시려는 것을 심문하시겠지만 그때에 우리의 대답은 '주님 언제 내가 그렇게 했습니까? 내가 그렇게 한 일이 없습니다"라고 나와야 할 것입니다. 이것은 이상론이 아니고 우리가 신앙으로 살 때 그렇게 되리라고 생각합니다.

제가 여러분에게 물어볼 때에 다 그렇게 대답을 하실 줄 압니다. "여러분 다 의인입니까"라고 물으면 '아니오. 난 의인이 아닙니다'라고 대답하실 겁니다. '여러분 좋은 일, 선한 일을 하실 때에 거기 무슨 결점이 없었습니까?' 이렇게 물어보면 "결점이 있어요"라고 대답하실 겁니다.

> 오른손이 하는 것을 왼손이 모르게 하여 네 구제함을 은밀하게 하라 은밀한 중에 보시는 너의 아버지가 갚으시리라(6:3-4).

예수님은 은밀주의입니다. 여기서 은밀하다는 말을 두 번 썼는데 그렇게 쓴 이유는 무엇입니까? 한 가지를 행하더라도 백 가지를 행했다고 광고하는 바리새 교인들의 옳지 않은 외식주의를 공격하기 위함입니다. 은밀히 한다는 것은 참된 종교의 골수요 아주 요긴한 것입니다.

은밀주의라는 것은 언제든지 숨어 다니라는 것도 아니고 의를 행할 때에도 언제든지 숨어서만 하라는 것도 아닙니다. 다만 사람에게 보이려고 하는 그러한 동기를 반대하는 것입니다. 대중 앞에 나서서 선한 일을 하는 분도 은밀하게 할 수 있습니다. 자기 마음에 달렸습니다. 자기 마음에 '나를 나타내야 되겠다. 나를 자랑해야 되겠다' 하는 그런 생각으로 한다면 그것은 은밀함이 아닙니다. 그런 생각 없이 어디까지나 참 부족을 느끼면서 '내가 머리털만큼 잘못한 것이 많은 나로서 어떻게 낯을 세울 수 있을까'라고 생각하는 것입니다. 그야말로 옳은 일을 행하면서도 머리를 들지 못할 정도로 하는 것이 은밀한 것입니다.

기도와 관련해서도 이 은밀함에 대하여 말씀합니다.

너는 기도할 때에 네 골방에 들어가 문을 닫고 은밀한 중에 계신 네 아버지께 기도하라 은밀한 중에 보시는 네 아버지께서 갚으시리라(6:6).

여기 보면 하나님 아버지는 "은밀한 중에 계신"다고 합니다. 주님의 존재가 은밀합니다. 다시 말하면 사람의 눈에 보이지 않습니다. 그래서 "은밀한 중에 계신 네 아버지께 기도하라"고 하면서 아버지는 "은밀한 중에 보시는" 분이라고 말씀합니다. 이렇게 은밀한 가운데 계신 분이 은밀한 일들을 봅니다. 헬라어 원문을 읽어 볼 때 이 두 가지 뜻이 나타나 있습니다. 그분은 은밀한 가운데 계시고 또 은밀한 것을 봅니다. 이 두 가지 모두 은밀이라는 표현에 들어있습니다. 그리고 진실하게 살고 참되이 사는 사람은 하나님의 은밀을 알아먹습니다. 근본이 은밀하다는 것을 깨닫습니다.

오늘날은 과학만능주의를 부르짖으면서 과학 우상을 섬기는 시대입니다. 이렇게 말하면 과학을 천대하는 그런 무식쟁이 말로 들릴 것입니다. 과학을 모르는 사람이니까 저렇게 무지하게 말을 해 가지고 과학을 덮어 놓으려 한다고 보일 수 있습니다. 우리는 과학을 중요하게 여깁니다. 하지만 과학만능주의는 아닙니다. 과학 만능이라는 것은 없습니다. 교만한 말입니다. 과학도 하나님이 냈습니다. 하나님이 지어냈고 과학도 오묘한 자리에 가서는 무식을 고백합니다. 그가 정직한 과학자입니다. 깊은 것을 모르는 것이 과학입니다. 과학이라는 것은 표면을 취급합니다. 모든 존재의 표면을 만져보는 것이 과학입니다.

철학이란 그 근본을 따져보는 게 임무입니다. 과학은 표면을 맛보는 것인데 쓰다, 달다, 불이 붙는다, 불을 끈다 하는 성질, 표면에 나타난 작용을 취급하는 것이 과학입니다. 과학은 존재의 뿌리를 도무지 모릅니다. 어떻게 이리 돼서 이렇게 됐나 하는 존재의 뿌리를 모릅니다.

그러나 철학은 그 근본에 대하여 알아보려고 애씁니다. 그럴지라도 나중에는 다 모르겠다고 합니다. 한 철학자가 말해놓은 것을 자기 제자가 뒤집어 놓습니다. 자기 제자가 또 큰소리를 치면서 학설을 냅니다. 그것이 철학의 역사가 아닙니까? 그러니까 그 역사는 고민의 역사입니다. 이렇게 해보고 또 저렇게 해보고도 또 안 되니 이렇게 해보는 고민하는 역사입니다. 근본을 알아야 되겠다고 하는 욕심은 좋지만 과연 근본을 알 재간이 있느냐 하면 그렇지 않다는 것입니다.

결국 은밀한 것, 즉 보이지 않는 세계가 근본입니다. 히브리서 11:3에 나오는 대로 "보이는 것은 나타난 것으로 말미암아 된 것이 아니라"라고 말씀합니다. 이 모든 현상 세계는 보이지 않는 것이 근본이 되어 나온 것입니다. 그런고로 보이지 않는 것을 홀대할 수가 없습니다. 결국 보이지 않는 것이 오묘하다는 말입니다.

사람이나 좀 많이 모이면 힘을 내고, 사람이나 모여 있으면 잘 하려고 힘을 쓰지만, 사람이 없을 때는 기도도 안하는 것은 보이지 않는 세계의 오묘를 모르는 사고방식입니다. 보이지 않는 데가 보이는 데보다 더 중요하므로 보이지 않는 데서 처신하는 것을 더 조심해야겠다는 것입니다.

예수님이 오셔서 가르치시고 기적을 행하시고 죽었다가 다시 살아나셔서 최후적으로 제일 요긴한 교훈을 주셨습니다. 그것이 무엇입니까? 보이지 않는 데를 중요하게 생각하라는 것입니다. 무엇을 봐서 압니까? 나타나셨다가는 다시 보이시지 않고, 같이 잡수시다가도 보이시지 않습니다. 여러 차례 그렇게 끌고 들어가십니다. 문을 열지도 않았는데 들어오셔서 보이십니다. 하늘로 올라가실 때에도 제자들이 예수님이 올라가시는 것을 기를 쓰고 주시했지만 보이질 않았습니다. 이것은 독수리가 새끼들에게 나는 법을 가르쳐 주는 거와 같이 우리 인간들로 하여금 보이지 않는 세계를 중점으로 보라고 하는 그런 내용입니다.

하나님은 특별히 보이지 않는 은밀한 가운데 계시면서 보이지 않는 것을 잘 보시는 분이십니다. 은밀한 것은 뿌리가 있고 진실합니다.

시편 51:6에 "주께서는 중심이 진실함을 원하시오니"라고 합니다. 표면에 아무리 굉장한 게 많아도 중심이 제로라면 인정을 안 하십니다. 하나님은 진실을 인정합니다. 진실에다가 점수를 주십니다. 그렇기 때문에 모든 것을 보실 때 중심을 보십니다. 그 뿌리를 보십니다. 보이지 않는 데를 보십니다. 이처럼 하나님은 사람과 달리 보십니다.

사람은 나타난 데를 중점적으로 취급합니다. 그야말로 속기 쉬운 방법입니다. 그러나 하나님은 표면을 제일차적으로 취급하지 않습니다. 하나님은 보이지 않는 것을 제일차적으로 취급합니다. 어떠한 의인이 있다 하더라도 하나님은 그 사람이 행한 것을 먼저 보시지 않고 그의 비밀한 생활, 그의 마음 구석, 그의 행하게 된 동기, 아무도 보지 않는 가운데서 행하는 그의 행동을 보십니다. 그것을 중점적으로 보시고 그것을 일차적으로 보시는 하나님입니다. 그러기 때문에 하나님의 자녀인 우리는 하나님을 본받아 살아야 우리 신앙생활이 재미있습니다.

신앙생활의 쓴맛은 어디서 나옵니까? 외식하는 데 있습니다. 외식입니다. 믿지 않으면서 신앙하는 체하는 것은 대단히 괴로운 겁니다. 아주 쓴맛이 많은 겁니다. 재미없는 일입니다. 자신이 기쁨이 없습니다. 이사야서를 읽어보면 유대인들이 외식을 하느라고 괴로움의 짐을 지고 있다는 의미로 말씀합니다. 우리는 은밀함에서 재미를 봐야 합니다. 구제할 때 이처럼 은밀하게 해야 한다고 말씀합니다.

하나님 중심한 기도(6:5-15)

은밀하게 기도하라

또 너희는 기도할 때에 외식하는 자와 같이 하지 말라 그들은 사람에게 보이려고 회당과 큰 거리 어귀에 서서 기도하기를 좋아하느니라 내가 진실로 너희에게 이르노니 그들은 자기 상을 이미 받았느니라 (6:5).

그때 바리새 교인들은 사실 요즘말로 바꾸어서 표현하자면 종교업자들입니다. 그들이 긴 옷을 입고 점잔을 빼고 사람들한테 존경받기를 좋아하고 인사받기를 좋아했습니다. 각양 외식을 통하여 경건한 모양을 하고서 하나님의 사람이라는 칭찬을 받아먹으며 또 하나님의 사람이라는 대접을 받아먹는 꼴을 했습니다. 그때 예수님이 오셔서 아주 때려 부숩니다. 때려 부술 때에 지나친 말도 많이 씁니다. 지나친 말을 많이 쓴 이유는 병이 깊이 들면 약도 좀 세게 써야 하기 때문입니다. 병이 너무 깊이 들었기 때문에 거기에 반대되는 강한 말을 써야 했습니다.

예를 들면 금식할 적에 그 시대 사람들이 울상을 하고 흉한 얼굴을 해서 고생하는 모양을 냈습니다. 그러면서 '우리는 당신들을 위해 금식하면서 고생을 합니다. 이런 고생을 하나님을 위해서 했습니다.' 이렇게 광고해서 칭찬을 받고 존경을 받으니까 예수님께서 무엇이라 말씀했습니까?

"머리에 기름을 발라라. 얼굴을 씻어라." 아주 반대하는 말로써 강하게 말씀합니다. 물론 금식할 적에 문자 그대로 기름을 바르라는 말은 결코 아닙니다. 그들이 너무 외식에 깊이 너무 잠겼으니까 이걸 고치게 하려고 반대 방향의 말을 세게 써야 했습니다.

물론 사람이 회당과 큰 거리 어귀에서 기도할 수 있잖습니까? 그 기도하는 장소를 반대하는 게 아닙니다. 회당과 큰 거리 어귀에서 기도 못할 게 무엇이겠습니까? 여기서 반대하는 것은 다른 데 없습니다. 사람 없는 데서 기도하는 바는 원치 않고 회당과 거리 어귀에서 기도하기를 좋아하기 때문입니다. 그 좋아하는 이면에는 사람들한테 경건하다는 말을 들으려는 명예심이 있단 말입니다. 그래서 이들은 종교업자입니다. 따라서 주님은 이렇게 말씀합니다. "내가 진실로 너희에게 이르노니 그들은 자기 상을 이미 받았느니라."

6절입니다.

> 너는 기도할 때에 네 골방에 들어가 문을 닫고 은밀한 중에 계신 네 아버지께 기도하라 은밀한 중에 보시는 네 아버지께서 갚으시리라(6:6).

그저 "골방에 들어가 기도하라"고만 하시지 않고 "문을 닫고" 하라고 하십니다. 이것만 봐도 기도를 은밀하게 하라고 강조하는 것입니다. 그때에 기도한다는 사람들은 사람에게 칭찬받으려고 기도했고 사람의 입맛을 맞추려고 기도했습니다. 그래서 우리 주님은 그것을 깨뜨리기 위해서 강하게 말씀합니다.

"문을 닫아라"는 표현은 사람과 좀 끊어져라, 사람과 경계를 두라는 말입니다. 이것이 꼭 필요합니다. 우리 약한 사람들은 외식하기 십상입니다. 사람이 많이 모인 데서 기도를 옳게 하기란 쉽지 않습니다. 기도의 자리가 잡혔고 기도의 훈련이 잘 돼 있으면 벼락을 쳐도 요동하지 않고 하나님 앞에 할 말을 할 수 있습니다. 그러나 이러한 정도의 기도 실력을 갖기란 어렵습니다.

많은 사람이 외식합니다. 기도에서 외식을 많이 했다는 것은 지금만이 아니고 어느 시대나 그러했습니다. 따라서 한적한 곳에 가서 기도하는 것이 필요합니다. 특별히 주님께서 그렇게 하셨습니다. 우리에게 모본을 주시기 위해서 산에 가셔서 기도하시고 한적한 곳에 가셔서 기도하시고 특별히 새벽에도 기도하셨습니다.

그것은 사람을 만나기 전에 고요히 하나님과 교통하는 환경을 얻기 위함이었습니다. 사람은 아무래도 환경에 지배를 받는 까닭에 훈련을 단단히 받지 안 해 놓으면 환경에 지배를 받기 쉽습니다. 그러니까 한적한 곳에 가서 기도하는 것이 꼭 필요합니다. 외식하는 병을 고치려면 한적한 곳으로 달려가야 합니다. 그곳으로 입원을 해야 합니다.

우리 주님께서는 한적한 곳에 가셔서 기도를 많이 하셨습니다. 우리 주님은 사람 많은 곳에 가셔서 기도를 못 하셔서가 아니라 우리에게 특별히 모본을 보이시려고 그렇게 하신 줄로 압니다. 한적한 곳에 가서 기도하는 것은 밀실 기도입니다. 그 방면에는 꼭 소득이 있습니다. 고요한 자리로 가서 은밀한 중에 계신 아버지께 기도하십시오. 그러면 아버지께서 갚아주실 것입니다.

> 또 기도할 때에 이방인과 같이 중언부언하지 말라 그들은 말을 많이 하여야 들으실 줄 생각하느니라 그러므로 그들을 본받지 말라 구하기 전에 너희에게 있어야 할 것을 하나님 너희 아버지께서 아시느니라 (6:7-8).

기도할 때에 중언부언하지 말라고 하십니다. 이방인의 중언부언은 한 말 또 하고 한 말 또 하고 하는 것을 말합니다. 바울도 세 번 같은 말로 기도하시고 예수님도 세 번 같은 말로 기도하셨고 그 이상 같은 말로 기도를 하셨습니다. 믿음으로만 하면 됩니다. 이방 사람들은 믿음이 없어요. 살아계신 하나님을 믿지 않습니다. 그들이 믿는 신은 죽은 것입니다. 생명이 없습니다.

그러기 때문에 듣지를 않으니까 안타까워서 자꾸 한 말 또 하고 한 말 또 하고 합니다. 바알 신 섬기는 우상의 무리들이 종일토록 바알 신을 찾았습니다. 엘리야는 그들을 조롱했습니다. '너희 신이 자나보다.' 그렇게 조롱했습니다. 듣지 못하는데도 생명 있는 것이라 생각하고 기도하니까 그와 같이 계속 반복하는 것입니다. 믿음으로 반복하는 것은 간절한 뜻을 보여주는데 우리가 못할 것은 아닙니다.

구하기 전에도 너희 쓸 것이 무엇인지 너희에게 필요한 것이 무엇인지 하나님이 다 아신다고 했습니다. 그러면 이 말씀은 기도할 필요조차 없다는 뜻입니까? 기도할 것까지 없다. 구하기 전에 다 아신다. 너는 무엇을 받아야 되겠다. 이렇게 다 아시는데 기도할 필요가 없다는 말이겠습니까? 아닙니다. 하나님이 살아계시다, 하나님이 다 아신다 하는 것을 생각지 않고, 한 말 또 하고 한 말 또 하고 하는 것을 반대하기 위해서 하신 말입니다.

너희 하나님은 너희 요구를 다 아신다. 우리 쓸 것을 구하기 전에도 아신다는 말입니다. 그 안다는 것을 강조하기 위해서 하신 말씀이지 기도할 필요가 없다는 것은 아닙니다. 그 문맥이 어디 기도하지 말라는 것입니까? 기도하는 방법을 가르치고 계시지 기도하지 말라는 문제가 아닙니다.

하늘 아버지께서 아시니까 우리가 기도해야 합니다. 아시니까 기도할 재미가 있고 기도할 힘이 나고 기도할 용기가 나고 또 인내심이 생깁니다. 끝까지 기도하는 그러한 믿음이 생깁니다. 아시는 하나님께 우리는 기도해야 합니다. 하나님은 기도해야 주신다고 말씀했습니다. 그것이 원칙입니다. 기도하지 안했어도 주시는 일이 있는데 그것은 예외입니다. 언제나 우리는 원칙을 말해야 합니다. 원칙은 기도해야 주신다는 것입니다.

기도해야 주시는 이유는 무엇일까요? 기독교는 범신론이 아니라 유신론이기 때문입니다. 범신론이란 이 세상 만물이 다 한 덩어리로 신이라는 것입니다. 신이 따로 있는 게 아니고 이 세상 만물이 다 합해서 한 덩어리 신이라는 것입니다. 사람과 짐승과 초목들뿐 아니라 빙빙 도는 지구까지 다 합해서 그것을 하나의 신이라고 합니다.

그런 범신론에는 사람과 다른 하나님이 존재하지 않습니다. 나와 다른 하나님이 살아 계시지 않습니다. 그런 깨달음도 불가능합니다. 하나님은 늘 우리에게 알리시고 또 우리가 하나님을 아는 것이 영생입니다. 생명 있게 하나님을 알면 그 지식은 죽은 지식이 아닙니다. 생명 있는 지식이고 하나님을 아는 기쁨이 함께하는 지식이고 그것이 바로 영생의 성질입니다. "영생은 곧 유일하신 참 하나님과 그가 보내신 자 예수 그리스도를 아는 것이니이다"(요 17:3).

이제 우리가 명심할 것은 '기도해야 주신다'는 사실입니다. 하나님은 우리가 기도할 때에 주기를 원하십니다. 우리의 요구를 다 알고 계시지만 기도하라고 했습니다.

주기도문

그러므로 너희는 이렇게 기도하라 하늘에 계신 우리 아버지여 이름이 거룩히 여김을 받으시오며 나라가 임하시오며 뜻이 하늘에서 이루어진 것 같이 땅에서도 이루어지이다 오늘 우리에게 일용할 양식을 주시옵고 우리가 우리에게 죄 지은 자를 사하여 준 것 같이 우리 죄를 사하여 주시옵고 우리를 시험에 들게 하지 마시옵고 다만 악에서 구하시옵소서 (나라와 권세와 영광이 아버지께 영원히 있사옵나이다 아멘)(6:9-13).

하늘에 계신 우리 아버지여 이름이 거룩히 여김을 받으시오며(6:9b).

주기도문은 주님이 가르치신 기도입니다. 주님이 가르쳐 주셔서 알게 된 기도입니다. 주기도문은 이런 말로 시작됩니다. "하늘에 계신 우리 아버지여." 기도하는 사람이 첫째로 가져야 할 것은 하나님을 아버지라고 하는 믿음이 있어야 합니다. 하나님은 우리의 아버지입니다.

그가 우리의 아버지가 되는 이유가 무엇입니까? 모든 사람을 지어내신 이가 하나님이시니까 우리의 아버지입니다. 사람이 저절로 존재합니까? 그런 법은 없습니다. 하나님이 지어내서 이 세상에서 살고 있습니다. 지어낸 사람의 자손들이 우리입니다. 그러니까 하나님이 우리의 아버지입니다.

또 하나님이 예수님의 피로써 우리의 죄를 사해 주시고 우리를 새사람 만들어 주셨으니 이 새사람이 어디에서 났습니까? 하나님에게서 났단 말입니다. 하나님이 그렇게 만들어 주셨어요. 예수님의 피로 죄 사함 받고 새사람으로 지음 받았습니다. 예수님이 아니면 우리는 죄가 무엇인지 몰라요. 예수님의 피가 아니면 우리는 사죄 받을 길이 없어요. 죄 값은 사망이고 죄 값은 멸망인데 구원 받을 길이 없어요. 소망이 없어요. 그러나 예수님이 우리를 대신하여 십자가에서 죄 없이 죽어 주셨기 때문에 그의 공로로 믿는 우리의 죄가 다 용서함을 받습니다. 그렇게 새사람이 된 것입니다. 죄 용서함을 받지 아니하면 태산 같은 무거운 죄를 지고 있는 사람이요 영원히 멸망 받은 사람이니 그렇게 비참한 일이 어디 있겠습니까? 그러나 이제 예수의 피로 믿는 자는 죄 사함 받았으니 새사람이란 말입니다. 하나님이 이렇게 만들어 주셨습니다. 그래서 우리는 하나님을 아버지라고 합니다. 하나님을 아버지라고 부르지 못 하는 사람은 기도를 할 수 없습니다. 그래서 첫 마디가 "하늘에 계신 우리 아버지여"인 것입니다.

둘째 마디는 "이름이 거룩히 여김을 받으시오며"입니다. 멀리 떠났던 인생들이 이제 하나님 앞에 믿음으로 나와서 기도하고 기도하고 하는 가운데 성령이 교통해 주심으로 이제는 가까워져서 "아버지" 하게 됩니다. 그렇게 하나님을 아버지로 알게 됩니다. 신앙생활을 배워서 연단 받았고 기도할 줄 알고 기도에 재미를 보게 됨에 따라서 하나님을 거룩한 하나님으로 알게 됩니다. 그는 죄가 없으시고 털끝만치도 어두움이 없으시고 어떻게 우리의 기거동작을 아시는지 기도에 익숙한 사람은 그걸 느낍니다. 기도에 응답 받은 사람들은 그것을 느낍니다. 어떻게 그분이 죄를 미워하는 것과 전지전능하심을 안다 말입니다. 그래서 '아버지' 하고서 다음으로 하는 말은 하나님의 속성에 대해서 말을 하게 됩니다. 이렇게 하나님의 이 거룩함을 알기를 원할 뿐 아니라 다른 사람들도 다 하나님이 어떻게 거룩하신 지를 마음 가운데 간절히 원합니다.

기도를 통해서 하나님을 아버지로 배운 사람은 하나님의 거룩함을 알게 되며 거룩함이 생명인 줄 압니다. 우리 자신도 역시, 나 자신도 역시 죄를 짓는 것을 죽는 것으로 압니다. 짓던 죄도 떠남으로 사는 줄 압니다. 그것이 생명입니다. 기독교 생명이라는 것은 그저 생리적 생명이 아닙니다. 기독교 생명이란 윤리적 생명입니다. 다시 말하면 본래 아담과 하와가 하나님의 명령을 배반하여 의를 떠난 것이 죽음이 됐습니다. 진짜 삶이라는 것은 하나님의 의를 회복해 가짐으로 성립되는 것입니다.

그러면 하나님의 거룩함을 사랑하고 나도 역시 그렇게 거룩하게 되기를 원하는 것이 신자의 욕구라 말입니다. 그것이 불타는 욕구입니다. 그것이 바로 생명을 사모하는 마음입니다. 이 땅위의 모든 사람들이 다 하나님의 거룩함을 받들게 되기를 바라는 자가 신자입니다.

하나님을 대적하는 사람이 진실한 신자들 앞에서 하나님의 이름을 짓밟고 입으로 하나님을 욕할 때 진실한 신자는 가슴이 아프다 말입니다. 효자는 악한 사람들이 자기 아버지 이름을 욕질할 때에 가슴이 아픈 것처럼, 진실한 신자는 악한 사람들이 하나님의 이름을 욕할 때에 제일 아픔을 느낍니다. 그런 마음이 있어야 진짜 그 속에서부터 하나님을 공경하는 사람이겠지요. 첫째 간구로서 이름이 거룩히 여김을 받으십시오 하는 것은 당연합니다.

잘 믿는 사람들이 지은 격언 가운데 이런 말이 있습니다. "Holiness is better than happiness." 거룩한 것이 행복보다 낫다라는 뜻입니다. 진실한 신자는 행복, 다시 말하면 평안히 사는 것보다 거룩하기를 원합니다. 평안히 살려고 고생하는 것보다 거룩하기 위해서 고생을 더한다 말입니다. 또 진실한 신자들이 성경을 깨닫는 가운데 성경의 진리에 의지해서 이렇게 말을 했습니다. "Take time to be holy." 거룩하게 되기 위해서 시간을 잡아라. 그렇게 시간을 쓰라는 것입니다. 기도하는 데 들어가는 시간을 아까워하는 것은 거룩함을 잃어버리는 심리요 거룩함을 잃어버리는 방식입니다. 사람이 거룩해지려면 시간을 써야 합니다. 기도하는 데에 시간을 들이고 주님께 봉사하는 데에 시간을 들여야 합니다. 그렇게 거룩하게 되는 것이 바로 생명입니다.

그러기 때문에 우리 믿는 사람들은 하나님의 거룩함을 생명보다 귀하게 여깁니다. 그렇게 할 뿐 아니라 그의 거룩함을 높이게 되고 다른 사람들도 높이는 것을 간절히 원합니다.

셋째 마디는 "나라가 임하시오며"입니다.

> 나라가 임하시오며 뜻이 하늘에서 이루어진 것 같이 땅에서도 이루어지이다(6:10).

여기서 '나라'는 하나님의 나라를 말합니다. 한국도 아니고 미국도 아니고 하나님의 나라입니다. 헬라어 원문에는 '당신의 나라'라고 되어 있습니다. 그러니까 하나님의 나라가 임하기를 기도하는 것입니다. 하나님의 나라란 하나님이 다스려 주시는 것을 의미합니다.

이 다스린다는 것이 무엇입니까? 예컨대 사람이 나무 자르는 가위를 가지고 이렇게 아름답게 다 자릅니다. 그래서 요렇게 저렇게 모양 있게 잘라 냅니다. 그게 나무를 다스리는 것입니다. 또 잔디에 물을 주어 살아나게 하고 잔디를 깎아주기도 합니다. 이렇게 하는 것을 다스린다고 하는 것입니다. 그냥 팽개쳐 두면 어떻게 되지요. 물 안 주면 다 죽습니다. 그것은 다스리는 것이 아닙니다. 다스린다는 것은 못 쓰게 만드는 것이 아니라 잘되게 만드는 것입니다. 죽이는 것이 아니라 살리는 것입니다. 이와 같이 정말 나라를 잘 다스리면 그 백성들이 잘 살게 됩니다. 백성들이 기뻐합니다. 백성들이 교육도 잘 받고 직장도 잘 얻고 생활을 잘 하게 됩니다. 그것이 나라를 다스리는 것입니다.

그러니까 '하나님의 나라가 임하시오며'라는 말은 하나님께서 다스려 달라는 기도입니다. 하나님께서 나를 다스려 주십시오. 나를 나대로 놔두면 나는 망합니다. 나대로 놔두면 나는 내 멋대로 될 참인데 어두울 대로 어두워지고 죄를 지을 대로 죄를 짓고 하나님의 말씀을 모르니 또 순종하지도 아니 하여 결국은 망할 것밖에 없습니다. 그러니까 하나님이 다스려 달라는 것입니다. 우리는 하나님 앞에 나아가서 이런 귀한 기도를 드려야 합니다.

그런데 '하나님이여 내 멋대로 살게 해 주옵소서. 먹고 싶은 것 다 먹고 놀고 싶은 대로 다 놀고 하고 싶은 일 다 하고 내 소욕대로 다 하게 해 주옵소서'라고 기도해야 합니까? 그러면 잘 될까요? 아니 큰일 납니다. 잘못됩니다. 그러니 어떻게 기도해야 합니까? '하나님이여 나를 다스려주옵소서. 내가 옳지 않은 일을 하지 않도록 도와주시옵소서. 하나님의 뜻은 아름다운 뜻인데 그 뜻대로 순종하도록 도와주옵소서. 하나님이 사람을 지어냈으니 사람이 무엇을 해야 될지 하나님만 아십니다. 하나님이 그것을 다 성경에 가르쳐 주셨으니 내가 그대로 가도록 힘을 주시옵소서. 도와주시옵소서.' 이런 기도를 해야 합니다. 그런데 기도할 때 쓸데없는 말을 가져다 붙이기도 합니다. 이런 기도는 다 헛된 기도입니다. 그렇게 기도를 하면 께름칙한 기도라 말입니다. 과연 하나님 앞에 한마디의 기도를 드리더라도 참말을 해서 마음이 만족해야 합니다. 나를 잘 다스려 달라고 기도를 해야지 내 멋대로 하도록 하여 주옵소서 하는 그런 기도는 악마적인 기도입니다.

오늘 우리에게 일용할 양식을 주시옵고(6:11).

이것은 우리 신자들이 물질에 대하여 생각할 바를 가르칩니다. 사람들은 부자 되기를 원하기 쉽고 또 신자들도 부자 되기를 원합니다. 그러나 그런 생각은 죄 짓는 생각입니다. 일용할 양식을 달라고 기도하였으니 그날그날 지낼 수 있는 물질을 달라는 것입니다.

디모데전서 6장에 보면, "우리가 세상에 아무 것도 가지고 온 것이 없으매 또한 아무 것도 가지고 가지 못하리니 우리가 먹을 것과 입을 것이 있은즉 족한 줄로 알 것이니라 부하려 하는 자들은 시험과 올무와 여러 가지 어리석고 해로운 욕심에 떨어지나니 곧 사람으로 파멸과 멸망에 빠지게 하는 것이라"(딤전 6:7-9)고 했습니다. 부자 되기를 원하면 시험에 빠지며 올무에 걸리며 여러 가지 어리석고 해로운 정욕에 떨어진다고 했습니다. 부자 되려고 하는 마음이 좋지 않다 그 말 아닙니까? 다만 먹을 것과 입을 것이 있으면 족한 줄 알라고 했습니다. 그 말씀이 바로 여기 예수님이 가르친 "오늘 우리에게 일용할 양식을 주시옵고"라는 기도와 같습니다. 그러면 물질에 대하여 우리가 부자 되려는 마음 버리고 나 자신을 위해서는 그날그날 먹을 것 있으면 족한 줄로 알아야 합니다.

그러면 돈 벌려고 힘쓸 필요 없겠나 하는 생각도 듭니다. 돈은 벌어서 주님의 일을 하려고 해야지요. 그저 남이 쓰지 못하는 돈 쓰며 남이 먹지 못하는 음식을 먹으며 세상에서 사치하며 살겠다는 생각을 해서는 안 된다 말입니다. 부자 된다는 것은 나를 위하여 돈을 많이 쌓겠다는 생각입니다. 그것은 죄 짓는 생각입니다. 나 자신을 위해서 우리 각 사람을 위해서는 그날그날 먹을 것이 있으면 족한 줄로 알아야 합니다.

우리가 날마다 직장에 다니며 돈을 버는데 내가 거기서 차지할 것은 그날그날 취할 수 있는 양식을 얻는 것으로 족한 줄 알아야 합니다. 돈을 벌어 저축도 할 수 있고 또 어떻게 그것을 활용할 수 있겠지만 주님을 위해서 쓸 생각을 해야 합니다.

이 물질에 대해서 우리가 생각을 똑바로 가져야 시험에 빠지지 않고 죄를 범치 않습니다. 생각을 똑바로 가져야 마음이 편안합니다. 하나님을 모르고 산 것이 큰 죄입니다. 하나님이 이 천지 만물을 지으시고 나를 지으시고 모든 것을 지으셨는데 그 가운데서 살면서도 하나님을 모르고 자기밖에 없다는 생각으로 살았으니 그 얼마나 큰 죄입니까? 부모가 자식을 기르기 위해서 핏덩이를 받아 가지고 애를 쓰고 자기는 못 먹어도 먹이려는 심정으로 자식을 사랑하였는데도 그 자식이 부모를 몰라본다면 부모의 가슴이 얼마나 아프겠습니까?

그와 같이 하나님께서 천지 만물을 지으시고 나도 지어 주셨는데 부모보다 더 귀하신 하나님을 모르고 살 뿐 아니라 하나님을 믿지도 않은 채 없는 것처럼 생각하고 하나님을 사랑하지도 않았으니 그 죄가 얼마나 큽니까? 또 하나님께서 사람에 대해서 부모나 형제나 다른 사람에 대해서 이렇게 이렇게 하라고 하셨는데 그렇게 하지 않았으니 그 죄가 얼마나 큽니까? 그런고로 죄 사함을 받는다는 것이 너무나 중요한 일입니다.

12절을 다시 읽어봅시다. "우리가 우리에게 죄 지은 자를 사하여 준 것 같이 우리 죄를 사하여 주시옵고." 다른 사람의 죄를 잘 용서해 줄 때 하나님께서 내 죄를 잘 용서해 주는 줄 알아야 합니다. 물론 그것은 예수님의 피 공로로 용서해 주시는 것인데 이제 우리 자신이 할 일이 있다는 말입니다. 예수님의 피를 힘입으려고 하면 다른 사람이 내게 대해서 잘못한 것을 용서해 주어야 합니다.

첫째로 우리 인생들은 죄 사함 받는 것이 제일 큰 복입니다. 그 이유는 죄 사함 받는 것이 바로 구원이기 때문입니다. 기독교의 구원은 죄에서 구원받는 것입니다. 마태복음 1:21에서 탄생하신 예수님이 무슨 일을 하실 것인가에 대하여 말씀할 때에 그 백성을 죄 가운데서 구원하실 것이라고 말씀하셨습니다. 신구약 성경이 구원에 대하여 말할 때마다 죄 가운데서 구원하신다는 것을 초점으로 말씀하셨다는 것을 알아야 합니다.

우리의 구원이라는 것은 굶어 죽을 사람이 음식을 먹게 되었다든지, 목말라 죽을 사람이 물마시게 되었다든지, 혹은 병들어 죽을 사람이 병 치료를 받게 되었다든지, 혹은 단명할 사람이 장수하게 되었다든지 뭐 그런 것이 다 아닙니다. 진리가 말하는 구원은 단 한마디로 죄 가운데서 구원해 주시는 구원입니다. 죄가 사람을 죽였고 죄가 사람을 영원한 멸망으로 몰아넣었는데 죄 가운데서 구원받는다는 것이 바로 참 구원입니다. 거기에 영생이 따르는 것입니다.

그렇기 때문에 죄가 무서운 것입니다. 사람들은 미련해서 그저 죄 짓기를 떡 먹듯이 쉽게 하지만 그것은 다 혼미하고 어두워진 인생들이기 때문에 그렇게 하는 것입니다. 죄처럼 무서운 것이 없습니다. 죄가 제일 무서운 것입니다. 왜냐하면 범죄한 영혼은 망하기 때문입니다. 그러므로 죄를 용서해 주는 것처럼 반가운 소식은 없고 죄를 용서해 주는 것처럼 기쁜 일은 없습니다. 그래서 여기 있는 말씀처럼 "우리가 우리에게 죄 지은 자를 사하여 준 것 같이 우리 죄를 사하여 주시옵고"라고 이렇게 간절히 원하는 것입니다. 이것이 신앙입니다.

1829년 미국에서 일어난 일입니다. 조지 윌슨이라는 사람이 있었는데 그 사람이 살인죄로 사형을 받았습니다. 그때 마침 잭슨 대통령이 그에게 특사를 내렸습니다. 윌슨에게 사형을 선고했지만 사형을 집행하지 말라는 특사를 내렸습니다. 그때에 잭슨이라는 사람이 그 특사를 받아들이지 않았습니다. 그리고는 사형을 당했습니다. 참 이상한 일입니다. 사람이 정신이 좀 이상스러워지면 그렇게 된다 말입니다. 정신이 어떻게 악화되든지 어두워지면 이상스런 행동을 합니다.

그와 마찬가지로 하나님께서 예수 그리스도를 희생시키면서까지 죄 가운데서 구원해 주는, 죄를 용서해 주는 그런 은혜를 베푸셨지만 이 복음을 받는 사람이 있는가 하면 받지 않는 사람들도 있다는 말입니다. 그러기 때문에 어떤 학자는 이렇게 말했습니다. 예수 믿지 않는 사람들은 정신 상태가 조금 이상스러워진 사람들이라고 말입니다. 천지를 지으신 하나님께서 죄로 인하여 멸망 받을 수밖에 없는 우리를 예수님의 피로 대속해서 용서해 준다고 이렇게 선포하시고 복음을 전했는데 그 복음을 반갑게 여기지 않는 사람들이야말로 정신이 좀 이상스러워진 사람들입니다. 하나님 앞에 용서 받는 것이 얼마나 귀합니까? 그러므로 우리가 날마다 이 기도를 할 만하다고 생각합니다. "우리가 우리에게 죄 지은 자를 사하여 준 것 같이 우리 죄를 사하여 주시옵"소서. 어떤 사람들은 이 귀한 사죄의 복음을 믿지 않지만, 이 복음을 귀히 여기고 주기도문의 이 기도를 날마다 드릴 수 있는 것이 감사합니다. 예 받겠습니다, 감사합니다, 용서해 주시옵소서. 하나님이 얼마나 기뻐하시겠습니까?

둘째로 다른 사람의 죄를 용서하는 것이 아주 중요합니다. 가정에서도 서로 잘못한 것에 대해서 용서를 비는 것이 귀합니다. 내가 잘못했습니다, 용서해 주십시오 하는 것이 얼마나 귀한 줄 몰라요.

죄를 짓고도 그것을 모른 척 덮으려 하고 괜찮은 것처럼 생각을 하면 우선 그 자신이 기쁘지 않고 괴롭고 하나님이 가증스럽게 보게 될 것입니다. 그 자신이 복을 못 받아요. 잘못하고도 모른 척 덮으려 했으니까 얼마나 큰 잘못인지 몰라요. 잘못한 것도 잘못인데 그걸 또 모른 척 덮으려 한다 말입니다. 잘못했다는 말을 도무지 안 합니다. 마음속에도 그것이 없습니다.

그런 문제를 놓고 하나님 앞에 나아가서 죄 사해 달라고 기도하는 것이 얼마나 귀한지 모릅니다. 하나님이 그 기도를 들어 주시되 특별히 누구의 기도를 들어주시느냐 하면 다른 사람의 죄를 잘 사해주는 사람의 죄를 하나님은 용서해 주시기 좋아하십니다. 다른 사람이 내게 잘못한 것은 철벽과 같이 가두어 두고 용서 안 하고, 그 사람 늘 미워하고, 마음 가운데 그 사람을 늘 좋지 않게 생각하는 사람이 잘못하면 하나님께서 죄를 용서해 주지 않습니다. 그러니까 남의 죄를 사해주는 이것이 얼마나 귀한지 모릅니다. 죄를 잘 사해주는 그러한 마음의 소유자, 그 사람이 바로 하나님이 주시는 사죄의 영예를 받는 사람입니다. 왜 그렇습니까? 남의 죄를 잘 사해주는 사람이 진짜 믿음 있는 사람이기 때문입니다. 그 믿음이 그렇게 나타났기 때문에 하나님께서 그 이유로 용서한다 말입니다. 믿음을 보고 용서하시지 다른 것 보는 것 아닙니다.

우리는 남의 죄를 잘 용서하는 사람을 믿음 있는 사람이라고 왜 말합니까? 기독교는 용서의 종교입니다. 기독교를 믿는다면 용서를 잘 해야 합니다. 기독교를 왜 용서의 종교라고 합니까? 예수님 이 십자가에 못 박혀서 피를 철철 흘리시고 피가 다 빠져서 목이 갈 할 정도로 돼 가지고서 세상 뜨셨는데 무엇 때문에 그렇게 십자가에 못 박혀 죽으셨습니까? 믿는 자들의 죄를 용서해 주시려고 그렇게 십자가 못 박혀 죽으셨습니다. 믿는 자를 위해서 죄 값을 담당하시느라고, 용서하시기 위한 죄 값을 담당하시느라고 그렇게 십자가에서 피 흘려서 죽으셨다 말입니다. 그러기 때문에 예수의 십자가는 용서의 십자가입니다. 인류를 용서하시되 특별히 신자들을 용서하시기 위한 십자가입니다. 그뿐 아니라 예수님 자신이 십자가상에서 말씀하실 때에 얼마나 철저하게 용서했습니까? 십자가에 못 박는 사람들을 용서하셨습니다. 말이 쉽지 어느 누가 그렇게 할 수 있겠습니까? 아버지여 이 사람들을 용서하여 주옵소서, 라고 기도했습니다. 얼마나 무게 있는 말입니까? 사람이 죽을 때에 말한 것은 아주 힘이 있습니다. 죽을 때에 말 한마디 남겨놓으면 그 사람 죽은 다음에 그대로 지켜 주지 않습니까? 아버지여 이 무리를 용서해 주옵소서 하신 말씀은 우리가 오늘 읽은 말씀 가운데 중요한 한 가지입니다.

기독교는 용서의 종교인데, 기독교를 믿는 자는 용서의 세계에서 사는 사람입니다. 용서를 받았고 또 용서를 하는 용서의 세계에서 사는 사람입니다. 언제든지 기독교는 용서의 종교입니다. 또 예수 믿는 사람들은 언제나 용서가 머리에서 떠나지 않아야 하고 심장에서 떠나지 않아야 합니다. 숟갈을 들어도 역시 용서다, 난 용서 받았고 용서로 산다, 하나님이 날 용서하지 않았다면 난 구원 못 받았다, 용서가 바로 내 삶의 밑천이다, 용서가 바로 내 삶의 전부를 의미하는 것이다, 그러니까 나는 용서의 세계에서 산다. 이처럼 용서가 머리에서 떠나지 않아야 되겠고 심장에서 떠나지 않아야 합니다. 남을 용서하는 이것으로 내 믿음이 밝혀져야 합니다. 용서가 참 좋구나, 용서로 피가 끓고 용서로 생명이 뛰는데 자신에게 잘못한 사람을 복수하고 원수를 갚겠는가? 용서를 그처럼 달가운 마음으로 베풀어야 합니다. 이렇게 살아야 합니다.

가정에서도 용서의 분위기가 늘 지배해야 합니다. 어느 식구가 내게 대해서 섭섭한 말을 한 경우에라도 기쁨으로 용서해야 합니다. 언제든지 용서로써 호흡을 해야 하는데 이것이 바로 믿음입니다. 믿는다고 하면서도 용서 문제에서 딱 마음을 닫아버린다면 그 믿음은 병든 믿음이라고 할 수 있습니다. 혹은 믿음이 없다고도 할 수 있습니다. 큰 문제입니다.

"우리가 우리에게 죄 지은 자를 사하여 준 것 같이"라는 말씀은 우리가 우리에게 죄 지은 자를 사한 그 공로로 우리 죄를 사하여 주옵소서라는 것이 절대 아닙니다. 우리가 우리에게 죄 지은 자를 용서해준 공로를 세웠으니까 그 공로를 보시고 죄를 용서해 주십시오 하는 것이 절대 아닙니다. 성경은 내 공로를 보고 내 죄를 사해 달라고 말하지 않습니다. 오히려 그 반대입니다. 우리는 공로가 없습니다. 우리는 의가 없습니다. 다만 믿음으로 용서를 받으며 구원을 받는다고 말씀합니다. 신구약 성경이 전부 그렇게 말씀합니다.

그러므로 여기 이 말씀을 볼 때에 우리가 즉각 깨닫는 것은, 아 믿음을 보시고 용서해 달라는 말씀이구나 이렇게 생각해야 합니다. 믿음이란 것은 그저 뭐 막연한 생각으로 믿는 것이 아닙니다. 믿음이란 것은 구체적으로 믿는 것이요 행동으로 나올 수밖에 없는 그런 힘 있는 마음입니다. 죽어가는 마음이 아닙니다. 잔잔한 마음이 아닙니다. 용서의 기독교를 믿으면서 어떻게 용서를 잊어버리고 용서와는 상관없고 용서에 대해서 외면하고 딴 길로 갈 수 있겠습니까? 그런고로 믿음의 증거가 여러 가지 있지만 여기서는 특별히 남을 잘 용서하는 것이 말씀 있는 증거가 됩니다.

이상으로 두 가지 말씀을 했습니다. 하나는 하나님께 용서 받는 것이 제일 큰 복이요 그것이 바로 구원이라는 것입니다. 둘째로 기독교는 용서의 종교로서 기독교를 믿는 자는 용서를 밑천으로 하고 산다, 즉 용서는 믿음 있는 증거라는 것입니다.

우리를 시험에 들게 하지 마시옵고 다만 악에서 구하시옵소서(6:13a).

시험에 들지 않게 해 달라는 기도입니다. 시험이라는 것은 무엇입니까? 첫째로 시험이라는 것은 우리의 신앙을 흔들어 보는 사건입니다. 어떤 일을 당할 때 우리 신앙은 시험을 치는 것입니다. 다시 말하면 신앙이 튼튼한가 혹은 약한가 하는 것을 드러내기 위해서 신자가 곤란한 지경에 떨어지는 것은 시험입니다. 그 사건을 당할 때에 신앙이 굳게 서느냐 혹은 흔들리느냐 하는 테스팅 타임입니다. 시험이라는 것은 실력을 알아보는 것 아닙니까? 학교에서도 학생들을 시험하는 것은 실력을 알아보기 위함입니다. 이 사람이 점수를 많이 맞나 혹은 낙제가 되나 하는 것을 알아보는 것입니다. 우리 신앙에 대한 시험도 마찬가지입니다. 그 시험을 잘 이기면 하나님 앞에서 점수를 많이 맞습니다. 잘 했다는 칭찬을 받습니다. 그러나 그 시험을 이기지 못하고 그만 흔들흔들하고 약해지고 신앙에서 떨어지면 그것은 낙제점입니다.

둘째로 이런 시험을 당할 때에 우리가 가져야 할 심리는 무엇입니까? 무슨 마음을 가져야 이 시험을 잘 통과하고 승리하겠습니까? 하나님 앞에서 칭찬을 받겠습니까? 그때에 우리의 심리가 중요합니다. 시험을 당한 자가 첫째로 명심할 것은 고린도전서 10:13입니다. "사람이 감당할 시험 밖에는 너희가 당한 것이 없나니 오직 하나님은 미쁘사 너희가 감당하지 못할 시험 당함을 허락하지 아니하시고 시험 당할 즈음에 또한 피할 길을 내사 너희로 능히 감당하게 하시느니라"(고전 10:13). 얼마나 귀한 말씀입니까? 감당하지 못할 시험은 하나님이 허락하지 않습니다. 다시 말하면 시험 받을 때 정신만 차리면 이길 수 있다는 것입니다.

그런데 정신 차리지 못하고 시험 앞에서 그저 내 자신을 내주고 만다 말입니다. 뭐 그저 형편대로 하자고 하면 지는 것입니다. 하나님이 우리에게 시험을 허락하실 때에, 이것은 마귀의 시험인데, 마귀가 우리를 시험하는 것을 하나님이 허락하십니다. 그 이유는 시험을 가지고야 우리의 믿음을 연단시킬 수 있기 때문입니다. 시험을 겪어 봐야 믿음이 견고해지고 또 믿음이 밝아지게 됩니다. 그런데 하나님이 시험을 허락하실 때에 그저 무작정 허락하지 않으십니다. 감당할 수 있는 것을 허락합니다. 여기 분명히 그렇게 말씀했습니다.

그러니까 시험 당할 때에 미리부터 누울 자리를 보면 안 됩니다. 누울 자리란 아이고 못 견디겠구나 하고 편한 쪽을 택하는 것입니다. 그러면 안 됩니다. 꼭 이길 수 있다는 것을 알아야 합니다. 미리부터 마음이 못 견뎌 못 견뎌 그러면 안 됩니다. 그것은 진리가 아닙니다. 꼭 이길 수 있다는 것을 알아야 합니다. 하나님이 감당하지 못할 시험은 안 주십니다. 이것을 명심해야 합니다. 시험을 당한 자가 마음에 꼭 명심하고 기억해야 할 바입니다.

우리가 날마다 시험을 당하는데 시험 이기는 비결을 모르면 안 됩니다. 그 방법을 모르면 안 됩니다. 야고보서 1장에 그 말씀이 있습니다. "내 형제들아 너희가 여러 가지 시험을 당하거든 온전히 기쁘게 여기라"(약 1:2)고 했습니다. 시험이 올 때에 마음이 기뻐야 합니다. 벌써 마음이 슬프고 마음에 걱정이 생기는 것은 이미 지기로 시작한 것입니다. 마음이 기뻐야 합니다.

시험을 당할 때에 마음을 어떻게 기쁘게 가질까 그런 생각이 날 만도 하겠지만 생각해 보면 그런 것도 아닙니다. 좋은 일로 하나님이 시험을 허락한다고 했습니다. 여기 보면 "내 형제들아 너희가 여러 가지 시험을 만나거든 온전히 기쁘게 여기라 이는 너희 믿음의 시련이 인내를 만들어 내는 줄 너희가 앎이라"(약 1:2-3)고 했습니다. 시험을 당해야 참는 공부를 하게 됩니다. 참는 공부를 해야 합니다. 사람이 참을성이 있고 참는 힘이 있어야지 참는 힘이 없으면 이것은 죽는 겁니다. 단단하고 인내하고 참아 견디는 그것이 있어야지 그저 뭐 형편 되는 대로 흐물흐물 하는 사람은 사람 노릇도 못 하고 하나님께 쓸데없는 사람입니다. 그러기 때문에 하나님께서 신자들에게 시험을 허락합니다. 그 시험 덕분에 참는 공부를 하니까 신앙이 단단해집니다.

그런 참을 만한 무엇이 하나도 없다면 흐물흐물한 해파리 같은 사람으로 한평생 늙을 것 아니겠어요. 그러므로 시험을 당할 때에 기뻐하라고 했습니다. 시험에 넘어지기 위해서 기뻐하는 것 아니라 요것을 이기면 큰 유익이 있다는 것을 내다보기에 기뻐합니다. 이기기만 하면 큰 유익이 있다, 이것을 당해보지 않는 것보다 이것을 당함으로 이기기만 하면 큰 유익이 있다고 생각하니까 기쁘다 그 말입니다.

야고보서 1장에서도 역시 그 뜻으로 말했습니다. "시험을 참는 자는 복이 있나니 이는 시련을 견디어 낸 자가 주께서 자기를 사랑하는 자들에게 약속하신 생명의 면류관을 얻을 것이기 때문이라"(약 1:12). 시험을 이기기만 하면 큰 은혜가 온다는 말씀입니다. 분명히 하나님의 역사가 임합니다. 하나님을 느껴보려고 할 것 같으면 시험을 이겨보십시오. 하나님의 살아 계심을 깨달으려고 하면 시험을 이겨보란 말입니다. 분명하게 아주 신기하게 우리의 마음과 몸에 은혜가 임합니다. 무슨 큰 기쁨이 생기든지 그렇지 않으면 힘이 생기든지 이상한 능력이 옵니다. 그러기 때문에 시험을 많이 당해서 이긴 사람일수록 신앙이 좋아집니다.

　그러면 우리가 시험을 당했을 때에 가질 마음은 무엇입니까? 첫째는, 감당 못할 시험은 하나님이 안 주신다 하는 것을 꼭 마음에 간직해야 합니다. 둘째는 시험 당할 적에 기쁜 마음을 꼭 가지도록 하라는 것입니다. 왜냐하면 요것을 이기기만 하면 큰 복이 오기 때문입니다. 하나님께서 나를 흐물흐물한 존재로 내버리지 아니하고 나에게 시험을 허락해서, 시험은 물론 마귀가 하는데, 유익을 주신다는 것입니다. 그래서 기뻐해야 합니다.

　이와 같이 시험에 대해 말하는 가운데 첫째는 시험이 무엇인가 하는 것을 말했고, 둘째는 시험 당한 자가 가져야 할 심리가 어떠해야 할 것인가에 대해서 말했습니다. 이제 셋째는 하나님께서 이길 힘을 주신다는 것입니다. 하나님께서 이길 힘을 주시기 때문에 우리가 이깁니다. 이기려고 우리가 애를 쓰고 힘을 다하면 하나님이 힘을 주십니다.

내가 중학교 다닐 때에 예수를 믿는다고 하긴 했지만 지금 생각하니까 그 믿음이 한심했습니다. 선천 신성중학교 다닐 때인데 성경은 손에 들고 다녔어요. 한번은 수청 고개에서 내려오는 시냇가에서 성경책을 들고 걸었습니다. 그런데 그때 무슨 시험이 왔느냐하면 내가 어떻게 눈에 보이지 않는 하나님을 믿을까 하는 그런 생각이 났습니다. 그런 생각을 가지고 있는데 반면에 힘 있는 생각이 또 하나 일어났습니다. 네 손에 있는 성경이 하나님 살아계신 증거다, 네 손에 쥐고 있는 성경이 하나님이 살아계신 증거다. 성경을 읽음으로 하나님을 알 수 있고 하나님을 믿을 수 있다. 이 성경에 있는 말을 사람은 하지 못한다. 사람이 어떻게 이런 훌륭한 말을 할 수 있다는 말인가? 이 말씀이 여러 천 년 여러 백 년 가도 변하지 아니하고 그대로 옳은 채로 나가는데 사람의 말이 어떻게 이렇게 될 수 있겠는가? 그뿐 아니라 여기 기록된 이적이라든지 여기 기록된 훌륭한 신앙의 행동들을 볼 때에 그것은 사람이 만들 수가 없다. 성경에 사람이 할 수 없는 일들이 기록되었고 사람이 말할 수 없는 훌륭한 말들이 여기 기록되었다. 그야말로 우리가 은혜만 받으면 이 성경 가지고 무진장으로 설교를 할 수 있다. 은혜가 되게 설교할 수 있다는 생각이 들었습니다.

우리가 하나님을 순종하지 않고 믿음이 떨어졌기 때문에 성경을 가지고 설교를 못하지 믿음만 있으면 이 성경 가지고 설교할 때에 사람들이 그저 고꾸라져 회개합니다. 이런 말씀은 그야말로 산 말씀이고 하늘의 말씀이란 말입니다. 이 말씀을 한 분은 하나님이시므로 결국 하나님이 시험을 이기도록 해주십니다. 우리가 이길 마음만 있다면 하나님이 조만간에, 얼른 해주든지 좀 있다가 해주든지 시험을 이길 수 있는 힘을 주십니다.

내가 얼마 전에도 마음에 낙심이 났을 때에 이 속에서 이상한 생각이 났습니다. 왜 낙심하고 있느냐? 뭐 귀에 들렸다는 것이 아니라 마음속에서 그런 생각이 났습니다. 그런데 왜 낙심을 하느냐 낙심하지 말라 하는 말이 힘 있게 일어났어요. 그것을 볼 때에 내가 느끼는 바는 이것은 내 생각이 아니라 하나님이 주시는 말씀이다. 하나님께서 내 속에 이 말씀을 주셨다 하는 것을 확신했습니다. 지금도 의심하지 않습니다. 내 생각과 하나님이 주시는 생각이 아주 다르게만 느껴졌습니다. 한편에서는 낙심이 나고 마음이 심히 괴로웠는데, 다른 편에서는 낙심할 게 뭐냐 왜 낙심하느냐 이겨야 되겠다 해서 이겼습니다. 그런 적이 많았습니다. 하나님이 이기게 해주십니다.

우리가 시험을 당할 때에 그저 휘뚜루마뚜루 대하기 때문에 실패합니다. 꼭 이길 생각을 안 가지고 대합니다. 성경을 생각하지 않는다 말입니다. 예수님도 마귀가 시험할 때에 성경으로 이겼습니다. 우리가 마귀에게 시험당할 때에 성경으로 이겨야 합니다.

이제 말한 대로 감당하지 못할 시험은 하나님이 허락하지 않으십니다. 이 시험을 이기면 큰 복을 받는다 하는 것을 딱 내다보고 기뻐한다 말입니다. 이렇게 함으로써 시험을 이깁니다. 우리가 이렇게 살아가는 가운데 너무 염려 걱정하는 것도 하나의 시험인데 그때 주의해야 합니다. 하나님 말씀을 꼭 생각하고 이것을 저항해서 나아갈 것 같으면 하나님이 힘주셔서 이기게 합니다. 반드시 이기게 합니다. 마음 가운데 불쾌한 생각이 일어나거나 가족이나 다른 사람에 대해서 마음이 언짢아질 때에는 꼭 성경 말씀을 생각해야 합니다.

시험이란 무엇입니까? 시험은 우리의 신앙을 흔들어 보는 사건입니다. 시험 당한 자의 마음은 어찌해야 하는가? 하나님이 감당치 못할 시험을 주시지 않습니다. 그래서 시험을 당할 때 기뻐해야 할 것입니다.

나라와 권세와 영광이 아버지께 영원히 있사옵나이다(6:13c).

이것은 하나님을 송영하는 것입니다. 하나님을 높이는 것입니다. 우리가 하나님을 그렇게 높여드림으로 높아지는 분은 아닙니다만 우리 자신의 구원의 부요를 위해서 하나님을 높이는 생활을 늘 해야 합니다. 하나님이 마땅히 높임을 받아야 하지 하나님을 낮추고 나를 높이는 생활을 하지 말아야 합니다. 하나님을 높이는 생활을 해야 되고 그 말도 해야 합니다. 그럼 여기 있는 이 말은 하나님을 높이는 말입니다. 우리 기도에도 송영이 있지 않습니까? '하나님이 영광을 받으시옵소서. 영광과 권세와 권능이 하나님께로 돌아갈지어다.' 이런 기도를 하는 것입니다.

주기도는 모든 기도의 원리요 원칙입니다. 모든 기도가 다 이 정신과 이 원칙으로 돼야 하겠습니다. 기도가 이보다 길 수도 있고 이보다 짧을 수도 있고 또 말의 형식이 이것과 다를 수도 있겠지만 그 말의 원칙, 다시 말하면 기도하는 정신은 주기도의 정신이어야 합니다.

주기도의 정신은 마태복음 6:33에 있는 말씀이 잘 표현해 줍니다. "그런즉 너희는 먼저 그의 나라와 그의 의를 구하라 그리하면 이 모든 것을 너희에게 더하시리라." 먼저 구할 것은 하나님의 나라입니다. 즉 하나님의 통치입니다. 그리고 그의 의란 하나님의 의를 말하는데 하나님이 원하시는 옳은 것입니다. 하나님이 기뻐하시는 행위와 사랑입니다. 하나님이 기뻐하시는 의를 구하라는 것입니다.

이처럼 기도는 언제든지 그의 나라와 그의 의를 구하는 기도여야 하겠습니다. 다시 말하면 하나님의 다스려 주심이 내게 이루어지고 내 가족에게 이루어지고 인류에게 이루어지기를 원해야겠습니다. 또 하나님의 의, 즉 하나님이 기뻐하시는 일들이 이 땅위에 이루어지기를 원해야 되겠습니다. 그리하면 어떻게 해주신다고 했습니까? "이 모든 것을 너희에게 더하시리라"고 했습니다. "이 모든 것"이란 의식주에 필요한 것을 말합니다.

그리고 "너희에게 더하시리라"라는 말은 의식주를 더 많이 주겠다는 말이 아닙니다. 의식주를 아주 풍요하게 주겠다는 말도 아닙니다. '더하시리라'라는 말은 무엇을 더 주신다는 뜻이 아닙니다. 의식주를 주시겠다는 말입니다. 다시 말해 '그 위에 주시리라'는 뜻입니다. '에피'라는 헬라어 전치사가 있습니다. 이 말은 그의 나라와 그의 의를 구해서 받으면 거기에 또 이것들도 주겠다는 말입니다. 그러니까 이 모든 것은 물질을 말합니다. 이 물질은 자동적으로 따른다는 뜻입니다. 그 위에 물질을 주신다는 뜻입니다. 따라서 '더하시리라'는 말은 읽을 때 잘못된 인상을 받으면 안되겠습니다. 풍부하게 준다, 부자 되게 한다는 말이 아니라는 것입니다. 예수 잘 믿는 사람이 반드시 부자 되는 게 아닙니다.

> 너희가 사람의 잘못을 용서하면 너희 하늘 아버지께서도 너희 잘못을 용서하시려니와 너희가 사람의 잘못을 용서하지 아니하면 너희 아버지께서도 너희 잘못을 용서하지 아니하시리라(6:14-15).

특별히 남의 죄를 사해 줘야 된다는 것을 여기 강조합니다. 12절에 하신 말씀을 다시 끌어내어서 말씀하고 있습니다. 사람의 허물을 용서하면 하늘의 아버지께서도 너희 잘못을 용서해 주시겠다는 것입니다.

하나님 중심한 금식(6:16-18)

금식할 때에 너희는 외식하는 자들과 같이 슬픈 기색을 보이지 말라 그들은 금식하는 것을 사람에게 보이려고 얼굴을 흉하게 하느니라 내가 진실로 너희에게 이르노니 그들은 자기 상을 이미 받았느니라 너는 금식할 때에 머리에 기름을 바르고 얼굴을 씻으라 이는 금식하는 자로 사람에게 보이지 않고 오직 은밀한 중에 계신 네 아버지께 보이게 하려 함이라 은밀한 중에 보시는 네 아버지께서 갚으시리라(6:16-18).

금식 문제에 대해서 말씀합니다. 역시 은밀하게 하라는 겁니다. 여기 얼굴을 찡그리고 고행주의의 태도를 보이려는 그러한 외식자들의 거짓된 경건을 공격하십니다. 차라리 너희는 머리에 기름을 바르고 얼굴을 씻으라고 말씀합니다. 지난번에도 말씀 드렸지만 이런 표현은 예수님께서 어떠한 과오를 시정시키기 위해서 쓰신 아주 강한 말씀입니다. 여기서 '기름을 바르라'라는 말은 문자적으로 그렇게 하라는 것이 아니라 아주 강조하는 표현입니다. 금식할 때 꼭 머리에 기름을 바르는 절차가 있다고 생각하면 안되겠습니다. 금식이라는 것은 금욕주의적인 경건을 소유하기 위함이 아닙니다. 이렇게 몸을 괴롭히는 그런 주의를 사람들에게 보여줘 가지고 사람들에게 환영을 받는 그런 것은 옳지 않습니다. 금욕주의는 옳지 않습니다.

고난을 받는 것은 하나님이 기뻐하시는 일이고 우리가 은혜 받는 일입니다. 그것은 받는 것이지 우리가 고생거리를 만들어서 우리 자신을 괴롭히는 것은 성경적이 아닙니다. 하나님의 섭리에 의하여 나를 채찍질하거나 혹은 나를 연단시키기 위해서 하나님이 어떠한 고통을 주는 일이 있습니다. 그런 경우에 우리는 감사함으로 받아 나아가야 합니다. 그것은 은혜로운 일입니다. 또 하나님께 은혜를 받습니다. 그런데 일부러 이렇게 몸을 괴롭게 하며 또 괴로운 표를 나타내서 사람들에게 환영받고자 하는 그런 사상은 옳지 않습니다.

금식은 필요합니다. 옳게 할 적에 우리에게 은혜가 있습니다. 금식의 목적은 기도하기 위함입니다. 기도하려고 하는 것입니다. 세상의 모든 일들을 제쳐놓고 하나님 앞에서 좀 나 자신의 문제를 걱정해 보기 위함입니다. 그러나 걱정할 만한 일이 있는데도 뻔뻔스럽게 세상의 즐거움만 따라가고 그 문제를 문제로 여기지도 않으면 그것은 잘못입니다.

어려운 문제를 앞에 놓고 금식하고라도 기도해야 합니다. 이것은 기도에 열중하기 위한 것이니 매우 좋습니다. 또 옛날에 우리 성도들이 금식하고 은혜를 받았습니다. 오늘날도 합니다. 금식할 거 같으면 신약시대에 사람들이 안할 것으로 생각하면 잘못입니다. 예수님이 여기서 금식을 반대한 것이 아니라 금식을 잘못하는 것을 반대했습니다.

하나님 중심한 부자 (6:25-34)

너희를 위하여 보물을 땅에 쌓아 두지 말라 거기는 좀과 동록이 해하며 도둑이 구멍을 뚫고 도둑질하느니라 오직 너희를 위하여 보물을 하늘에 쌓아 두라 거기는 좀이나 동록이 해하지 못하며 도둑이 구멍을 뚫지도 못하고 도둑질도 못하느니라 네 보물 있는 그 곳에는 네 마음도 있느니라 눈은 몸의 등불이니 그러므로 네 눈이 성하면 온 몸이 밝을 것이요 눈이 나쁘면 온 몸이 어두울 것이니 그러므로 네게 있는 빛이 어두우면 그 어둠이 얼마나 더하겠느냐 한 사람이 두 주인을 섬기지 못할 것이니 혹 이를 미워하고 저를 사랑하거나 혹 이를 중히 여기고 저를 경히 여김이라 너희가 하나님과 재물을 겸하여 섬기지 못하느니라(6:19-24).

19절부터는 물질을 우상화하지 말라는 내용입니다. 재물을 우상화하기까지 하는, 다시 말하면 재물 때문에 하나님이 멀어지고 재물 때문에 하나님 앞에 범죄하는 이러한 것을 금하는 것입니다. 이것은 필요한 생활비를 위해서 저축하는 것을 반대하는 것은 아니고 재물을 우상화한 나머지 하나님을 멀리하고서 이 재물을 위하고 재물을 쌓아놓는 그것을 금하는 것입니다.

우리가 이 세상에서 재물을 천하게 여기는 것도 말이 안 됩니다. 하나님께서 물질을 가지고 이 육신 생활의 유익이 되도록 해 주셨으니 그것을 천한 것이라 생각할 수 없습니다. 그렇지만 거기서 넘어가서 귀히 여기는 것은 틀린 것입니다.

예수님은 여기서 축적의 손해를 보여준 것입니다. 축적의 손해란 지나치게 자기 생활비 이상으로 축적해 봤자 해롭다는 것입니다. 동록이 슬고 좀이 먹는다는 것입니다. 즉 그것은 헛된 데로 돌아가고 만다는 것입니다.

이 재물을 쌓아서 후대 자손들에게 넘겨준다고 해서 반드시 유익이 된다고 장담 못합니다. 해로운 일이 있습니다. 왜냐하면 부모의 유산을 받아서 사는 사람이 잘 모르는 것이 있습니다. 그 재물을 만드는 데 얼마나 힘이 들었는가 하는 것을 인식 못합니다. 그러니까 하나님 앞에 감사한 줄도 모르고 그야말로 정신없이 살아가는 것입니다. 또 변변치 못한 자식들은 그만한 해를 끼칩니다. 변변치 못한 자식들은 그것 가지고 죄를 짓습니다. 그러니까 이 자식들에게 재물을 넘겨준다는 것이 실은 해롭습니다. 자식들이 제 힘으로 살아가도록 해야 합니다. 남의 힘으로 살아가도록 하면 사람이 못쓰게 됩니다. 그러니까 해롭습니다. 동록이 스는 것입니다. 또한 이 재물이라는 것은 늘 있는 게 아니라 반드시 없어집니다. 그러니 동록이 슨단 말입니다.

둘째는 무슨 손해냐 하면 심령이 어두워져서 하나님을 모르게 됩니다. 22절을 보면 "눈은 몸의 등불이니 그러므로 네 눈이 성하면 온몸이 밝을 것이요"라고 했습니다. 여기서 눈이란 심령의 눈을 말합니다. 그런데 '성하면'이라고 하는 말의 헬라어 원문은 '단순하면, 순전하면'이라는 뜻입니다. 따라서 '네 눈이 단순하면'이란 말은 심령이 단순해야 한다는 말입니다. 그때 하나님을 안다는 것입니다.

이 세상 과학은 다른 것을 사랑해도 과학에 대하여는 눈을 열어 보여줍니다. 다른 것 사랑한다고 과학이 눈을 닫는 법은 없습니다. 그러나 하나님은 다른 것을 사랑하면 눈을 닫아버립니다. 하나님은 쪼개진 마음을 원치 않습니다. 마귀는 우리 마음이 조각난 것도 좋다고서 가집니다. 그러나 하나님은 이 조각난 마음을 절대 원치 않습니다. 하나님은 전심전력하는 것을 원합니다. 순전한 마음을 원합니다.

이 순전한 마음을 가지고 하나님을 모시기 원할 때는 반드시 하나님이 찾아와 주신다는 것입니다. 하나님이 찾아와 주셔서 하나님을 느끼게 해주시고 하나님을 알게 해주시고 하나님을 사랑하게 해주십니다. 여기도 하나님의 살아계신 증거가 나타납니다. 하나님은 살아계시기 때문에 심판성으로 언제든지 행하십니다. 상대방이 하나님을 모실 마음의 준비가 안 되어 있으면 절대 당신이 그분에게 나타나질 않습니다.

과학은 다른 것을 더 사랑하더라도 과학은 문을 열어줍니다. 그것은 과학이 인격이 없기 때문입니다. 그것은 죽은 이치라 그 말입니다. 그러나 하나님은 다른 것을 하나님만큼 사랑하면서도 하나님을 사랑한다고 말할 적에는 기뻐하지 않습니다.

    그러나 모든 것을 다 제쳐놓고 하나님을 사랑할 때 하나님께서 우리를 찾아와 주셔서 우리에게 느끼게 해 주시고 더 알게 해 주십니다. 우리 눈이 밝아집니다. 그 사랑이란 것이 눈을 밝아지게 하는 방법입니다.

# VI

단편적 교훈
7:1-29

    7장은 산상보훈의 마지막인데 몇 가지로 주님께서 말씀했습니다. 첫째는 비판하지 말라는 부탁이요(1-5), 둘째는 거룩한 것을 개나 돼지에게 주지 말라는 것이요(6), 셋째는 기도에 대하여 말씀하셨습니다(7-12). 넷째는 좁은 문으로 들어가라는 부탁이요(13-14), 다섯째는 서로 대조되는 말씀을 세 가지 방면으로 말씀하십니다(15-27). 그리고 나머지는 결말입니다(28-29).

폄론하지 말라(7:1-5)

사람들은 다른 사람을 비평하기를 좋아합니다. 다른 사람을 비평하는 것은 실상 자기에게 손해를 가져오는 법인데 사람은 그것을 명심하지 못합니다. 언제든지 남을 비평하는 사람은 마침내 비평을 받습니다. 그것은 하나님이 정하신 이치요 하나님께서 벌로 주는 것입니다.

비판하지 받지 아니하려거든 비판하지 말라 너희가 비판하는 그 비판으로 너희가 비판을 받을 것이요 너희가 헤아리는 그 헤아림으로 너희가 헤아림을 받을 것이니라(7:1-2).

여기서 비판이란 말은 비방이라고 하는 게 더 좋습니다. 그 말이 잘못 번역됐다는 게 아니고 비방이라 하면 그 뜻이 쉽게 더 잘 전달되기 때문입니다. 비방은 언제든지 헐뜯는 것을 의미합니다. 지도자는 비방을 안해야 합니다. 왜냐하면 지도자는 많은 사람이 신뢰하고 의지하는 사람이기 때문입니다. 그렇기 때문에 누구든지 와서 사정할 수 있는 사람이 돼야 합니다. 누구든지 와서 다 털어놓고 말할 수 있는 사람이 돼야 합니다.

교회의 교직자들, 집사나 장로님은 다 말할 것도 없고 어떠한 분야에서든지 지도자는 그야말로 다른 사람들이 찾아와서 위로를 받을 수 있어야 합니다. 그 지도자에게 모든 것을 다 쏟아놓을 수 있는 사람이 돼야 합니다.

비평을 잘하면 그것이 반드시 그 사람에게 정평이 붙게 됩니다. 그 사람은 비평 잘하는 사람이라고 남들에게 알려집니다. '아, 그는 비평 잘 하는 사람이다.' 그러나 혀를 깨물면서라도 비평을 안 하는 생활을 해 나가는 사람에게도 정평은 붙습니다. 그분은 일체 남에게 해로운 말을 안 하는 사람이라는 정평이 붙습니다.

따라서 사람들이 그를 신뢰합니다. '과연 지도자다. 무엇을 부탁할 만하다. 찾아갈 만하다.' 그렇게 생각이 든다 말입니다. 그런 만큼 하나님의 교회에서 지도자라면 뭇 영혼을 맡아 건사해 주고, 뭇 영혼의 모든 아픈 사정을 풀어주고, 뭇 영혼이 찾아와서 위로를 받을 수 있는 인격이 돼야 합니다. 그러려면 '그이는 남에게 해로운 말은 일체 안하는 분이다' 할 정도가 돼야 합니다.

언제든지 남을 비방 안하는 인격을 육성해 나가야 합니다. 나나 너나 누구나 할 것 없이 인간 성품이 남에게 좋은 말하지 않고 나쁜 말에 흥미를 가집니다. 그래서 나쁜 말을 어느 틈에라도 하고자 합니다. 나쁜 말을 할 때에는 특별히 가까운 친구들과 합니다. 흔히는 그렇습니다. 그것은 무모한 짓입니다. 가까운 친구라고 해도 누군가를 비방하면 다른 사람에게 그 말을 옮기고 싶어 합니다. 말하고 싶어 합니다. 그도 자기 가까운 친구에게 말합니다. 결국 이렇게 돌다보면 나중에는 그 사람의 귀에까지 들어가게 됩니다.

사람이라는 것은 비방을 받을 때에 마음이 돌아서고 맙니다. 비방을 받았을 적에 그 비방하는 사람과 원수가 되고 맙니다. 그러니까 공연히 남을 비평하고 그저 남의 결점이나 말하기 좋아하는 사람이라는 자기 얼굴을 자꾸 만들어 가는 것입니다. 그것이 얼마나 어리석습니까?

어찌하여 형제의 눈 속에 있는 티는 보고 네 눈 속에 있는 들보는 깨닫지 못하느냐(7:3).

아주 귀한 말씀입니다. 그런데 여기서 우리가 의문이 생깁니다. 어떻게 눈에 들보가 들어갈 수 있어요? 눈에 티는 들어갈 수 있어도 눈에 들보가 들어갈 수 있습니까? 이것은 비유입니다. 비유로 우리가 봐야 합니다. 비유라는 것은 그것을 볼 때 말이 모순되는 것이 있는 법입니다. 그러니까 비유로 봐야 합니다.

실제로 어느 형제의 눈에 티가 든 것을 빼주려는 것으로 보지 말아야 합니다. 여기서 눈이라는 것은 심령을 의미합니다. 마음, 즉 인격의 눈, 영혼의 눈입니다. 예수님께서 그 눈이라는 술어를 쓸 적에 심령을 의미했습니다.

"눈은 몸의 등불이니 그러므로 네 눈이 성하면 온 몸이 밝을 것이요 눈이 나쁘면 온 몸이 어두울 것이니 그러므로 네게 있는 빛이 어두우면 그 어두움이 얼마나 더하겠느냐"(6:22-23). 이 구절들 앞에 바로 있는 21절을 보면 "네 보물 있는 그 곳에는 네 마음도 있느니라"고 합니다. 그리고 바로 22절로 이어집니다. 그러니까 21절 맨 끝에 있는 '마음'이라는 말을 22절에서는 '눈'이라는 말로 바꾸어 표현한 것입니다. 이 마음이 물질에 붙어 있으면 어두워진다는 것입니다. 그런 뜻으로 22절 이하에 이렇게 나옵니다. "눈은 몸의 등불이니 그러므로 네 눈이 성하면 온 몸이 밝을 것이요 눈이 나쁘면 온 몸이 어두울 것이니 그러므로 네게 있는 빛이 어두우면 그 어둠이 얼마나 더하겠느냐 한 사람이 두 주인을 섬기지 못할 것이니 혹 이를 미워하고 저를 사랑하거나 혹 이를 중히 여기고 저를 경히 여김이라 너희가 하나님과 재물을 겸하여 섬기지 못하느니라"(6:22-24).

　마음은 하나인데 이 마음에 물질을 가져다주면 어두워진다 말입니다. 하나님을 몰라요. 하나님은 누구에게 알려지느냐 하면 하나님에게 마음을 붙이는 자에게 알려줍니다. 하나님에게 마음을 바치는 자에게 알려주십니다.

　그러면 이 심령은 어떻게 해야 맑아지고 어떻게 해야 깨끗해집니까? 하나님께 이 마음을 바치면 깨끗해집니다. 또 하나님이 알려주시고 하나님이 우리 심령의 눈에 보이게 됩니다. 그러니 이 한 가지 마음을 가지고 이 세상의 물질도 사랑하고 하나님도 사랑할 것 같으면 어두워지고 맙니다. 물질을 취급해도 바로 하지 못하게 됩니다. 다른 모든 문제도 역시 다 비뚤어지고 맙니다.

사람은 본래 하나님을 섬기도록 지음 받은 존재이기 때문에 하나님과 관계를 맺어야만 그것이 정상으로 돌아가고 제대로 작용합니다. 이제 우리 심령을 딱 하나님께 바쳐야 합니다. 하나님을 사랑한다고 해놓으면 일거양득으로 들어오는 게 있는데 하나님을 친히 육신의 눈을 보는 것 이상으로 심령의 기쁨과 평안이 생기면서 하나님을 알게 되고 하나님을 느끼게 됩니다.

예수님이 여기서 눈이란 말을 사용했습니다. 그 눈이라는 말을 사용할 때에 심령을 의미했습니다. 이 심령에 조그마한 결점을 사람이 보고서 이러니저러니 고쳐줄 것처럼 비난합니다. '왜 그러니?' 하면서 고칠 수 있는 것처럼 말합니다. 그러나 반문하십니다. "네 눈 속에 있는 들보는 깨닫지 못하느냐"라고 말입니다. 들보가 무엇입니까? 예수님은 티와 들보를 서로 대조시킵니다. 티에 비하면 들보는 제일 큰 것입니다. 티와 손이라든지 티와 뼈다귀라든지 이런 식으로 말했다면 모르겠는데 들보라고 했으니 최대한도로 확대된 것입니다.

남을 비평하는 사람은 들보와 같은 결점이 있다는 것입니다. 특별히 이때에는 예수님께서 바리새 교인을 마음에 두고 말씀하십니다. 바리새 교인은 남을 헐뜯기 잘합니다. 바리새 교인은 자기들이 하나님을 제일 잘 공경한다고 하고서 하나님 공경하는 사람들을 헐뜯습니다. '너 이거 틀려먹었다.' 이렇게 헐뜯습니다. 헐뜯는 게 발달된 사람들입니다.

여기 산상보훈에서는 바리새 교인을 상대해서 공격합니다. 이 바리새 교인들은 외식하는 사람들입니다. 무엇을 봐서 그들이 바리새 교인인 줄로 아느냐 하면 5절 말씀 때문입니다. 거기 보면 "외식하는 자여"라는 표현이 나옵니다.

> 외식하는 자여 먼저 네 눈 속에서 들보를 빼어라 그 후에야 밝히 보고 형제의 눈 속에서 티를 빼리라(7:5).

외식은 바리새 교인의 특징입니다. 바리새 교인은 '스스로 옳다' 하는 사람입니다. 바리새 교인을 들어서 별명을 짓자면 '스스로 옳다하는 자'요 '외식하는 자'요 '남을 정죄하는 자' 등입니다. 그런데 좌우간 두드러지게 나타난 바는 '외식하는 사람', '스스로 옳다 하는 자'들입니다.

누가복음 18장에도 역시 스스로 옳다고 했습니다. 기도하는 가운데도 자기 장점만 말했지 하나도 간구는 안 했습니다. 나는 이렇게 하고 이렇게 하고 이렇게 금식을 한다고 늘어만 놨습니다. 그러니까 바리새 교인 마음 가운데 꽉 찬 것은 '내가 옳다'는 것입니다.

따라서 바리새 교인은 회개하는 법이 없습니다. 그것이 바리새 교인의 특징입니다. 스스로 옳다고 하는 사람이 회개를 하겠어요? 그러면 스스로 옳다고 하면서 회개는 안하고 외식만 합니다. 겉모양만 치장하나 속은 더럽습니다.

예레미야 17:9에 보면 "만물보다 거짓되고 심히 부패한 것이 마음이라" 그랬습니다. 그것이 사람의 마음입니다. 바리새 교인의 마음만 그렇지 않습니다. 여기서 누구의 마음이라 하지 않았으니 특정의 마음을 말한 게 아닙니다. 사람의 마음은 다 그렇다 말입니다. 여러분의 마음이나 내 마음이나 그렇습니다. 그것을 인정해야 합니다. 그것을 인정 못하는 것은 아직 빛이 그 마음에 비추지 않았기 때문에 그 사실을 모르는 것입니다.

그런데 바리새 교인들은 죄인이라고 절대 말하지 않습니다. '나는 옳다' 그렇게 생각합니다. 자기네들이 스스로 옳다고 주장하려니 사람의 마음이 다 썩었다고 하겠습니까? 그들은 외식으로만 의를 꾸며 놓습니다.

사람이 다 죄인인 줄 알고 자기도 죄인인 줄 알면 '나는 죄인입니다'고 말할 것입니다. 그렇게 말하는 사람이라면 외식을 맡아 놓고 하지는 않을 테지만 그 속에 아직도 근성이 있어서 간간히 나오기는 할 것입니다. 그런 사람은 외식을 전문으로 하지 않을 것입니다. 자신이 분명히 죄인인 줄 아는 사람은 그렇습니다.

그러나 바리새 교인들은 절대 나는 죄인이라고 하지 않습니다. 그런 만큼 외식을 맡아 놓고 하는 사람들입니다. 그러니 회개는 안 하는 사람이요 외식으로 출세를 하는 사람들입니다. 그러니 그 속은 만물보다 거짓되고 심히 부패하단 말입니다. 그러니 심령에 들보가 있는 것 아니겠습니까?

그러나 거듭나서 회개한 사람들은 이제부터 좀 달라집니다. 밖으로부터 그들의 마음에 빛이 들어왔습니다. 우리 주님에게서 빛이 왔습니다. 생명이 들어왔습니다. 아직도 이 부패의 남은 부분이 지금도 많이 있지만 그래도 지금 씨를 심는 것처럼 들어왔어요. 그래서 차차 자라나는 것이 있고 적어도 '나는 정말 죽을 죄인이야'라는 말을 합니다. 그런데 바리새인들은 그렇지를 않습니다. 속이 새까맣습니다. 만물보다 거짓되고 심히 부패하고 심령에 들보가 있는 것입니다.

그런고로 남을 헐뜯기 좋아하는 사람은 얼마나 바리새 교인을 닮았는지는 모르겠지만 바리새 교인을 닮았긴 닮았습니다. 또 그만큼 자기 속에 큰 죄가 있습니다. "어찌하여 형제의 눈 속에 있는 티는 보고 네 눈 속에 있는 들보는 깨닫지 못하느냐 보라 네 눈 속에 들보가 있는데 어찌하여 형제에게 말하기를 나로 네 눈 속에 있는 티를 빼게 하라 하겠느냐 외식하는 자여 먼저 네 눈 속에서 들보를 빼어라 그 후에야 밝히 보고 형제의 눈 속에서 티를 빼리라"(7:3-6).

하나님의 교회에서 일하는 사역자는 언제든지 양심적이고 나는 죽을 죄인이라 하는 마음 있어야 합니다. 그런 마음이 있어서 언제든지 그야말로 눈물겨운 기도를 하나님께 올려야 합니다. 눈물겨운 기도를 하나님께 올리면서 '주여 나 같은 것이 어떻게 주의 일을 하겠습니까? 주님께서 도와주지 아니하면 할 수 없습니다. 오늘 주일

학교 학생들을 가르쳐야 하겠는데 하나님께서 불쌍히 여겨서 붙들어 주시고 죄 많은 나 같은 인생도 써주시길 바랍니다'라고 깨끗한 기도를 올리고 나서 해야 합니다.

또한 집사 직분을 맡은 자도 거룩한 직분을 받아서 실행하는 성직자입니다. 언제든지 주의 일을 할 때마다 기도로 해야겠습니다. 주님이 도와주지 않으면 나는 실수합니다. 정신 차리고 기도를 몇 마디라도 그야말로 하늘 보좌에 오를 만한 그런 깨끗한 기도, 정신 차리는 기도를 하고 나서야 합니다.

성별을 파수하라(7:6)

거룩한 것을 개에게 주지 말며 너희 진주를 돼지 앞에 던지지 말라 그들이 그것을 발로 밟고 돌이켜 너희를 찢어 상하게 할까 염려하라 (7:6).

거짓 일꾼에게 직분을 주지 말라는 말씀입니다. 여기서 거룩한 것이란 성직을 말합니다. 거룩한 직분입니다. 거룩한 직분을 개에게 주지 말라. "너희 진주를 돼지 앞에 던지지 말라." 진주도 역시 거룩한 직분을 의미합니다. 혹은 복음을 의미한다고 해석을 하는데 그것이 옳다고도 여겨집니다. 그러나 결국은 같지 않습니까? 복음을 맡으면 결국 성직입니다.

집사직을 맡은 분이나 장로직을 맡은 분이나 목사직을 맡은 분이나 다 복음을 맡았습니다. 유명한 세계 3대 칼빈주의 학자 중 한 사람인 헤르만 바빙크라는 사람이 있습니다. 그분이 네 권짜리로 된 조직신학을 저술했습니다. 귀한 책들입니다. 그분이 쓴 책들이 모든 교리 해석에 있어서 아주 독자들에게 밝음을 던져 줍니다. 성경이 환하게 풀리도록 글을 씁니다. 그가 장로교 3직에 대하여 다시 말하면 목사, 장로, 집사 3직에 대하여 이렇게 말했습니다.

목사는 선지자격이고 장로는 왕격이고 집사는 제사장격이다. 이렇게 말씀했습니다. 아주 잘 풀이했습니다. 성경에 근거를 가진 것입니다. 목사는 말씀을 가지고 강단에서 외치는 것이 주요한 일입니다. 목사는 가르치는 장로라는 별명을 가지는 만큼 역시 가르치는 일에서 장로님들과 함께 일을 합니다. 하지만 가르치는 일에 중점을 두기 때문에 선지자격이라 할 수 있습니다.

장로님들은 다스리는 일을 합니다. 왕격입니다. 이 왕직은 무슨 세력을 쌓는 직위가 아닙니다. 그리고 집사는 봉사하는 일을 합니다. 특별히 물질과 관계된 일을 다 맡아 가지고 구제를 하거나 불쌍한 사람을 도와주거나 교회의 모든 방면에 물질을 가지고 뒷받침해 나가는 일을 특별히 맡아서 합니다. 그래서 집사는 제사장격입니다.

이 집사직이 이렇게 놀라운 직분입니다. 결단코 이 직을 소홀히 하면 안 됩니다. 성직을 소홀히 하는 사람은 반드시 벌을 받습니다. 왜냐하면 성직은 하나님께서 제정하신 것으로서 이 직을 소홀히 여기면 이 직을 가지고 딴 짓을 하고 이 직에 해당되지 않는 생활을 한다면 하나님의 교회 전체에 해를 끼치기 때문입니다. 자기 자신에게만 해를 초래하는 것이 아니라 교회 전체에 해를 끼쳐서 하나님께 욕이 됩니다.

우리가 이 직분을 감당하기 위해서는 희생을 많이 해야 됩니다. 애를 많이 쓰고 정성을 바치지 않는다면 어떻게 되겠습니까? 만물의 주 여호와 하나님을 섬기는 사람이 정성을 바치지 아니하고 그저 집사는 하나의 소지품으로 가지는 것처럼 여긴다면 얼마나 무서운 죄입니까?

거룩한 직분을 개에게 주지 말며 진주를 돼지 앞에 던지지 말라고 하셨습니다. 그럼 개와 돼지는 무엇을 말합니까? 개와 돼지는 첫째로 귀한 것을 모릅니다. 진주를 돼지에게 던지면 돼지는 그것을 먹을 것으로 알고 가서 물어 먹습니다.

하나님 앞에서 직분을 받았지만 그 직분이 소중한 줄 모르고 '이것 참 하나님 앞에 크게 축복받을 기회가 왔구나!' 이렇게 생각하고 정신 차려서 하나님 섬길 기회에 하나님을 잘 섬겨 보겠다는 이런 결심을 하고 나서야 합니다. 그런데 마음에 그렇게 결정을 하지 아니하고 그저 뭐 대충 따라다니는 식으로 할 때 그것이 얼마나 원통하고 아까운 일입니까? 하나님 섬기는 기회를 소홀히 여기는 것입니다. 귀한 줄 모르는 이 사상이 우리 자신을 망칩니다.

　남을 비평해서는 안 되지만 사람을 세우는 일에 있어서 분변해야 된다고 여기 말씀하고 있습니다. 분변은 해야 되겠습니다. "그들이 그것을 발로 밟고 돌이켜 너희를 찢어 상할까 염려하라"는 말씀이 그런 말씀입니다. 이제 분변하는 일을 해야 되겠습니다. 하나님의 거룩한 직분을 개에게 주지 말라. 개는 귀한 것을 모릅니다. 귀한 것도 천한 것처럼 물고 찢습니다. 그러니까 이 거룩한 것을 귀한 줄 아는 사람에게 직분을 맡겨야 합니다. 다시 말하면 하나님 앞에서 통과될 수 있는 생활이 제일 귀한데, 천하를 소유했다고 해도 하나님 앞에 통과될 만한 생활이 없으면 그 사람은 제로요 마이너스입니다. 거룩하다는 것은 바로 하나님 앞에 통과될 수 있는 것입니다. 이 거룩한 것을 분변도 못하고 귀하게 여길 줄도 모르는 이런 사람에게 맡기면 교회가 해를 당하는 것입니다. 역시 돼지도 마찬가지로 귀한 것을 귀한 줄로 모릅니다. 귀한 줄로 생각지 않습니다. 특별히 성결한 것을 분변할 줄 모릅니다.

　예수님은 마태복음 13장에 진주를 무엇으로 비유했습니까? 복음을 그렇게 비유했습니다. 하늘 나라는 마치 진주를 구걸해 다니다가 값진 진주를 얻은 그 사람과 같다고 했습니다. 하늘 나라, 즉 복음을 진주로 비유했습니다. 하늘 나라 들어가는 문은 복음뿐입니다. 이 복음을 돼지에게 주지 말라고 하십니다. 귀한 줄 모르는 사람이기 때문입니다.

그러면 불신자에게 전도하지 말라는 말인가요? 그것은 아닙니다. 복음을 전하고 또 전했지만 마침내 깨닫지는 못하고 반대만 하고 천대멸시 하는 그런 사람에게 계속 말할 필요가 없다는 것입니다. 우리가 귀한 말을 천하게 쓰면 상대방이 그것을 천하게 여깁니다. 귀한 말을 어느 때는 아껴 써야 합니다. 말할 경우가 있고 때가 있으니까 사람의 형편을 봐서 말해야 합니다. 끝까지 복음이 귀한 줄 모르고 도리어 반하는 사람에게는 우리가 말을 제한 있게 해야 될 것입니다.

기도 응답의 보장(7:7-12)

7:7-12의 말씀을 수없이 읽었다 할지라도 정신 차려 읽지 않으면 맛이 나지 않습니다. 세상 글은 한 번 읽으면 다 압니다. 그 책을 팽개쳐도 좋습니다. 그렇지만 하나님의 말씀은 죽는 날까지 읽어도 맛이 납니다. 맛이 안 난다면 내 영혼에 무슨 고장이 생긴 것이지요. 사람들의 이름이라도 몇 번 부르면 부르기 싫습니다. 아무리 유명한 사람이라도 그 이름 몇 번 부르면 부르기 싫습니다. 그렇지만 예수님의 이름은 종일 불러도 싫지 않습니다. 목이 아파서 못 부르지 또 부르고 또 부를 마음이 있습니다. 이 말씀은 언제나 우리에게 생명을 주는 말씀입니다. 여러분이 이 말씀을 읽고 또 읽고 또 읽으

십시오. 이대로 행하지를 못해서 맛을 모를 뿐입니다. 약간 정신만 차리고 읽어봐도 맛이 좀 납니다. 행하면 얼마나 맛이 나는지 모릅니다.

> 구하라 그리하면 너희에게 주실 것이요 찾으라 그리하면 찾아낼 것이요 문을 두드리라 그리하면 너희에게 열릴 것이니(7:7).

한마디만 하시지 않고 같은 말을 세 번씩이나 반복했습니다. 내용은 같은 말입니다. 구하라는 말, 찾으라는 말, 문을 두드리라는 말은 내용이 다 같습니다. 기도하라는 말입니다. 그런데 왜 이렇게 말을 세 번이나 바꾸어 가면서 말씀합니까?
그 다음 절인 8절에서도 또다시 거듭 말씀합니다.

> 구하는 이마다 받을 것이요 찾는 이는 찾아낼 것이요 두드리는 이에게 열릴 것이니라(7:8).

여기서 '구하라, 찾으라, 두드리라'라는 이 말들은 계속하라는 명령입니다. 구하는 중에 있어라. 구하고, 구하고 또 구하라는 뜻입니다. 헬라어 원문은 명령법으로 되어 있는데 이 명령법은 우리 한글의 명령법과 달라서 특별한 명령법입니다. 그것은 현재사로 된 명령법으로서 계속성을 가지는 것입니다. 여기에 기록된 구하라,

찾으라, 두드리라 이 말은 모두 다 이 현재 명령사입니다. '구하기를 계속하라. 찾기를 계속하라. 두드리기를 계속하라.' 이런 뜻입니다.

기도에 대해서는 여기서만 이렇게 말씀한 것이 아니라 다른 데서도 그렇게 말씀합니다. '항상 기도하라, 쉬지 말고 기도하라.' 기도는 이렇게 계속해야 한다는 것을 강조하고 있습니다. 우리 생각에는 한마디만 기도해도 척척 하나님이 응답해 주시면 좋을 거 같지만, 그렇게 하면 좋지 않기에 하나님께서 그렇게 안하시는 줄 압니다.

분명히 한 가지 아는 것은 그렇게 쉽게 주시고 그렇게 뭐 소홀하게 주신다면 우리에게서 간절성이 없어집니다. 우리에게 뜨거운 마음이 없어집니다. 과연 간절성이 있어야 합니다. 하나님을 찾는 이 간절한 마음, 이 뜨거운 마음, 아주 물이 끓는 것과 같이 사모하는 이 간절성이 있어야 합니다. 오래 참아 나가며 믿는 것이 힘든 것 같지만 거기에 하나님이 흥미를 가지십니다.

하나님은 간절하게 찾는 걸 기뻐하십니다. 그런데 우리는 성질이 못돼 먹어서 아무래도 마음이 소홀해지기 쉽습니다. 마음으로는 단번에 주시면 좋겠다고 생각하는 것이 우리 인간의 심리입니다. 이렇게 못돼 먹었습니다. 그저 공짜를 좋아하고 어떻게 묘한 수 받기를 좋아하는 심리가 있습니다. 하나님께서 그걸 기뻐하지 않습니다. 간절히 찾는 것을 원하십니다. 주님이 이것을 원하십니다. 그래서 계속해서 기도하는 것을 하나님이 기뻐하십니다.

저는 여러분에게 이 말을 권하고 싶습니다. 죽는 날까지 어떤 문제에 대해서 응답을 못 받을지 모르겠다는 느낌이 있다 하더라도, 계속 그 기도를 하라는 것입니다. 기도는 헛되지 않습니다. 기도자가 죽은 다음에도 하나님은 절대로 그 기도를 헛된 데로 돌려보내지는 않습니다. 구하는 이마다 받을 것이요 찾는 이가 찾아낼 것이요 두드리는 이에게 열릴 것이기 때문입니다.

그 이유를 여기서 말해 줍니다. 왜 하나님은 우리의 기도를 헛된 데로 돌려보내지 않겠습니까? 9-11절입니다.

> 너희 중에 누가 아들이 떡을 달라 하는데 돌을 주며 생선을 달라 하는데 뱀을 줄 사람이 있겠느냐 너희가 악한 자라도 좋은 것으로 자식에게 줄 줄 알거든 하물며 하늘에 계신 너희 아버지께서 구하는 자에게 좋은 것으로 주시지 않겠느냐(7:9-11).

이 말씀 때문에 기도자는 실망하지 않습니다. 아 하나님, 죽도록 기도했는데 일이 이렇게 됩니까? 죽도록 기도했는데 허탕쳤습니다. 아니 더 역효과가 났습니다. 그럴 일이 있을 수 있겠습니까? 떡을 달라고 했는데 돌을 주시겠습니까? 절대 아닙니다. 기도의 결과에는 실패가 없다는 것을 우리가 믿어야 합니다. 하나님은 우리의 기도를 실패로 돌아가지 않게 해 주십니다. 하나님이 우리 아버지라는 것 때문입니다.

그러면 하나님이 어떻게 해서 우리의 아버지가 되십니까? 예수님이 우리 죄를 대속해 주셨기 때문입니다. 그 대속해 주신 것을 성령님이 우리에게 붙여준 것입니다. 우리를 대속만 해주시고 성령님이 이것을 우리에게다 가져다 붙여주지 않으면 안 됩니다. 일이 안 됩니다. 예수님은 구원을 이루셨고 성령님은 그 구원을 우리에게 가져다가 붙여줍니다. 예수님은 하나님과 우리 사이에 문제가 하나도 없도록 일을 이루셨습니다. 자기의 피로 우리와 하나님 사이의 문제를 다 해결했습니다. 하나도 남은 것 없습니다. 하나님 앞에 감히 갈 수 없고, 감히 쳐다볼 수도 없게 된 우리들인데 예수님의 그 피로 죄를 다 대속해서 해결해 주심으로 아들과 아버지의 관계를 딱 만들어 놨습니다. 그렇게 만들어 놓았는데 또 그것을 성령님이 가져다가 딱 접붙였습니다. 이 성령을 받았습니다.

우리가 성령을 받았다고 할 적에 무슨 성령을 받았다는 말입니까? 예수님이 속죄해 주신 것을 우리에게 가져다 붙여주는 성령을 받았다는 말입니다. 그것이 요긴합니다. 성령님이 오신 목적은 예수님이 하신 일을 우리에게 실시하려고 오셨습니다. 우리에게 그것을 가져다가 붙여주려고 오셨습니다. 그것이 목적입니다. 그러면 성령님이 오셔서 딱 붙여 놓으니 이제 어떻게 됩니까? 하나님과 나 사이에 간격이 없습니다. 어석버석한 것 도무지 없어요. 아바 아버지라고 부릅니다. 부자 관계라 말입니다.

아바 아버지라고 부른다는 이 말에 있어서 우리는 여기 몇 가지를 기억합시다. 아바 아버지라고 부르는 것은 이젠 하나님 앞에서 자유롭게 말씀드릴 수 있게 됐다는 말입니다. 또 기쁘게 말할 수 있게 됐다는 말입니다. 또 끝까지 말할 수 있게 됐다는 말입니다. 또 부드러운 마음으로 대할 수 있게 됐다는 말입니다. 또 뜨겁게 대할 수 있게 됐다는 말입니다. 친 부자간에는 서로 멀어지는 때도 오겠지요. 하나는 죽고 하나는 살아 있다면 멀어지는 법입니다. 그러나 하나님은 늘 살아 계시고 우리도 구원 받아서 영원히 사니 영원토록 가까운 관계입니다. 이렇게 아버지와 자녀의 관계가 된 것입니다. 여기서는 아버지가 강조됩니다. 하나님 우리 아버지십니다.

12절입니다.

> 그러므로 무엇이든지 남에게 대접을 받고자 하는 대로 너희도 남을 대접하라 이것이 율법이요 선지자니라(7:12).

여기에 '그러므로'라는 말이 나옵니다. 우리는 이 말을 왜 여기 썼는지 얼른 좀 알기가 어렵습니다. 그렇지만 그 위에 있는 말과 연속선상에서 나온 것입니다. 그 위에 있는 말은 7-11절의 내용입니다.

먼저 7-8절에서는 '구하면 준다' 하신 말씀을 강조합니다. 기도하는 것 자체가 기도답지 못할 때 그것은 이루어지지 않습니다. 기도한다고 하지만 사실 기도가 아닌 말뿐인 것이 많습니다. 참 기도가 아닙니다. 어떤 이는 기도하면서 고민합니다. 입만 중얼거리지 마음은 고민합니다. 그런 기도가 어떻게 응답이 되겠습니까? 미친 사람의 중얼거리는 소리일 뿐입니다.

기도하는 방법이 기도다워야 할 뿐 아니라 무엇을 구하느냐가 더 중요합니다. 정말 필요한 것을 구하는지 그것이 문제입니다. 어느 때는 알기 어렵습니다. 한두 시간에 깨닫기도 어렵습니다. 많이 지내 봐야 알 수 있고 시간을 많이 잡아야 알 수 있고 경험과 체험을 통해서 알 수 있습니다. 어느 때는 이것이 꼭 내게 필요한 것이라 생각되는데 후에 생각해 보면 그것이 아닙니다. 기도가 이렇게 어렵습니다. 어렵기 때문에 힘써 해야 합니다. 힘써 하고 늘 해야 정말 참 기도의 참된 자리에 들어가게 됩니다. 물론 힘쓴다고 하면서도 또 참되게 힘쓰지 않는 그런 것도 있습니다.

좌우간 기도는 신성하고 거룩하고 참되고 하나님이 들으실 만한 말이어야 합니다. 그리고 정말 구하면 준다는 것입니다. 이 사실을 여기 7-8절에 그 이상 강조할 수 없을 만큼 강조해 놨습니다.

그 다음에 9-10절을 보면 반드시 기도는 헛되지 않고 열매를 가져다준다고 강조했습니다. 이만큼 우리는 배경이 있는 사람들입니다. 많은 사람들이 하는 말대로 백 즉 배경이 있습니다. 하나님 아버지가 그런 분이십니다.

사람들이 종종 그런 말을 씁니다. 궁핍한 때에도 하나님이 우리 아버지인데 걱정이 무엇인가? 우린 큰 부자다. 그런 말을 씁니다. 과연 참 믿음으로서는 굉장한 말입니다. 이렇게 백이 있으니까 남에게 줄 수 있습니다. 물질이 있는 사람은 남에게 물질을 줄 수 있습니다. 또 물질이 없는 사람은 다른 것으로 줄 수 있습니다. 말 한마디라도 믿음으로 남을 도와줄 수 있습니다.

어느 때는 사람이 답답하고 죽을 지경인데 돈 없어 답답한 게 아닙니다. 돈을 쌓아 놓고도 답답해서 죽을 지경입니다. 그런 사람에게는 돈이 필요합니까, 돈 많은 사람이 필요합니까? 은혜 있는 사람이 필요합니다. 하나님을 백으로 하고 사는 사람이 필요합니다. 하나님을 정말 아는 사람이 은혜가 있어서 한마디 위로를 할 때 위로가 되고 힘이 됩니다.

이렇게 사람이 남을 도와주는 것은 물질로만 도와주는 게 아니고 은혜로 도와줄 수 있습니다. 그것이 더 큽니다. 또 봉사로 도와줄 수 있습니다. 이 모양 저 모양으로 내 노력을 가지고 봉사하므로 그를 도와줄 수 있습니다. 아무리 내가 분주하다 하더라도 십분의 일을 바칠 수 있습니다. 내가 어느 정도 노력을 가지고 남을 도와줄 때 거기에 큰 일이 있을 수 있습니다. 여러 가지로 우리가 도움을 줄 수 있습니다.

이렇게 말하는 사람도 있습니다. 나는 물질 문제로 근심하지 않는다. 먹을 것 때문에 근심하지 않는다. 그러니 힘써 노력해서 얻는 대로 지낼 것이고 그래도 없으면 금식할 것이고 금식하면 또 큰 은혜를 받을 것 아니겠는가? 그러니 아무 걱정 없다. 믿음으로 그렇게 말할 수 있는 사람은 복 받은 사람이 아닐 수 없습니다.

우리는 하나님의 아들 그리스도 예수를 받았습니다. 천하보다 귀한 하나님의 아들입니다. 하나님의 아들을 받았습니다. 하나님의 아들을 받았으니 그 이상 큰 소유가 없습니다. 이렇게 받았음으로 살아가는 것입니다.

다른 종교나 다른 도덕 체계에서 가르치는 봉사라는 것은 받기 위해서 봉사하는 것입니다. 받기 위해서 남을 돕는 것입니다. 바로 여기에 신구약이 가르치는 남을 사랑하는 원리가 나타났습니다.

하나님이 무엇이나 구하는 것을 우리에게 주시는 아버지이므로 12절에 '그러므로'라는 말이 나온 것입니다. 하나님이 우리 아버지요 우리가 받았으니까 감사함으로 행할 것이고 감사함으로 남을 봉사할 것이고 남을 도와주는 것입니다. "그러므로 무엇이든지 남에게 대접을 받고자 하는 대로 너희도 남을 대접하라 이것이 율법이요 선지자니라"(7:12)고 하시는 것입니다.

헬라어 원문에 보면 '대접'이란 말이 없습니다. 따라서 "대접을 받고자 하는 대로" 이렇게 번역할 것이 아니라 '남이 나에게 행해주기를 원하는 대로'라고 번역하는 것이 좋습니다. '행하다'라는 말과 '대접'이라는 말은 좀 다릅니다. '대접'이란 말은 범위가 좀 좁습니다.

음식으로써 대접하든지, 혹은 무슨 특별한 선물로써 대접하든지, 혹 좋은 자리를 가지고 대접한다 할 때 쓰이므로 좌우간 범위가 좁습니다. 그러나 '행한다' 하면 범위가 넓습니다. 대접하는 것만 들어가는 것이 아니라 모든 접촉, 모든 표현 다 들어갑니다. 말이나 행실이나 생각이나 타협이나 다 들어갑니다. 그 사람의 행위는 다 관계가 있습니다.

'남이 나에게 해 주기를 원하는 대로' 그렇게 번역하는 것과 '남에게 대접을 받고자 하는 대로' 그 두 가지가 얼마나 다릅니까? 지금 한국교회에서 성경 번역을 다시 하려고 힘쓰는 중인데 아마 이런 것도 다시 고려할 문제가 되어야 할 것입니다. 될 수 있는 대로 강단 성경은 문자적으로 번역을 해야 합니다. 하나 더 지적하고 싶은 바는 '너희도'라는 표현에서 '도' 자도 없애야 합니다. '너희도'가 아니라 '너희는 그같이 하여라'고 번역해야 맞습니다.

그렇다고 해서 여러분이 성경에 대해서 좋지 않은 인상 받지 않으면 좋겠습니다. '성경이 좀 틀렸나 보다' 이런 생각하지 마십시오. 대접을 받고자 하는 대로라는 말이 틀린 건 아닙니다. 그 뜻은 나타났습니다. 하지만 헬라어 원문대로 좀 더 자세하게 나오지 못했다는 것입니다.

'남이 나에게 해 주기를 원하는 것과 같이 하여라'는 말이므로 남이 나에게 용서해주면 좋겠다, 또 나를 좀 도와주면 좋겠다 하는 마음이 있지 않겠습니까? 그런 마음이 있다면 남에게 그렇게 해주라는 것입니다. 이 말씀은 보답을 바라고 행하라는 말이 결단코 아닙니다. 이것은 사람의 심리에 도와주기를 원하는 심리가 있으니까 거기에 응해서 너희가 그렇게 하여라는 말입니다.

유교 사상이 우리나라 사람에게 많이 있습니다. 기독교 신자들 중에도 남아있습니다. 유교 사상에 '기소불욕 물시어인(己所不欲勿施於人)'이라는 말이 있습니다. '내가 원치 않는 것을 남에게 하도록 하지 말라'는 정도의 말입니다. 유교는 적극적인 사랑을 권장하지 않습니다. '남이 나를 미워해도 사랑해 주어라'라고 적극적으로 권장하지 않습니다.

공자는 말하기를 '이직보원(以直報怨)'이라 했습니다. '직(直)'은 곧 '정의' 인데 '정의로써 원망을 보답하라' 했으니 원수 갚는 일을 용인하는 교훈입니다. '정의로 원망을 대하라.' 원망하는 사람이 있고 매우 좋지 않은 행동을 하는 사람이 있으면 공의대로 처리하라는 말입니다.

'공의대로 처리하라' 했으니까 거기에는 원수를 사랑하라는 내용이 들어있지 않고 원수 갚을 그러한 내용이 들어있습니다. 공자의 '기소불욕 물시어인'이나 '이직보원'이라는 말은 소털을 뽑지도 않고 꽂지도 아니하는 행동입니다.

'남에게 좋지 않은 짓 하지 말라.' 그거 좋은 얘기입니다. 하지만 적극적인 것이 보다 더 큰 방면입니다. 덕을 이루는 데 있어서 적극적인 것이 더 힘 있는 방면입니다. 근근이 안하는 정도 가지고는 약하고 넘어집니다. 그러나 적극적으로 내가 하는 것이 중요합니다.

하지 말라는 것만 아니라 하라는 것이 우리 기독교에 많이 있습니다.

예수님의 교훈은 복수, 원수 갚는 것은 죄라고 가르칩니다. 그리고 '원수를 사랑하라'는 데까지 나갑니다. 여기 12절 말씀이 그것까지 포함하고 있습니다. 사람이 다 도와주는 것을 원하고 봉사하는 것을 원하고 사랑해 주는 것을 원하지 않습니까?

네 심리도 그렇지 아니한가 하는 말입니다. 이로 보건대 남의 심리도 알 수 있습니다. 남이 나에게 해 주기를 원하는 대로 너희는 행하라. 이것이 사랑입니다. "이것이 율법이요 선지자"입니다. 즉 사랑하는 것이 율법이요 선지자입니다. 예수 그리스도께서 가르치신 사랑은 원수까지도 사랑하는 것인데 이것이 율법과 선지자입니다. 하나님을 아버지로 모시고 하나님의 은혜를 받았으니 원수까지도 사랑하라 하는 이 내용을 율법과 선지자가 가르친다 말입니다.

율법과 선지자는 무엇입니까? 첫째로 율법만 생각해 보세요. 결국에 선지자도 같은데 율법으로만 생각해 볼 때에 그것은 모세오경과 구약 다른 책에 나오는 대로 '행하라'는 것은 다 율법입니다. 신구약을 두 가지로 나눌 수 있습니다. 하나는 '행하라'는 말씀이고 다른 하나는 '믿어라' 하는 말씀입니다. 이렇게 '믿어라' '행하라'는 것 두 가지로 분류할 수 있습니다.

그런데 율법 하면 전부 행하라는 말 아니겠습니까 하는 질문이 나올 것입니다. 그러나 그렇지 않습니다. 율법도 역시 '믿어라'는 내용을 가집니다. 율법의 총 골자라고 할 수 있는 출애굽기 20장을 보겠습니다. 출애굽기 20장에 십계명이 나오는데 십계명 첫 머리에 무슨 말씀이 있습니까? "나는 너를 애굽 땅, 종 되었던 집에서 인도하여 낸 네 하나님 여호와니라"(출 20:1)고 했습니다.

그렇게 한 뒤에 무슨 말이 나옵니까? 첫째는 "너는 나 외에는 다른 신들을 네게 두지 말라"이고, 그 다음에는 우상을 만들지 말라는 말이 나오며 죽 이어서 십계명이 나옵니다. 첫머리에 나오는 "나는 너를 애굽 땅, 종 되었던 집에서 인도하여 낸 네 하나님 여호와니라"는 말씀은 다시 말해 '나는 너희의 구원자다, 너희를 죽을 자리에서 구원해 주었다'라는 말씀입니다. 그런 은혜를 받았으니 너희는 이렇게 이렇게 행하라고 요구하십니다.

'주고 행하라'는 것입니다. 이 세상의 도덕이나 다른 어떤 철학자나 다른 종교에서 가르친 것과 같지 않습니다. 다른 종교에서는 '무엇을 받기 위해서 하라'고 말하지만 기독교의 도덕은 그렇지 않습니다. 먼저 받았으니 감사하는 마음으로 하라는 것입니다. 받기 위해서 행한다면 원수를 사랑하지 못할 것입니다. 내게 해준 것도 없이 손해만 끼쳤는데 어떻게 사랑하겠습니까?

이처럼 행하는 동기나 출발이 아주 다릅니다. 나는 아주 잔뜩 받았으니까 이 받은 것 가지고 감격해서 남에게 주어도 끝이 안 나게 줄 수 있습니다. 하나님을 배경으로 하고 있고 은혜의 원천을 가지고 있으니 염려 없습니다. 그런 은혜를 받고 감격해서 원수까지라도 사랑할 수 있는 것이 기독교 도덕입니다. 구약도 마찬가지입니다.

애굽에서 구원받은 것은 신약시대의 신자들이 죄악에서 또는 멸망에서 구원받은 것에 대한 모형이요 그림자입니다. 그것으로써 신약을 예언한 겁니다. 체계가 꼭 같습니다. 구약의 도덕을 신약의 도덕과 다른 것으로 보면 안 됩니다. 물론 신약은 활짝 전개된 방면이 있습니다. 그렇지만 그 핵심은 같습니다. 구약의 율법도 역시 그런 율법입니다. 모세오경이나 다른 부분에 나오는 '행하라' 하는 그 모든 것이 이렇게 복음적으로 나오는 행위론입니다. 다시 말하면 은혜를 받았으니 행해라, 감사함으로 행해라, 기쁨으로 행해라 그것입니다.

그러면 예언 부분은 어떻습니까? 예언 부분에도 역시 행하라 하는 부분이 많이 나온 반면에 믿으라는 말씀도 많이 있습니다. 때로는 종종 메시아 예언도 나옵니다. 예수 그리스도가 오신다는 예언이 나옵니다. 그런 소망적인 믿음을 말하고 있습니다. 선지서도 역시 믿고 행하라고 합니다.

이처럼 믿어라, 행하라 이 두 가지가 율법의 중요점이요 또 선지서의 요점입니다. 그런데 이 믿으라는 데에는 무엇이 들어 있습니까? 거기에는 하나님의 은혜라는 것, 하나님이 우리를 구원해 주셨다는 것, 메시아를 보내 주신다는 것과 그 밖의 소망을 주시는 것, 이 모든 것이 다 믿음에 속한 것입니다.

이렇게 먼저 받고 믿게 되며 다음에 행하는 것입니다. 받는다는 것은 누구를 믿는다는 것이며 누구에게서 받는다는 것입니까? 주님에게서 받고 주님을 믿는 것입니다. '믿고 행하라.' '감사함으로 행하라.' 구약에 있는 모든 행동의 교훈은 '감사함으로 행하라'는 내용입니다. '은혜를 받았으니 행하라'는 그 내용입니다. 그런데 '믿어라, 행하라'라는 이 성경 말씀은 언제나 양심 상태를 향해 말씀하는 것입니다. 구약이나 신약 마찬가지입니다. 왜 믿지 않느냐고 꾸짖습니다. 우리 양심을 향해 그렇게 꾸짖습니다. 믿어라. 왜 믿지 않느냐? 행해라. 왜 행하지 않느냐? 그것이 총 요점입니다.

11절에 나오는 말씀이 바로 그런 말씀입니다. 하나님이 너희의 아버지인데 말만해도 들으실 텐데 얼마나 좋으냐? 정말 참되이 기도를 한다면 그 기도를 다 하나님이 들으시고, 달라고 하면 주는 분이 지금 대령하고 있는데 무엇이 없어서 못 행하겠느냐 하는 것입니다.

사람이 여유가 있어야 남을 도와주기도 하고 남을 기쁘게도 하고 선을 행해 나갈 수가 있는데 기독자의 여유라는 것은 말로 다 못합니다. 우리에게 믿음이 부족해서 그것을 느끼지 못해 늘 넘어지고 떨어집니다. 사실상 진리대로 말해 보자면 기독자의 여유라는 것은 말로 다 표현할 수 없습니다. 하나님이 아버지고 달라고 하면 무엇이나 주시는 하나님입니다. 그러기 때문에 '그러므로'라는 접속사를 붙이고 있습니다. "그러므로 무엇이든지 남에게 대접을 받고자 하는 대로 너희도 남을 대접하라 이것이 율법이요 선지자니라." 이것을 앞에서 언급했지만 제가 헬라어 원문대로 번역한 것을 다시 읽어보겠습니다. "그러므로 무엇이든지 남이 나에게 해 주기를 원하는 대로 너희는 남에게 행하여라 이것이 율법이요 선지자니라." 그렇게 읽으면 뜻이 더 명확합니다.

좁은 문으로 들어가라(7:13-14)

좁은 문으로 들어가라 멸망으로 인도하는 문은 크고 그 길이 넓어 그리로 들어가는 자가 많고 생명으로 인도하는 문은 좁고 길이 협착하여 찾는 이가 적음이니라(7:13-14).

좁은 문으로 들어가라는 말은 무슨 뜻입니까? 예수님의 교훈대로 살라는 말이 아니겠습니까? 왜 그렇게 풀어야 합니까? 24절 이하를 보면 알 수 있습니다. "그러므로 누구든지 나의 이 말을 듣고 행하는 자는 그 집을 반석 위에 지은 지혜로운 사람 같으리니 비가 내리고 창수가 나고 바람이 불어 그 집에 부딪치되 무너지지 아니하나니 이는 주초를 반석 위에 놓은 까닭이요"(7:24-25). 이렇게 예수님이 말씀하시면서 다짐하는 바는 '이대로 살아라' 하는 것이기 때문입니다.

예수님께서 "좁은 문으로 들어가라"고 하셨는데 문이 좁다는 것은 무슨 뜻입니까? '문이 좁다'는 것은 간단하게 말하면 지키기가 어렵다는 말입니다. 예수님의 말씀을 지키기 쉽습니까, 바리새 교인들의 말을 지키기 쉽습니까? 바리새 교인들의 말을 지키기가 쉽습니다. 왜 쉽습니까? 그들은 율법의 표면만 지키면 된다고 했기 때문입니다. 그들은 이렇게 잘못 가르치고 있습니다.

예수님이 그것을 공격하지 않습니까? 산상보훈에 보면 마태복음 5장에서 "옛 사람에게 말한 바…너희가 들었으나 나는 너희에게 이르노니"라고 하십니다. 이 말이 무슨 뜻입니까? 바리새 교인이 말한 바와는 다르게 가르친다는 것입니다. 바리새 교인의 잘못된 교훈을 뒤집어 놓는 것이 산상보훈의 율법론입니다.

그렇다면 예수님의 말씀은 지키기 어렵습니다. 바리새 교인의 말은 율법의 표면에서 뜯어 내 가지고 이것을 지켜라 하니까 쉽습니다. 자기들의 편리에 따라서 뭘 또 만들어 놓고 이것이 율법이다 하니까 그것은 사람의 힘으로 지킬 수가 있습니다. 그러나 예수님이 가르친 율법은 타락한 사람의 힘으로는 못 지킨다 말입니다. 왜냐하면 사람이 타락해서 부패한 성질이 있기 때문에 겉껍데기로는 지킨다 하면서도 속으로는 못 합니다. 하나님 보실 때에는 이 속에서부터 해야 합니다.

주님은 율법이 어떻다는 것을 밝혀줍니다. 이 율법을 지키려고 하면 참 어려운 것이다. 바리새인의 하는 방법대로 해선 안 된다.

이 율법은 외식으로 지킬 수 있는 것이 아니라 그 속에까지 들어가서 지켜야 하니 참 어렵다는 말입니다. 그러니 아담의 자손들로서는 지키기 어렵습니다. 그러면 구원이 어찌 가능할 수 있겠습니까?

마태복음 19장으로 가서 한 말씀 보면 그것이 저절로 풀릴 것입니다. "예수께서 제자들에게 이르시되 내가 진실로 너희에게 이르노니 부자는 천국에 들어가기가 어려우니라 다시 너희에게 말하노니 낙타가 바늘귀로 들어가는 것이 부자가 하나님의 나라에 들어가는 것보다 쉬우니라 하시니 제자들이 듣고 몹시 놀라 이르되 그렇다면 누가 구원을 얻을 수 있으리이까 예수께서 그들을 보시며 이르시되 사람으로는 할 수 없으나 하나님으로서는 다 하실 수 있느니라"(마 19:23-26).

좁은 문으로 들어가기가 어느 정도 좁습니까? 바늘구멍같이 좁습니다. 낙타가 바늘귀로 들어가는 것이 부자가 하나님의 나라에 들어가는 것보다 쉽다고 하셨습니다. 그러니 그 문이 바늘구멍같이 좁다는 것입니다. 그러자 제자들이 듣고 심히 놀라면서 그런즉 누가 구원을 얻을 수 있겠습니까 묻자 예수님께서 저희를 보시며 이르시되 사람으로는 할 수 없으되 하나님으로서는 다 할 수 있다고 하십니다. 이렇게 가르쳐 나가는 가운데 어려운 말씀을 하시면서 조금씩 십자가에 대하여 말씀하십니다.

주님의 마음 가운데는 십자가가 있습니다. 사람이 율법을 지킴으로써 구원받을 자는 하나도 없습니다. 구원받을 자가 하나도 없기 때문에 구약시대부터 예언해 내려온 겁니다. 구약시대 사람들도 역시 인간의 힘으로는 구원 못 받고 장차 내다보는 예수님을 믿어서 구원받았습니다. 그들이 제단에 양의 피를 뿌린 것은 바로 예수님의 피를 사모한다는 뜻입니다. 예수님의 피를 사모하고 예수님의 피를 바라보는 신앙으로 구원을 받았습니다.

그러면 구약시대부터 구원받은 사람이 한 사람도 예외 없이 율법을 지켜서 구원 받은 것이 아니라 예수 그리스도, 즉 하나님의 아들의 피 값으로 구원받는다는 것입니다. 당신님이 지금 때가 되어서 오셨고 이 십자가를 계시해 주셔야 하겠지만 성역 초두의 가르침에서부터 십자가를 말하면 사람들이 도저히 깨닫지 못합니다.

당시에 사람들이 모두 다 의인이라 자처하고서 율법을 지키는 줄 알고 있습니다. 그러기 때문에 주님께서 먼저 율법을 뿌리까지 파서 다 밝혀 놓아야 했습니다. 어렵다는 것입니다. 그 길이 좁다는 것입니다.

사람이 율법을 지킬 수 있다고 생각하는데 무엇 때문에 예수 그리스도의 피를 힘입으며 예수 그리스도를 믿어서 구원 받으며 예수 그리스도의 의를 내 의로 간주하고 구원받으려 하겠습니까? 도무지 납득이 안 될 것입니다.

하지만 죄가 심히 죄 되는 그런 체험을 해야 합니다. 로마서 7장이 가르친 바와 같이 죄가 심히 죄 되는 것이 무엇인지 체험해야 합니다. 죄가 심히 죄 되는 것은 내가 율법을 분명히 알고 또 율법을 내가 지켜보려고 할지라도 실패에 실패를 거듭하게 됨으로써 알게 됩니다.

먼저 율법을 바로 알 때에 죄가 심히 죄가 됩니다. 또 율법대로 살아 보려고 할 때에 죄가 심히 죄가 됩니다. 바울 선생은 말하기를 "오호라 나는 곤고한 사람이로다 이 사망의 몸에서 누가 나를 건져 내랴"(롬 7:24)고 합니다.

이렇게 자기는 할 수 없다는 것을 단언하고 자기 자신의 힘에 대해서는 아주 단념해 버립니다. 그리고 주님의 의를 전적으로 의지하고 주님이 나를 위하여 죽으신 십자가를 전적으로 의지합니다. 십자가의 죽으신 주님의 의밖에 내게는 의가 없습니다. 그가 이렇게 믿습니다. 그렇게 믿을 때에 구원을 얻으며 또 구원 얻은 자는 감사한 마음을 갖게 됩니다.

그러나 아직도 내가 의인이라 이렇게 생각하는 사람은 진리를 아직 못 깨달은 사람입니다. 그런 자에게 성령의 역사가 있을 수 없습니다. 우리가 믿음을 똑바로 가지고 살아나갈 때는 성령이 도와주셔서 우리 생활 면에서 그것이 구원받는 공로가 되는 것은 아니지만 하나님을 영화롭게 하는 행실 면에서 차차 성화를 이루어가고 차차 고쳐가게 됩니다. "생명으로 인도하는 문은 좁고 길이 협착하여 찾는 이가 적"습니다.

그렇게 좁지만 기쁜 길이고 좁지만 안전한 길이며 좁지만 그야말로 생명이 흐르는 그런 길입니다. 좁은 길이라고 반드시 험한 것은 아닙니다. 여기 좁다고만 말씀했고 그 아래 나오는 말도 좁다는 것을 의미합니다. 이 길은 사실 좁은 길로서 하나의 길입니다. 예수님 외에 또 무슨 좋은 길이 있는 것도 아니고 하나의 길로서 좁다는 것입니다.

우리가 이 복음의 말씀을 읽을 때에 '어렵다'고 하는 그런 느낌을 받지 마시길 바랍니다. 어려운 것이 아닙니다. 어려운 면은 있습니다 다만 다시 생각해 보면 또 쉽습니다. 또 괴롭지만 다시 생각해 보면 평안합니다. 결단코 복음은 괴로움 일색이 아니고 불안의 일색이 아니란 말입니다. 사실은 기쁨과 즐거움과 평안과 구원입니다.

이 세상에서 구원을 받아가지고 가는 것입니다. 구원받은 사람은 어떤 사람입니까? 거듭난 사람입니다. 거듭났다는 것은 벌써 하나님의 아들이 함께 해 주신다는 그런 원리에서 삽니다. 그런고로 중생을 경험한 기뻐할 만한 일이 너무나 많습니다. 또 하나님이 늘 도와주신다고 하셨고 도와주십니다.

복음은 우리로 하여금 비관이나 얼굴을 찡그리거나 위축되거나 공포심에만 떨게 하는 게 아닙니다. 이런 복음이므로 좁은 길을 걷는다는 것은 확실하고 튼튼하고 안전합니다. 그 길은 그야말로 무수한 성도들이 간 길입니다. 우리는 이런 길이 있다는 것을 명심해야 합니다. 그러나 넓은 길은 이 세상의 길입니다. 사람들이 제멋대로 가는 길입니다. 그 길이 넓기가 짝이 없습니다. 그러나 그 넓은 것이 좋지 않다는 말입니다.

두 가지 다른 대조들(7:15-27)

주님께서 두 가지 대조를 말씀하십니다. 바로 앞 구절들에서는 좁은 길과 넓은 길을 대조시키셨는데 지금부터는 다른 대조를 하십니다. 포도나무와 가시나무를 대조하고, 하나님 아버지의 뜻대로 행하는 자와 그대로 행하지 않는 자를 대조하고, 반석 위에 집을 지은 자와 모래 위에 집은 지은 자를 대조합니다.

먼저 포도나무와 가시나무의 대조를 보십시다.

거짓 선지자들을 삼가라 양의 옷을 입고 너희에게 나아오나 속에는 노략질하는 이리라 그들의 열매로 그들을 알지니 가시나무에서 포도를, 또는 엉겅퀴에서 무화과를 따겠느냐 이와 같이 좋은 나무마다 아름다운 열매를 맺고 못된 나무가 나쁜 열매를 맺나니 좋은 나무가 나쁜 열매를 맺을 수 없고 못된 나무가 아름다운 열매를 맺을 수 없느니라 아름다운 열매를 맺지 아니하는 나무마다 찍혀 불에 던져지느니라 이러므로 그들의 열매로 그들을 알리라(7:15-20).

이 구절들은 가시나무와 포도나무를 대조합니다. 그들의 열매로 그들을 알지니 가시나무에서 포도를, 또는 엉겅퀴에서 무화과를 따겠느냐(7:16)고 하면서 대조합니다. 포도나무는 어떤 자들을 말합니까? 포도나무는 진정한 신자들입니다. 진실하게 예수 믿는 사람들입니다.

예수님께서 교회를 포도나무로 비유한 말씀이 요한복음 15장에 있습니다. 또 구약 시편 80편에도 있습니다. 이 포도나무는 열매를 맺는 걸 위주로 합니다. 포도나무는 볼 만한 것이 없습니다. 백향목처럼 웅장하지도 않습니다. 포도나무는 열매 맺는 것이 전부입니다.

그러면 성도들은 무엇을 해야 합니까? 하나님 보시기에 성도는 합당한 열매를 맺어야 합니다. 교회에 찾아와 가지고 '나란 사람 여기 있소'라고 자기를 한번 나타내 보이는 것이 아닙니다. 내가 한번 출세를 해 보겠다. 내가 한번 뭐 사람들의 높임을 받아보자. 그것이 절대 아닙니다. 그것은 저주받을 생각입니다. 하나님의 교회에 들어와 가지고 그런 생각을 하는 게 아닙니다.

사사기 9장에 나오는 가시나무는 다른 나무들과 어떻게 달랐습니까? 다른 나무들은 다 왕 되기를 원치 않았습니다. 다시 말하면 무슨 세력을 써먹고 영광 받고 하지 않겠다는 것이었습니다. 나무 위에서 휘두르는 것이 뭐가 좋냐 하는 식이었습니다. 다만 열매 맺는 데 총력을 다 하고 거기에 아주 기쁨을 가집니다. 그런데 가시나무는 어떻습니까?

사사기 9:14 이하를 봅시다. "이에 모든 나무가 가시나무에게 이르되 너는 와서 우리 위에 왕이 되라 하매 가시나무가 나무들에게 이르되 만일 너희가 참으로 내게 기름을 부어 너희 위에 왕으로 삼겠거든 와서 내 그늘에 피하라 그리하지 아니하면 불이 가시나무에서 나와서 레바논의 백향목을 사를 것이니라 하였느니라"(삿 9:14-15).

이것은 아비멜렉이라고 하는 사람을 비유하고 있습니다. 그는 기드온의 아들입니다. 이 사람이 왕 되기를 원했습니다. 모든 못된 악한 방법으로 왕이 되긴 됐습니다. 그러나 3년 못돼서 망했습니다.

그는 어떤 마음을 가졌느냐 하면 다른 사람 위에서 휘두르기를 좋아하고 영광받기를 좋아하고 칭찬 받기를 좋아하는 마음을 가졌습니다. 영광은 마땅히 주님께만 돌려야 되는데 제가 가로채기를 원하니 이것은 저주 받은 마음입니다. 그 마음을 가지는 동안에는 하나님이 역사하지 않습니다.

거짓 선지자를 삼가야 합니다. 지금 이 산상보훈을 마치시면서 이렇게 주의시킵니다. 옳은 교훈을 주셨지만 또 거짓 스승들이 나타나서 거짓된 교훈을 앞으로 하게 된다는 말씀입니다. 거짓 선지자의 특징은 속이는 것입니다. 모양은 양과 같지만 속은 딴 것입니다. "그들의 열매로 그들을 알지니 가시나무에서 포도를, 또는 엉겅퀴에서 무화과를 따겠느냐." 이처럼 사람이 먹을 만한 열매를 맺지 못한다는 것입니다. 도리어 해롭습니다. 그들의 열매로 그들을 알 것입니다. 열매라는 것은 사람을 유익하게 하는 것입니다.

하나님의 교회를 인도하는 선생들 중에는 거짓 선생이 있습니다. 거짓 선생이 어떤 자인지 알아야 합니다. 구약시대에는 거짓 선지자라 했고 또 신약시대에도 거짓 선지자라는 말을 씁니다. 그리고 거짓 사도라는 말도 쓰지만 보통으로는 거짓된 스승이라는 말도 씁니다.

거짓 선지자의 표지가 있습니다. 그것은 속이는 것입니다. "양의 옷을 입고 너희에게 나아오나 속에는 노략질하는 이리라"고 했습니다. 이리라는 놈은 떼를 지어 다니지 않습니다. 이리는 보통 혼자 다닙니다. 어슬렁어슬렁 혼자 다닙니다. 그렇게 다니다가 무슨 잡아먹을 만한 것이 있으면 잡아먹습니다.

거짓 선지자의 표면은 좋은 것 같지만 속에는 잡아먹으려는 마음이 있습니다. 어디까지나 이기주의입니다. 자기를 위하는 것입니다. 그것이 표지입니다. 속여가면서 자기의 잇속만 채우려고 합니다. 가시나무에서 포도를, 엉겅퀴에서 무화과를 딸 수 없습니다. 사람들에게 유익을 주는 열매가 없습니다.

겉을 보면 온유하고 착해 보이기도 합니다. 또 선한 일을 많이 하기도 합니다. 사람을 많이 동정하기도 합니다. 거짓 선지자들이라고 해서 호랑이같이 무섭기만 한 줄 알면 안 됩니다. 교회 역사상으로 볼 때에 거짓 선지자들 중에 얼마나 착한 사람들이 많습니까? 그런데 양의 옷을 입었습니다. 그 착한 것이 틀렸다는 것이 아니고 그것을 무기로 해서 사람을 잡습니다. 그것을 알아야 합니다. 거짓 선지자들은 양을 잡아먹으려고 하는 자들입니다. 거짓 선지자들의 무리가 있습니다. 거짓 선지자들의 지도자도 있거니와 무리들이 있습니다.

이렇게 포도나무와 가시나무를 대조시키면서 너희는 가시나무의 길을 가지 말라. 가시나무가 되지 말라. 포도나무가 되라고 합니다.

셋째 대조는 하나님 아버지 뜻대로 행하는 자와 그 뜻대로 행하지 않는 자에 대한 것입니다.

> 나더러 주여 주여 하는 자마다 다 천국에 들어갈 것이 아니요 다만 하늘에 계신 내 아버지의 뜻대로 행하는 자라야 들어가리라 그 날에 많은 사람이 나더러 이르되 주여 주여 우리가 주의 이름으로 선지자 노릇 하며 주의 이름으로 귀신을 쫓아 내며 주의 이름으로 많은 권능을 행하지 아니하였나이까 하리니 그 때에 내가 그들에게 밝히 말하되 내가 너희를 도무지 알지 못하니 불법을 행하는 자들아 내게서 떠나가라 하리라(7:21-23).

하나님의 뜻대로 행하는 자는 천국에 들어가고 하나님의 뜻대로 행하지 않는 자는 천국에 못 들어간다는 것입니다. 그렇다고 이 말이 율법주의를 말하는 것이 아닙니다. 이 본문 말씀은 율법주의의 행위를 말하는 것이 절대 아닙니다. 구약에서 선행도 하나님의 은혜를 배경으로 하고 행하는 것을 이야기합니다. 또 하나님을 영화롭게 하기 위해서 행하는 것입니다. 결단코 사람이 제 힘으로 행하는 것이 아닙니다. 행함으로써 자기가 우위를 만들어 내는 것은 절대 아닙니다.

구약의 의라는 것도 하나님의 은혜가 늘 배경에 있습니다. 하나님을 믿음으로 행하는 의입니다. 하나님을 믿는 믿음에서 나는 힘으로 행하는 것입니다. 즐거움으로 행하는 것입니다. 사람 스스로 드러내는 의가 아닙니다. 구약에는 율법주의라는 것이 없습니다. 율법주의는 바리새 교인들이 만들어낸 주의입니다.

이 말씀을 볼 때에 건조무미하고 괴롭기만 하고 무섭기만 하고 호랑이 앞에서 무엇을 행하는 것 같은 심리로 하기 싫은 것을 어떻게 해야 천국에 들어간다는 식으로 이 말씀을 보면 안 됩니다. 그것은 이 말씀을 잘못 보는 것입니다.

여기서 하나님 뜻대로 행한다는 것은 하나님이 보내신 예수님의 복음을 믿고 예수님을 구주로 믿어서 그 믿음의 힘으로 마치 씨에서 싹이 터 올라오듯이 과연 중심이 뜨겁고 기쁨 가운데서 하나님의 말씀을 이루어 나아가는 것을 의미했습니다. 그런고로 이 구절들을 무슨 행실로 구원받는다고 가르친 말씀으로 보면 안 됩니다.

이 말씀은 믿음으로 행하는 것을 말해줍니다. 하나님의 뜻을 귀하게 여기고 감사하게 여기고 기쁨으로 여겨서 그 말씀대로 행하는 자가 천국에 들어간다는 것입니다. 그렇지 않으면 못 들어간다는 것입니다.

마지막으로 반석 위에 집 짓는 자와 모래 위에 집 짓는 자의 대조가 나옵니다.

> 그러므로 누구든지 나의 이 말을 듣고 행하는 자는 그 집을 반석 위에 지은 지혜로운 사람 같으리니 비가 내리고 창수가 나고 바람이 불어 그 집에 부딪치되 무너지지 아니하나니 이는 주추를 반석 위에 놓은 까닭이요 나의 이 말을 듣고 행하지 아니하는 자는 그 집을 모래 위에 지은 어리석은 사람 같으리니 비가 내리고 창수가 나고 바람이 불어 그 집에 부딪치매 무너져 그 무너짐이 심하니라(7:24-27).

너희는 반석 위에 집 짓는 자가 되라고 합니다. 이것도 힘들겠지, 하는 수 없구나 하는 생각으로 읽지 마십시오. 아, 기쁘구나 하는 생각으로 이 말씀 읽어야 합니다. 여기서 반석은 예수님을 뜻합니다. 아주 마음에 평안을 느끼면서 우리가 그 반석 위에서 작업을 시작하는 것입니다. 이 평안은 삽시간의 평안이 아닙니다. 반석이 움직이지 않고 반석이 요동하지 않으니 늘 기쁘지 않을 수 없습니다. 하나님께서 은혜를 주셔서 우리의 모든 하는 일이 즐겁게 됩니다. 성령으로 되게 해 주십니다. 그렇다고 해서 우리 자신이 월등합니까? 그것도 아닙니다. 피 흘리기까지 죄를 대적해야 합니다.

예수님을 따르는 이 입장이 무엇입니까? 생명을 받은 입장입니다. 생명은 죽기를 원하지 않습니다. 계속 살겠다고 합니다. 결단코 하나님의 성결과 하나님의 의로 구성된 중생의 씨는 후퇴를 생각하지 않습니다. 주저앉을 생각 안합니다. 계속 살겠다고 합니다. 계속 애를 씁니다. 하나님을 더 알겠습니다. 하나님의 성결을 받겠습니다. 계속 이렇게 하기를 원합니다.

이것이 생명의 성질입니다. 그런데 믿음으로 구원받았으니 가만 앉아 있어도 구원 받을 것인데 뭐 하려고 애를 써. 또 성령이 도와줘서 구원 받을 터인데 내가 뭐하려고 힘을 써. 이렇게 잘못된 신앙을 가지는 것은 천부당만부당 합니다. 생명이 어찌해서 죽기를 원하겠습니까? 우리는 지금 반석 위에 집을 짓는 자들입니다.

예수님의 말씀은 반석과 같다는 결론입니다. 반석과 같다는 것은 그 말씀이 변치 않는다는 말씀 아니겠습니까? 반석은 변치 않는 것이 특징입니다. 히브리서 13:8에 보면 "예수 그리스도는 어제나 오늘이나 영원토록 동일하시니라"고 말씀합니다. 예수님은 변치 않습니다. 그의 말씀은 변치 않습니다. 물론 자기 말씀을 반석이라고 한 것은 예수님 자신이 반석과 같다는 말도 들어 있습니다. 왜냐하면 예수님에게는 그의 말씀이 예수님이시고 예수님이 바로 그의 말씀이시기 때문입니다. 그 말씀과 인격 사이에 다른 것이 없습니다. 그가 말씀했으면 그대로입니다. 이 세상에 있는 사람들은 연약해서 고의적으로 남을 속이므로 그 말과 인격이나 행실이 다를 수 있습니다. 또는 사람은 진실한데도 미쳐 지켜낼 재주가 없어서 못 지키는 그런 일도 있습니다. 그러나 예수님은 그렇지 않습니다. 예수님은 진실하시고 무소불능하시고 사랑이 무한하신 분이시므로 말씀을 먹는 법이 없습니다.

우리가 이 세상에서 예수님과 관계하는 방법은 성령을 통해서 합니다. 또 말씀을 통해서 주님과 관계를 합니다. 성령님은 우리 마음대로 접촉할 수 없습니다. 사람이 아무리 원한다도 해도 성령의 역사는 우리 마음대로 어떻게 일으킬 수가 없습니다. 그러나 말씀은 언제나 우리가 읽으려고 하면 읽을 수 있습니다. 이 말씀은 보통 말씀이 아니고 어제나 오늘이나 영원토록 동일하신 말씀이요 또 이 말씀을 우리가 취급할 때 주님이 알아주십니다. 주님은 우리가 땅에서 무엇을 하던지 몰라보는 주님이 아닙니다. 그물을 던져 놓고는 고기가 걸리나 안 걸리나 관망하듯이 주님께서는 말씀의 그물을 던져 놓고 이 세상의 사람들이 이 말씀 그물에 걸리나 안 걸리나 그것을 늘 보십니다. 그러기 때문에 우리가 하나님 말씀을 그야말로 정성스럽게 취급하면 주님은 아십니다. 또 하나님 말씀을 멸시하는 것도 주님은 아십니다. 그런고로 우리가 이 주님의 말씀을 통해서 주님께 접촉한다 하는 것은 성령을 통해서 주님을 접촉한다 하는 것과 꼭 마찬가지로 봐야 합니다. 거기서 에누리하면 안 됩니다. 주님의 말씀은 그런 말씀입니다.

주님 자신이 반석이라는 말씀이 성경에 몇 번 나옵니다. 고린도전서 10:4에도 보면 '반석은 그리스도라' 했고, 베드로전서 2:4에도 보면 '산돌'이라고 했고 바울 서신에는 '모퉁이돌'이라는 말도 나옵니다. 이렇게 예수님 자신을 '돌'이라고도 했습니다. 그와 같이 말씀하는 이면에는, 돌이면 다 마찬가지 아니겠습니까? 말씀도 반석이라고 그랬고 주님 자신도 역시 돌이라 그랬으니 두 가지 말씀이 꼭 마찬가지입니다. 우리가 하나님 말씀을 반석으로 꼭 인식하고 이 말씀을 의지하고 나가야 합니다. 그렇게 하면 바로 주님 자신이 역시 반석이라고 했으니까 주님 자신을 의지하는 것이 됩니다. 이 말씀에 생사 문제를 걸어야 합니다. 또 일이 잘되고 못되는 것을 말씀대로 나가면 잘되고 말씀대로 안 하면 안 됩니다. 성패 문제를 말씀에다 걸어야 합니다. 또 생사 문제를 말씀에다 걸어야 합니다. 그것은 하나의 이론을 취급하는 것 아니고 살아계신 주님을 상대하는 것입니다. 이 말씀을 기억하십시다.

결론(7:28-29)

28-29절은 결론입니다. 결론 중에도 결론입니다.

예수께서 이 말씀을 마치시매 무리들이 그 가르치심에 놀라니 이는 그 가르치시는 것이 권위 있는 자와 같고 그들의 서기관들과 같지 아니함 일러라(7:28-29).

그 가르치는 것이 권위가 있었다고 했습니다. 왜 권위가 있을까요? 구약 율법은 바로 주님의 율법입니다. 영국의 시인 브라우닝이라는 사람이 여행을 하다 어느 집에 들어갔는데 사랑방에서 두 사람이 브라우닝의 시를 가지고 논쟁을 하더랍니다. 브라우닝의 이 시구가, 한 사람은 이 뜻이라 하고 다른 사람은 그 뜻 아니다 저 뜻이다 이렇게 서로 논쟁을 했다는 것입니다. 그들의 말은 다 권위 없이 한 것입니다. 자기 개인들의 주관적 판단이었을 뿐입니다.

그럼 예수님은 어떤 분이십니까? 바로 예수님은 구약 율법을 친히 말씀하신 분입니다. 구약 율법을 가르쳐 주신 분입니다. 구약시대에는 여호와로 나타나시는 분이 예수님입니다. 구약의 '여호와'라는 말은 70인역에서 '주'라는 말로 번역했습니다. 헬라 말로 번역한 구약성경이 바로 70인역인데 70인역을 우리 주님도 많이 사용했습니다. 이 70인역에서 '주'라고 번역된 말은 여호와라는 말을 번역한 것입니다. 그런데 신약에 와가지고 예수님을 '주'라고 하는데, 특별히 바울의 설명에 의하면 더 명백해집니다. 뭐 전에도 예수님을 '주'라고 했지만 그 뜻을 설명하는 데 있어서는 바울이 명백하게 설명했습니다.

'주'라는 것은 하나님이란 뜻입니다. 여호와란 뜻입니다. 예수님이 구약시대에 율법을 주셨습니다. 물론 하나님 아버지에게서 발원이 되었지만 예수님은 계시의 중보자로서 말씀을 주셨습니다. 말씀 즉 율법의 주인공이 와서 설명하는데 말하는 모습도 권위가 있었습니다. 무지몽매한 사람도 그 권위를 인식하게끔 되었습니다. 그 모든 것이 권위입니다. 누군가 옳음이 없이 옳은 말을 했다면 힘이 없습니다. 그러나 옳음이 있어가지고 옳은 말을 할 때에는 양심을 찔러 버립니다. 예수님은 바로 '의' 자신이십니다. 그러니까 이 분의 말씀은 권위가 있습니다. 무지몽매한 사람들도 그 권위를 느꼈습니다. 하나님이 친히 오셔서 말씀하시는 이 장면인데 얼마나 놀라웠겠습니까?

부록

산상보훈 주석

산 위에서 가르치심(산상보훈)
_마 5:1-7:29

1. 팔복에 대한 예수님의 약속과 신자의 신분(1-16)
    1) 팔복에 대한 교훈(1-12)
    2) 기독교 신자의 진리 증거(13-16)
2. 예수님의 율법관(17-48)
    1) 율법의 완성자이신 예수(17-20)
    2) 제6계 해석(21-26)
    3) 제7계 해석(27-32)
    4) 제3계, 제9계 해석(33-37)
    5) 모든 계명의 완성인 사랑(38-48)
3. 하나님 중심한 의리(6:1-34)
    1) 하나님 중심한 행위(1-4)
    2) 하나님 중심한 기도(5-15)
    3) 하나님 중심한 금식(16-18)
    4) 하나님 중심한 부자(19-24)
    5) 하나님 중심한 빈자(25-34)

4. 단편적 교훈(7:1-29)

　　1) 폄론하지 말 것(1-5)

　　2) 성별을 파수하라(6)

　　3) 기도응답의 보장(7-13)

　　4) 좁은 문으로 들어가라(14)

　　5) 거짓 선지자들을 삼가라고 함(15-20)

　　6) 심판주이신 예수님(21-23)

　　7) 결론(24-29)

예수님의 말씀의 권위를 알려주심이 그 내용이다.

(1) 팔복에 대한 교훈(5:1-12)

이 부분은 기독교 신자의 신앙생활에 대하여 단계적으로 말한다. 그것이 예수님의 성역 초기에 역사적 실정 그대로의 표현으로서 그 진실성은 우리의 신앙을 일으킨다. 기독교 신자의 신앙생활에 대한 이 부분 술어들이 바울서신의 그것과 동일한 것이었다면 문제가 생길 것이다. 즉, 예수님이 죽었다가 다시 살아 승천하신 후에 나온 술어들이 어떻게 이때(예수님의 성역 초기)에 나올 수 있는가 하는 의문이 생길 것이다.

(2) 기독교 신자의 진리 증거(5:13-16)

여기 두 가지 비유가 사용되었다. 그 하나는 소금 비유이고 또 하나는 빛의 비유다. 양자(兩者)는 예수님께서 종종 사용하시는 비유 재료이다. 신자가 소금처럼 인류사회에서 맛이 나게 됨도 하나님의 은혜로운 말씀으로 되는 것이고(골 4:6), 빛처럼 사회로 하여금 하나님을 알도록 밝혀주는 것도 주 안에서 되는 것이다(엡 5:8). 그러므로 신자는 계속 타율주의(그리스도를 힘입는 믿음)로 살아야 한다. 그것은 성령과 말씀의 도움을 바라보며 또 받는 생활이다.

(3) 율법론(5:17-48)

여기서 예수님은 바리새인의 율법관과 자기 자신의 율법관을 대조시켜 말씀한다. 그의 이 같은 교훈은 비평가 라이마루스(H. S. Reimarus)의 학설과 같은 것이 아니다. 그는 예수님께서는 단지 율법의 개혁자의 위치에서 가르치셨다고 한다. 그러나 그것은 예수님을 오해한 것이다. 예수님의 율법론은 구속사적 위치에서 메시아로서 하신 말씀이다. 마 5:17에 말하기를 "내가 율법이나 선지자나 폐하러 온 줄로 생각지 말라 폐하러 온 것이 아니요 완전케 하려 함이로라"고 하였다. 이 말씀을 보면, 사람들로 하여금 믿음으로 천국에 들어가도록 율법을 완수하여 주시는 이가 예수님이시다. 이 엄숙한 선언은 그 백성을 대속하시기 위하여 찾아오신 은혜로운 메시아의 선언이다. 이 구절에 이른바 "내가 왔다"는 말씀은 메시아적 선언이다. 세벤스터(Sevenster)는 여기 "내가 왔다"는 말씀이 선지자(메시아가 아닌)의 사명을 가리키는 표현이라고 잘못 말하였으나,[1] 리델보스(H. N. Ridderbos)는 여기 있는 "내가 왔다"고 한 말씀을 메시아적 선언으로 지적하였고,[2] 스밀데(E. Smilde)도 역시 "내가 왔다"고 한 이 말씀이 그리스도(메시아)께서 속죄자로 땅에 오신 것을 의미한다고 하였다.[3] 그는 이 주장을 해설하는 의미로

---

[1] Sevenster, *Christologie Van Het Nieuwe Testament*, 104.
[2] H. N. Ridderbos, *De Komst Van Het Koninkrijk*, 96-97.
[3] E. Smilde, *Leven in de Johanneische Geschriften*, 106.

또 말하기를 " '내가 왔다'는 그리스도의 말씀은 여러 가지 뜻으로 사용되었는데, 그 모든 것이 다 메시아의 구원사(救援史)와 관련되었다. 특별히 메시아께서 땅 위에 오신 목적에 관하여 사용되었고(마 5:17; 막 1:38; 2:17; 눅 12:49; 19:10), 그가 메시아로서 영광 중에 오실 일에 대하여 사용되었고(마 16:27; 25:31), 또한 그가 심판자로 오실 일에 대하여 사용되었다(마 26:64). 그러므로 그가 '왔다'고 한 말씀은 명백히 종말관적(終末觀的)이다."라고 하였다.[4]

(4) 하나님의 자녀들의 행동 원리(마 6:1-34)

예수님은 이 부분에 있어서 하나님의 자녀들과 바리새인들의 행동 원리의 차이점을 말씀하신다. 물론 여기에 "바리새인"이라는 명칭은 관설한 바 없다. 그러나 여기서 하나님을 "아버지"라고 하는 자들의 행동 원리와 대조된 그 반대 원리는 바리새주의인 것이다. 이 부분에는 여러 번 하나님을 "아버지"라고 하는 사상이 나타나 있으니(1, 4, 6, 8, 14, 18절), 하나님을 아버지라고 하는 자들은 택함받은 백성이다. 예수님은 이 부분에서 바리새인들과 택한 백성의 차이점을 보여 주신다. 곧, 바리새인들은 외모에 나타내기 위하여 행하는 반면에, 하나님을 아버지라고 하는 자들은 그 행위의 방식이 내적(內的)이고 순신본주의(純神本主義)로 행해야 될 것을 가르

---

4   *Ibid.*, 47.

치신다. 스펄전(Spurgeon)은 택자와 불택자의 행동 원리의 차이점을 다음과 같이 말했다. 곧 "이삭은 이스마엘과 같지 않다. 이삭은 저녁에 들에서 묵상하였으니, 그것은 고요히 거룩한 것들을 생각하며 또한 기도의 자리에 머무른 것이었다. 반면에 이스마엘은 땅에 속한 것들을 탐하는 모든 행동을 나타냈다. 사람이 종교적으로 훈련을 받으면 경건한 모양을 어느 정도 나타내기도 한다. 그렇지만 그가 성령으로 말미암아 새롭게 하심을 받지 못했다면 하나님의 자녀로서의 은밀한 생활을 가지지는 못한다. 그런 사람은 종교인으로서 찬송도 하고 기도도 할 수 있으며, 또 성경도 인용할 수 있다. 이런 사람은 자기의 힘으로 가지는 자력 구원(自力救援)운동이나 또는 극기(克己) 생활을 힘쓸 수는 있다. 그러나 그의 종교적 봉사는 모두다 외부적인 것에 불과하며, 그는 영적(靈的)인 것들의 중심에는 들어가지도 못하며 또한 들어갈 수도 없다. 그의 육체적 심리는 비록 종교적으로 움직인다 하더라도 그는 하나님과 원수 된 처지이고 하나님과 화목 되지 못했으며, 또한 화합될 수도 없다"라고 하였다.[5]

하나님의 택하심을 받은 자녀들은 사람에게 보이기 위해서 의(義)를 행치 않는다. 그들은 신앙의 길을 택하여 고요히 하나님 앞에 상달되도록 행동을 취한다. 예수님께서 그의 제자들에게 교훈하

---

5 Spurgeon, *According to Promise*, 12–14, 16.

신 행동 원리가 바로 그것이다. 그는 말씀하시기를 "사람에게 보이려고 그들 앞에서 너희 의를 행치 않도록 주의하라 그렇지 아니하면 하늘에 계신 너희 아버지께 상을 얻지 못하느니라"(마 6:1) 하셨고, 또한 "너는 구제할 때에 오른손의 하는 것을 왼손이 모르게 하여 네 구제함이 은밀하게 하라 은밀한 중에 보시는 너의 아버지가 갚으시리라"(마 6:3-4)고 하셨다. 이런 말씀은 그의 제자들이 마땅히 영적으로 행하며 하나님을 향하여 살아야 할 것을 가르치심이다(참조. 롬 6:17-18). 그렇다면 이 행동 원리는 영적인 것이요 하나님 중심한 것이다. 그것은 믿음에 의하여 은혜로 구원 받은 자들만이 행할 수 있다.

(5) 여러 가지 단편적 교훈(7:1-29)

이 부분에는 서로 연락 없는 예수님의 경고들이 담겨 있다. 첫째, 남을 비방하지 말라고 함(1-5절). 둘째, 진리를 증거 할 대상(혹은 성직에 택해 세울만한 자)이 어떤 사람이겠는지 구분해야 된다고 함(6절). 셋째, 기도하는 자는 반드시 응답을 받는다고 함(7-11절). 넷째, 하나님을 본받아서 다른 사람에게 주기를 원하라고 함(12절). 다섯째, 세속적인 넓은 길을 가지 말고 주님을 따르는 좁은 길을 가라고 함(13-23절). 여섯째, 예수님의 말씀대로 행함이 구원의 길이라고 함(24-27절). 일곱째, 결론(28-29절).

5:1-48.

❶ 산에 올라가 앉으시니. 이 "산"은 어느 산인가? 혹은 이것이 다보 산이라고 하나 그것은 갈릴리에서 너무 멀다. 혹은 이것이 갈릴리 호숫가의 컨해틴(Kun Hattin) 산이라고 한다. 알포드(Alford)는 이 해석을 지지한다. "컨해틴"이라는 이름은 '해틴의 뿔들'(Horns of Hattin)이라는 뜻이다. 그 산은 멀리서 보면 두 개의 뿔같이 보인다. 그것은 갈릴리 호수에서 서쪽으로 4마일쯤 되는 위치에 있고 가버나움에서 남쪽으로 8마일 되는 지점에 있다. 이 산은 모세가 율법을 받은 호렙 산과 대조된다. 호렙은 황막하고 올라가기 어려운 산으로서 광야에 자리하고 있는 반면에, 컨해틴은 경치가 아름다운 산이다. 이것으로서도 율법과 복음의 대조가 나타난다.

❷ 입을 열어. 이것은 그의 교훈의 엄숙성(嚴肅性)과 중대성을 나타내는 저자(마태)의 형용이다.

5:3-12. 예수님의 팔복 교훈은 점점 전진하는 성격을 보여 준다. 처음 네 가지 복(가난한 마음, 애통, 온유, 사모)은 인생에게 있어야 할 자아거부 과정(自我拒否過程)의 성격을 지녔고, 다음 네 가지 복(긍휼, 청결, 화평, 고난)은 신자의 증거운동 성격을 보여 준다.

(1) 자아거부의 과정

예수님은 사람이 구원을 얻으려면 누구든지 자아를 거부해야 된다고 하신다(마 16:24). 그는 언제나 스스로 의롭다고 하는 자들을 책망하신다. 계 3:15-18에 말하기를 "내가 네 행위를 아노니 네가 차지도 아니하고 더웁지도 아니하도다 네가 차든지 더웁든지 하기를 원하노라 네가 이같이 미지근하여 더웁지도 아니하고 차지도 아니하니 내 입에서 너를 토하여 내치리라 네가 말하기를 나는 부자라 부요하여 부족한 것이 없다 하나 네 곤고한 것과 가련한 것과 가난한 것과 눈 먼 것과 벌거벗은 것을 알지 못하도다. 내가 너를 권하노니 내게서 불로 연단한 금을 사서 부요하게 하고 흰 옷을 사서 입어 벌거벗은 수치를 보이지 않게 하고 안약을 사서 눈에 발라 보게 하라"고 하였다. 여기 팔복의 처음 네 가지 복도 자아거부의 필요를 강조하였다. 이 네 가지는 인간 자신의 비참과 공허를 사실대로 말해준다. 이는 물에 빠져 죽어가는 자의 형편과 같다. 물에 빠진 자가 처음에는 자기의 비참한 처지를 걱정하며 애쓰다가 다음에는 도무지 힘이 없어져서 가만히 있게 되며 남의 도움을 사모한다. 그와 같이 자기를 바로 아는 인간도 처음에는 걱정하며 애통하다가 그 다음에는 온유해지며 하나님의 구원("의")을 사모하게 된다.

(2) 신자의 증거운동의 과정

이것은 긍휼, 청결, 화목, 고난으로 성립되어 간다. 남의 영혼을 불쌍히 여기는 마음 없이 어떻게 그를 구원하려는 작업에 착수할 수 있는가? 거듭난 사람의 특징은 부드러워진 마음(긍휼)이다(겔 36:26). 그런데 이 긍휼은 감정적인 형태라기보다는 사색적이어서, 구체적인 행동과 활동으로 나타나야 한다. 그러므로 유 1:23에 말하기를 "어떤 자를…두려움으로 긍휼히 여기라"고 하였다. 바울은 왕과 총독 앞에서도 말하기를 "모든 사람도 다 이렇게 결박한 것 외에는 나와 같이 되기를 하나님께 원하노이다"(행 26:29)라고 하였다. 허드슨 테일러는 중국 사람들의 영혼이 한 시간에도 몇 백만이 지옥에 떨어짐을 보고 중국 선교사로 갈 결심을 하였다. 증거 운동에 나서기 전에 준비할 것이 또 있다. 그것은 청결한 마음이다. 누구든지 청결한 마음 없이는 교회 일을 할 수 없다. 기독교의 참된 유산은 청결한 마음을 통해서 이루어졌다. 마음이 청결해야 하나님이 함께 해 주신다. 마음이 청결해지는 방법이 중요하다. 그 방법은 예수 그리스도를 생각하는 시간, 연구하는 시간, 경배하는 시간을 많이 가짐이고 다른 모든 것보다 하나님을 더 사랑하는 생활을 하는 것이다(마 6:22-24).

  증거 운동에 착수하기 전에 해결할 문제가 또 있다. 그것은 화목 운동이다. 형제와 화목하고 하나님의 제단에서 봉사하는 법이다(마 5:24). 구약시대에 이새의 마지막 아들은 요나단의 화목 운동 때문에 위대한 다윗이 되었고, 신약시대에 바울은 바나바의 화목 운동 때문에 모든 이방인들의 사도가 되었다. 야고보는 말하기를 다툼은

"세상적이요 정욕적이요 마귀적이니…오직 위로부터 난 지혜는 첫째 성결하고 다음에 화평하고…"(약 3:15-17)라고 하였다. 무디 선생은 다툼이 있는 교회에 대하여는 부흥회 인도를 거절하였다.

뿐만 아니라, 주님의 증인들은 고난을 각오해야 된다. 고난을 받는다는 것은 교회 일꾼들이 만나는 모든 종류의 애로와 역경을 잘 겪어 나감이다. 바울은 말하기를 "나는 날마다 죽노라"고 하였다. 여기에는 훼방 받는 일들도 있다. 고난 받는 자는 하늘의 상급을 바라봄이 중요하다. 신자에게는 내세의 상급을 바라보는 신앙이 절대로 필요하다. 보이지 않는 것을 어떻게 바라볼 수 있을까? 그러나 성경은 말하기를 "보는 것을 누가 바라리요"(롬 8:24)라고 한다. 사람의 생각과 하나님의 생각은 여기서 정반대이다. 고후 4:18 하에는 말하기를 "보이는 것은 잠간이요 보이지 않는 것은 영원함이니라"고 하였다. 우리는 성경을 믿어야 된다. 우리가 성경을 거스려 싸워 이기겠는가? 인생인 우리는 거짓되고 하나님은 참되다(롬 3:4).

❸ 심령이 가난한 자는 복이 있나니. 여기 "심령"($\pi\nu\epsilon\hat{u}\mu\alpha$)이라는 말은 영혼의 근본적 부분이다. 그러므로 "심령"이라는 것은 인격의 골수(骨髓)와 같은 극히 내부적인 영혼 부분을 가리킨다. 그러면 심령이 가난하다 함은 무슨 뜻인가? 테오도레 즈안(Theodore Zahn)은 여기 "가난한 자"($\pi\tau\omega\chi o i$)라는 말은 단순히 어떠한 빈핍(貧乏) 상태에 있는 자가 아니고, 그런 가난한 상태에서 견디어 가는 자를

가리키는데,[6] 이는 구약에서 말한 "가난한 자"(아나윔, עֲנָוִים)와 같은 자라고 한다. 곧, 그는 자기가 어떻게 할 수 없는 처지와 하나님 밖에 누구도 도와줄 자가 없음을 아는 자이고(사 61:1; 시 69:29; 70:5; 74:21; 86:1-6; 습 3:12), 하나님 앞에서 오만한 자들과 반대되는 생활을 하기 때문에 그 오만한 자들의 박해를 받는 자들이다(시 37:14; 86:14). 특별히 그는 죄로 인하여 상심하며 회개하는 자이다(시 34:6, 18; 51:17; 사 66:2). 또한 그는 자기의 의가 없는 줄 알고 오직 하나님의 도우심과 사죄를 구하는 자이다. 그러므로 그는 예수님 당시의 바리새인들과는 사상이 다른 자이다.

"복이 있나니"(μακάριοι). 이 말씀은 행복의 최고급을 의미한다(Grosheide). 특히 이 행복은 하나님이 주시는 것이지 인간이 지은 것이 아니다. "천국"(ἡ βασιλεία τῶν οὐρανῶν)은 무엇보다도 먼저 하나님의 영적 통치(靈的統治)를 의미한다. 천국은 그리스도를 받는 자에게 실현된다. 이 영적 통치를 천국의 첫째 요소로 잡은 것은 성경 신학자 게할더스 보스(Geerhardus Vos)도 힘 있게 말한 바이다. 천국은 현세에서는 성령님이 역사하시는 참 교회로 나타났고, 내세에서는 구속이 완성되어 영원히 하나님과 같이 있을 곳이다.

결론적으로 말하자면 "심령이 가난한 자"는 그리스도를 따르기

---

6 Theodore Zahn, "Es drückt nicht den Mangel an irgend etwas, sondern die Haltung des Bedürftigen aus."

위하여 자기 자신을 거부(拒否)하는 자이다(마 16:24). 우리가 우리 자신을 거부함은 고행주의(苦行主義)의 노력이 아니고 하나의 기쁜 교역(交易, exchange)이다. 곧, 나 자신을 그리스도와 바꾸는 행동인 것이다(참조. 마 13:44-46). 우리는 이 교역에 있어서 사무적으로 정확해야 된다. (1) 첫째로, 정확히 알아야 할 것은 "나 자신"의 가치에 대한 것이다. 현재의 "나"라는 것은 본래의 "나"를 해롭게 하는 자인만큼, 그것은 팔아야 된다(마 16:25-26). 우리는 우리 자신이 구원하지 못한다. 구원하는 일을 우리 자신에게 맡길 수 없다. 고양이에게 반찬 그릇을 보아 달라고 맡길 수는 없다. (2) 그와 반면에 예수 그리스도는 어제나 오늘이나 영원토록 동일하신 하나님의 아들이시다. 바울은 말하기를 "내게 사는 것이 그리스도니 죽는 것도 유익함이 되느니라"(빌 1:21)고 하였다. 그리스도는 우리를 위하여 죽어 주셔서 우리의 죄 값이 되기 원하시고, 또 그 부활의 생명으로 우리의 생명이 되기 원하신다. 그는 우리가 그를 믿어 드리는 것만을 원하신다. 그리스도를 영접함은 천국을 소유함과 같은 것이다.

❹ **애통하는 자**(οἱ πενθοῦτες). ① 즈안에 의하면 "애통"이란 밖에 나타난 슬픔을 의미한다. 즉, 이 세상의 것을 믿고 교만하게 행하는 자들에게 눌린 성도가 가지는 슬픔을 가리킨다. 물론 이 슬픔의 근본 원인은 하나님을 위하여 옳게 살려고 애쓰다가 불의한 자들과 충돌됨에 있다. 이 해석을 취할 경우 이 구절은 사람이 자기 행위로

인하여 구원을 얻는다는 교리를 말하는 것이 될까? 그런 것이 아니다. 즉, 그가 옳게 살아보려 하다가 불의와 충돌하게 되는 것은 그가 본래 가지고 있던 덕이 아니다. 그 덕은 그가 하나님의 은혜로 이미 성별(聖別)됨으로 인해 하나님으로부터 받게 된 것이다.

② 대다수의 학자들은 이 "애통하는 자"라는 말이 자기 자신의 죄에 대하여 통회하는 자를 가리킨다고 말한다(Grosheide).

"위로를 받을 것임이요". 그리스도께서는 통회하는 죄인에게 구원의 소망을 주시며(고후 7:10), 환난과 비애에 잠긴 자기의 택한 백성에게 구원의 길을 주신다(눅 2:25-32).

❺ **온유한 자**(οἱ πραεῖς). 이 말은 조급, 경솔, 단기(短氣)와 같은 모든 악한 행실과 반대되는 유화(柔和)롭고 신축성(伸縮性) 있는 아름다운 덕의 소유자를 가리킨다. 다른 말로 말하면 이것은 그리스도를 믿는 자를 가리킨다. 그러므로 "온유"는 나약이 아니고 무엇보다도 지구성(持久性)이 있고 소화력이 있고 따라서 파수력 있는 것이니 결코 무모하게 움츠려 물러서는 것은 아니다. 이 덕을 소유한 자는 하나님의 지혜에 절대 의뢰하여 자기의 처신을 결정하는 자이다. 이것은 하나님의 지모(智謀)를 풍기며 남들을 품고 또 소화(消化)하는 자니, 약자의 도덕이 아니고 강자 또는 이기는 자의 도덕이다.

그렇다면 이 도덕이 어떤 공로가 되어 그 소유하는 자에게 그런 소득이 있게 한단 말인가? 그렇지는 않다. 그것이 아름다운 덕이지만 사람의 힘으로 가져 볼 수 있는 것이 아니고 다만 하나님께서 주신 것이며 "온유하게" 하나님께 의지하는 신앙이다.

땅을 기업으로 받을 것임이요. "기업으로 받는다" 함은 자녀가 그 아버지에게서 받는 것을 말한다(롬 8:17). 그러므로 이것은 갚음으로 얻는 것이 아니고 하나님께서 아버지로서 주시는 영원한 선물인 것이다. 여기서 "땅"은 신자가 내세에 있을 곳을 가리킨다.

❻ **의에 주리고 목마른 자**. 여기 "의"라는 말은 하나님이 신자에게 거저 입혀 주시는 칭의(稱義)의 의를 가리킨다. 크레머(Cremer)도 그렇게 생각하였다. 참된 의는 사람이 이 세상에서 자기 힘으로 소유할 수 없는 것이다. 하나님의 말씀이 그렇다고 하며(렘 17:9; 롬 3:10), 인류의 경험도 이 사실을 증명한다.

❼ **긍휼히 여기는 자**. 여기서부터 나타나는 네 가지 덕은 적극성을 띤다. 앞에 기록된 네 가지는 사람이 자기에게 의가 없음을 느끼어 하나님의 도우심을 사모하며 탐구하는 신앙에 대하여 말하였다. 이제부터 네 가지는 위에서 말한 바와 같이 이미 믿는 자가 남을 위하여 행하는 아름다운 덕을 말한다. 다시 말하면, 처음 네 가지는 죄인이 반성, 통회, 믿음, 칭의(稱義)를 가짐이다. 곧 그 자신이 구원받는 단계를 말한다. 다음 네 가지는 그리스도의 의를 얻은 신자가 남들과의 관계에 있어서 가지는 행위이다. 곧, (1) 하나님의 의를 힘입어 배부른 자(6절)가 그 문에서 나설 때 하나님을 모르는 가련한 자들을 많이 보게 되니, 공로 없이 의롭다 함을 얻고 있는 그

의 마음은 긍휼로 움직일 것이다. (2) 그리고 그는 이미 복음의 말씀으로 깨끗하여졌으니(요 15:3), 그 깨끗하게 된 것을 힘써 지킴으로 하나님을 더욱 아는 자리로 나아간다. (3) 하나님의 복음을 전함으로 남들로 하여금 하나님과 화목케 하여 영적 평화의 질서를 확립한다. (4) 뿐만 아니라 그는 의를 위하여 핍박을 받는 일에까지 나아간다. 신자가 이렇게 아름다운 덕을 행할 때에 하나님의 상이 따르나 그 상은 보상적(補償的) 원칙대로 된 것이 아니다.

그것이 은혜의 법칙인 것은 다음과 같은 사실에 나타난다. ① 작은 것을 행하여 큰 것을 받는 것이다. 내가 작은 긍휼을 행하여 하나님의 긍휼로써 갚음을 얻고(마 6:14-15) ② 땅 위에서 나의 작은 마음을 정결케 함으로 영원하신 하나님을 더욱 밝히 아는 지극히 큰 복을 받고 ③ 땅 위에서 하나님의 진리를 전하여 화평을 이룸으로 하나님의 자녀의 자격을 알리고, ④ 땅 위에서 잠깐 동안 그리스도를 위하여 핍박을 받음으로 영원한 내세의 큰 상을 얻는다.

❽ **마음이 청결한 자**. 클로스텔만(Klostermann)은 말하기를, 이것은 죄에서 완전히 떠나 성결해짐을 의미함이 아니고 심령 태도의 공정성(公正性)을 의미한다고 하였다.[7] 그러나 그보다는 다음과 같이 생각함이 옳다. 곧, 이것은 하나님께 대하여 단순한 마음을 가짐이다. 하나님 앞에서의 이중(二重)행위는 하나님 앞에 불결한 것이

---

7 Klostermann, "Wohl nicht die völlige Reinheit von Sünde sondern die Aufrichtigkeit."

니 그것으로 인하여 암매(暗昧)해져서 하나님을 보지 못하게 된다(마 6:21-24).

❾ **화평케 하는 자.** (1) 신자들이 복음을 가지고 인간을 하나님께로 돌아오게 하여 화목케 하므로, 반드시 자기들끼리도 화목하게 된다(엡 2:13-18. 참조. 고후 5:18-21). (2) 그리고 신자들이 교회 생활에 화평을 이루는 방법은 의를 세우는 데 있어서 평화로운 마음으로 하는 것이다(참조. 약 3:17-18).

저희가 하나님의 아들이라 일컬음을 받을 것임이요. 이 말씀은 그들이 그 화목행위로 하나님의 아들 된 표를 나타낸다 함이고, 그것으로써 하나님의 아들이 새로 된다는 의미는 아니다. 하나님은 평강의 하나님이시므로 하나님의 아들의 특징의 하나는 진리대로 사는 화목행위이다(고전 14:33; 갈 5:22; 살후 3:16).

❿ **의를 위하여 핍박을 받은 자.** 여기에 "의"는 예수님 자신을 의미한다. 11절에서는 "의"라는 말 대신에 예수님 자신임을 밝혔다.

"천국"에 대하여는 3절에 있는 같은 말 해석을 참조하라.

⓫~⓬ 이 구절들은 윗절(10절)에 나타난 의를 위하여 핍박을 받는 것이 무엇인가를 밝혀 준다. 의를 위하여 핍박을 받는 것은 다른 것이 아니고, 곧 예수님을 위하여 핍박을 받음이다(참조. 벧전 4:13-16).

예수님은 절대 완전하신 진리이시기 때문에 그를 욕하고 반대(핍박)하는 말은 무슨 말이든지 거짓된 말이다. 따라서 그런 말은 모두 다 악한 말이다. 예수님을 위하여 이런 욕설을 받는 자는 살아계신 하나님 편에 서는 자이므로 복되고, 그를 핍박하는 자가 도리어 비참하다.

예수님을 위하여 핍박받는 자들이 기뻐할 이유는, 첫째 그들이 하늘에서 받을 상이 클 것임이요, 둘째는 저희가 추앙하는 선지자들이 그와 같은 핍박을 받았기 때문이다. 예수님을 위하여 핍박을 받는 자는 구약시대의 선지자들처럼 하늘 복을 받는다.

하늘에서 너희의 상이 큼이라. "하늘"은 하나님이 계신 곳을 가리킨다(신 4:39; 수 2:11). 그러나 성경에서 이 말이 어떤 때에는 하나님 자신을 가리킨다(마 21:25; 막 11:30-31; 눅 15:18; 20:4-5). 그런데 여기서 마태는 하나님의 계신 곳을 가리켰다. 하나님이 하늘에 계시다는 것은 어떻게 인식해야 되는가? 우리는 이 말을 시간과 공간의 개념으로 생각하면 안 된다. 바빙크(H. Bavinck)의 말을 인용하면 다음과 같다. "하나님은 어느 장소에 계시지는 않는다. 그러나 그는 하늘과 땅 어디나 계신다. 그는 빛이 공간에 스며드는 것같이 공간에 스며드시지는 않는다. 그가 모든 것 가운데 계시다는 말 대신에 모든 것이 그의 안에 있다고 말함이 좋을 것이다. 그러면서도 우리가 주의할 것은 그가 모든 것을 포괄하는 공간적 존재는 아니라는 것이다.[8]

---

8   H. Bavinck, *Gereformeerde Dogmatiek*, II (1967), 137-138: "Hij is niet ergens en

❸ 본절부터는 위의 구절들에 있는 팔복에 참예한 사람들(구원 받은 사람들)이 행할 책임이 어떤 것인가를 가르친다. 우리는 이것을 구원받는 방법에 대한 직접적(直接的) 교훈이라고 할 수 없다. 왜냐하면 구원받는 방법에 대한 직접적 교훈은 위의 팔복론에서 밝혀졌다. 구원은 전적 하나님의 은혜로, 회개하고 주를 믿음으로 거저 받는 것이지 무엇을 행한 값이 아니다(롬 4:4-5). 구원 얻을 공로를 세우려고 무엇을 행한다는 관념은, 영원히 우리의 사상에서 뽑아버려야 한다. 구원은 오직 그리스도의 공로로만 우리가 받게 된다. 내가 무엇을 하는 목적은 다른 데 있으니, 곧 하나님께 영광을 돌리기 위한 그것이다.

너희. 이것은 위의 팔복에 참예할 자들, 곧 신자들을 가리키는 말씀이지 누구든지를 가리키는 말씀이 아니다. 그러나 불신자라도 이 아래 모든 주옥(珠玉) 같은 교훈들을 지켜 행하면 복을 받는다. 이 교훈의 상대자는 특별히 신자들이다.

세상의 소금. "소금"의 작용은 음식물을 맛있게 하며 또 부패하지 않게 한다. 신자는 이 세상에 있어서 맛없는 인생의 생활을 그리

---

toch vervult Hij hemel en aarde; Hij is niet door de ruimte verspreid, gelijk het licht en de lucht, maar Hij is aan alle plaatsen met zijn gansche wezen. Hij wordt door geen ruimte of plaats besloten; en daarom ware het beter te zeggen, dat alle dingen in Hem zijn dan dat Hij in de dingen is. Maar toch is ook dit weer niet zóó te verstaan, als of Hij de ruimte ware, waarin zich de dingen bevonden want Hij is geen locus."

스도의 복음으로 맞나게 하고, 또 인생 사회를 부패하지 않도록 할 직책을 가진 것이다. 이것은 그가 무슨 사회사업 기관을 차려 놓음으로만 할 수 있는 것이 아니고, 복음을 바로 가르치고 바로 전함으로 되는 것이다. 진정한 복음이 빛나는 곳에는 가정이나 사회도 행복해지는 것이다(참조. 막 9:50).

사람에게 밟힐 뿐이니라. 그리스도를 믿던 자가 중도에 타락하면 가증스러워지고 악하여져서 모든 사람에게 버림이 될 것이다. 우리는 믿다가 타락한 사람들을 하나하나 꼽아가며 살펴볼 때에 이 말씀 그대로 된 것을 발견하게 될 것이다. 신자가 타락하면 왜 그렇게 악하여지는가? 그 이유는 그가 그 타락한 때부터 모든 영적 진리와 도덕적 법칙을 확정적으로 떠나기 때문이다.

❶❹ 세상의 빛이라. "빛"은 인생으로 하여금 길을 볼 수 있게 하는 것이니, 여기서는 진리를 나타냄에 대한 비유이다. 기독교 신자는 진리, 곧 복음을 나타내는 자니 첫째는 그의 실생활로써 하고, 둘째는 그의 말로써 한다.

산 위에 있는 동네가 숨기우지 못할 것이요. 여기 산 위의 "동네"는 교회를 가리키는 비유이다(사 2:2; 갈 4:26; 히 12:22). 교회는 산 위의 동네와 같으므로 사람들이 바라보는 대상이다. 교회에는 작은 과실(過失)이 있어도 사람마다 그것을 보고 비방(誹謗)하게 된다. 그러므로 교회는 그 빛을 흐리지 않도록 힘써야 된다.

❶❺~❶❻ 여기서 예수님께서 가르치신 것은, 신자의 생활이 빛과

같이 남들로 하여금 진리를 볼 수 있도록 해야 할 것을 가르치신다. 신자는 복음을 믿는 생활로써 진리를 밝혀 주위의 사람들로 하여금 하나님을 알도록 하고 또 섬기도록 하여야 한다.

5:17-48. 여기서는 예수님의 율법관이 진술된다. 먼저 17-20절에서는 예수님 자신이 율법의 완성자, 곧 메시아라고 전제(前提)한다. 서기관과 바리새인은 율법의 근본정신을 잃고 극단의 외식주의(外飾主義)로 흘렀다. 그렇게 율법이 그릇되게 알려진 세상에서, 예수님은 그 제자들에게 무엇보다 먼저 그리스도 안에서 율법의 정체(正體)를 보도록 해주신다.

❿ 내가 율법이나 선지자나 폐하러 온 줄로 생각지 말라 폐하러 온 것이 아니요 완전케 하려 함이로다. 여기 "온 줄로"(ὅτι ἦλθον)라는 문구는 "왔다고"라고 개역되어야 한다. "왔다"는 말은 메시아께서 위에서(하늘에서) 이 세상에 강림(降臨)하신 사실을 가리킨다(참조. 마 11:3; 요 3:31). 예수님께서 여기서 개인 자격으로 말씀하지 않고 메시아격으로 말씀하셨다는 것은 구원론적으로 의미심장하다. 이와 같은 메시아적 선언은, 그의 율법 완성이 곧바로 자기 백성(기독교 신자들)에게 구원의 의가 된다는 것이다. 메시아는 우리 신자들의 대리자이기 때문이다. 그에게 된 일은 무엇이든지 우리(신자들)에게 영원한 구원이 된다.

그는 율법론의 서론으로써 먼저 자기와 율법과의 관계 및 제자들과 율법과의 관계를 보여 주신다(17-20절). 예수님께서 이 세상에 오신 것은 자기를 낮추사 율법 아래(빌 2:6-7; 갈 4:4-5) 오신 것이니, 율법 아래 오셨다 함은 율법의 제재를 받는 자 곧 인간이 되셨다 함이다. 인간의 아래 있는 동물도 율법 아래 있지 않고, 인간의 위에 계신 영원하신 창조주께서도 율법의 제재 아래 계시지 아니하신다. 하나님은 자율자(自律者)이시기 때문에 자신이 자기에게 율법이 되시는 것이다. 그러나 오직 인간만은 하나님이 주신 율법 아래 제재를 받는다. 그런데 인간을 구원하시기 위하여 그리스도께서는 인간이 되시어서 율법과의 관계를 가지신 것이다. 율법은 이렇게 그것과 관계있는 자의 행위만을 평가하는 것이다. 그리스도는 인간에게 요구되는 율법적 의를 주시기 위하여 율법 아래 오셔서 율법적 의를 완전히 행하신 것이다.

그가 십자가에서 죽으신 것은 율법 앞에서 우리의 죄 값을 내시고도 남음이 있고, 그가 율법의 모든 것을 지키신 것은 율법 앞에서 우리에게 요구되는 모든 의를 대신하고도 무한히 남는 그것이었다. 이렇게 그리스도께서는 우리를 대신하여 율법의 요구를 완수하신 것이다. 뿐만 아니라 예수님은 율법과 선지자가 예언한 대로 오셨으니, 그 의미에서도 역시 율법과 선지자의 말씀의 성취인 것이다.

❽ 진실로 너희에게 이르노니 천지가 없어지기 전에는 율법의 일점 일획이라도 반드시 없어지지 아니하고 다 이루리라. 진실로

너희에게 이르노니. 여기 "진실로"(ἀμὴν)라는 말은 히브리어(אָמֵן)의 음역인데 엄숙한 선언에 사용된다. 주님의 말씀은 그 어느 말씀이든지 진리 아닌 것이 없다. 그러나 그가 청중을 특별히 주의시키실 단계에 이르러서 이 말씀을 쓰신다.

"천지가 없어지기 전에는…없어지지 아니하고". 이 말씀은 천지가 없어진 후에 율법이 없어진다는 것이 아니고, 어떤 의미에서는 율법과 선지의 진리가 영존(永存)한다는 의미이다. 눅 16:17에는 "율법의 한 획이 떨어짐보다 천지의 없어짐이 쉬우리라"고 하셨느데 이 말씀도 같은 의미이다. 율법과 선지자의 예언적 목적은 그리스도의 구속이 완성되는 때에 끝났으나(고전 13:8), 그 윤리적 목적 곧 사랑은 영존한다(고전 13:13).

"일점 일획". 여기 "일점"이라는 말은 한 "요드"라는 말인데, 요드(י)는 히브리 글에 있어서 가장 작은 글자이다. 그리고 "일획"이라는 말은 미아 케라이아(μία κεραία)라고 하는데 히브리 글자의 작은 각획(角劃, 조금 두드러진 것 혹은 구부러진 것)을 말한다. 예수님께서 이 말씀을 하실 때에 문서를 염두(念頭)에 두신 것이 분명하다. 문서의 어떤 점획(點劃)을 변경하면 그 부분에서 글 뜻이 달라진다. 성경의 만전영감설(萬全靈感說, Plenary Inspiration, 글자 글자마다 영감으로 되었다는 말)을 지지하는 이들에 대하여 "약대는 그대로 삼키고 깔따구(표준말 눈에 놀이, 개역에는 하루살이로 되었으나 원어상 불합당함)는 걸러먹는다"고 비평하는 자들은 경솔하게 남을 정죄하는 자들이다.

　만전영감설을 믿는 자들은 "약대를 그대로" 삼키는 외식자들이 아니다. 그들은 극히 주밀(周密)하고 주의 깊게 사리(事理)를 취급하는 자들이기 때문에, 목적과 정신의 옹호(擁護)를 위하여 그것을 담은 그릇인 문서를 중요시하고 사실로 그것이 만전적(萬全的)으로 영감된 것과 그것의 틀림없음을 믿는다.

　❶❾ 누구든지 이 계명 중에 지극히 작은 것 하나라도 버리고 또 그같이 사람을 가르치는 자는 천국에서 지극히 작다 일컬음을 받을 것이요. 이 구절을 보면, 예수님의 제자, 곧 진정한 신자들에 한하여서는 율법을 지키든지 못 지키든지 구원문제에 있어서 직접 관계는 없다. 율법을 지키는 것은, 회개하고 복음을 믿어 천국에 들어가는 자가 받을 상급에만 관계가 있다. 약 2:10-11을 보면 율법의 한 부분을 범하면 그 전부를 범한 것과 같다 하였고, 갈 3:10에는 "누구든지 율법 책에 기록된 대로 온갖 일을 항상 행하지 아니하는 자는 저주 아래 있는 자라"고 하였다. 그러므로 율법을 행한 값으로 구원을 받을 자는 한 사람도 없다. 여기 예수님의 말씀에 의하면, 율법의 일부분을 범한 자라도 천국에 들어가기는 하였다. 그는 다만 천국에서 상급이 적은 것뿐이다. 예수님의 이 말씀은, 구원은 율법을 행함에서 나는 것이 아니라는 복음적 진리를 포함한다.

　행하며 가르치는 자는 천국에서 크다 일컬음 자기 자신이 행하지 않고도 남을 가르치는 일이 있을 수도 있고, 또한 그 가르침이 사람들에게 어느 정도까지는 유익할 수도 있다. 그러나 그 자신이 내세에 더욱 엄한 심판을 받는다(약 3:1). 자신이 하나님의 율법을 실행하면서 남을 가르치는 자는 하늘의 별과 같이 빛나는 사람이며 내세에 상을 받는다(단 12:3).

㉠ 너희 의가 서기관과 바리새인보다 더 낫지 못하면 결단코 천국에 들어가지 못하리라. 율법을 논하시다가 갑자기 여기서는 행함으로야 구원을 얻는다고 말씀하시는 것 같다. 그러나 이 구절의 말씀이 행함으로 구원을 얻는다는 뜻은 분명 아니다. 아래 해석을 참조하라. "서기관과 바리새인의 의"라는 것은 외식이 그 특색이므로 순인본주의에 속한다. 왜냐하면 그것은 인본주의(인간의 방법으로 인간을 기쁘게 하려는 것)이면서도 외식을 더하였기 때문이다. 인본주의도 진리가 아니거니와 거기에 더하여 외식은 더욱 가증한 것이다. 그러므로 그들의 의는 실질에 있어서 불의요, 죄악인 것이다. 그런즉 그들의 의보다 더 나은 의는 그들의 의와 같은 종류의 의의 연장이나 확대가 아니다. 그런 종류의 의의 말살(抹殺)이고 온전히 새로운 종류의 의이다. 이 새로운 종류의 의는 바리새인의 의와는 질적으로 다른 것이다. 이것은 성령으로 말미암은 거듭난 자의 의(義)니만큼 그리스도께서 그 기본이시다. 그러므로 이 구절의 말씀은, "사람이 거듭나지 아니하면 하나님 나라를 볼 수 없느니라"(요 3:3)고 하신 말씀과 같다. 중생은 사람의 힘으로 할 수 있는 일이 아니고 오직 하나님의 능력으로 되어지는 일이다.

그러므로 크로쉬이데(F. W. Grosheide)도 "서기관과 바리새인보다 더 나은 의"에 대하여 다음과 같이 말한다. 곧 "율법을 완성하므로 천국에 들어가는 길은 오직 그리스도로 말미암아 열려져야 한다. 이것은 그가 후에 점차 알려주실 것이었다. 율법을 완성한다는 것은 인간이 할 수 없다"라고.[9]

㉑ 이 구절부터 7:27까지는 윗절에 말한 거듭난 자가 행할 율법적 표준을 보여 준다. 그 표준은 인본주의, 외모(外貌)주의, 외식주의인 바리새주의의 것과 전혀 다르고 온전히 신본주의인 것이다.

옛 사람에게 말한 바…하였다는 것을 너희가 들었으나. 이 말(Ἠ κοῦσατε ὅτι ἐρρέθη τοῖς ἀρχαίοις)의 의미는 서기관과 바리새인들의 그릇된 유전(遺傳)에 의하여 너희가 모세나 옛 사람들에게 이러이러하게 말하였다는 말을 들었다는 것이다. 곧, 너희가 서기관과 바리새인의 그릇된 유전대로 모세의 율법을 오해하였다는 의미이다. 즈안(Zahn)도 이렇게 보았고,[10] 클로스텔만(Klostermann)도 그런 뜻으로 해석하였다(Ihr habt als Tradition empfangen). 이 어구(語句)와 비슷한 것이 5:27, 33, 38, 43의 모든 구절에도 있다. 예수님께서 이 어구로써 율법 그것과 그의 말씀과를 대립시키심이 아니고, 바리새인들

---

9 F. W. Grosheide, *Commentaar op het Nieuwe Testament, Matteus* (1954): "In den weg der wetsvolbrenging geen toegang tot het koninkrijk Gods is te verwerven. De toegang moet door Christus word geopend, zullen we later horen,…ware wetsvolbrenging is door mens niet te breken."

10 Zahn, *Das Evangelium des Matteaüs*, 220-221.

이 잘못 전한 율법과 자기의 정통적(正統的)인 율법관을 대립시키신 것이다.

심판을 받게 되리라. 출 20:13; 신 5:17에는 이 말이 없고 다만 "살인하지 말지니라"고 할 뿐이다. 그러므로 이 교훈은 바리새인이 유전으로 부가한 것이다. 그들의 이 말은 하나님의 판결을 의미하지 않고 지방 관청의 판결을 의미하였다(Klostermann).

㉒ 나는 너희에게 이르노니 형제에게 노하는 자마다 심판을 받게 되고 형제를 대하여 라가라 하는 자는 공회에 잡히게 되고 미련한 놈이라 하는 자는 지옥 불에 들어가게 되리라. 모세의 율법에 대한 예수 그리스도의 해석이 여기 있는데, 그것은 율법을 외형적(外形的)으로만 보시지 않고 특별히 거기 포함된 정신을 보신 것이다.

"형제에게 노하는 자마다 심판을 받고". 신자로서 같이 믿는 형제에 대하여 "노함"(증오를 발함) 역시 큰 죄임을 말한다. 그것은 "심판"(지방 관청의 판결)을 받을 만한 것이다.

"라가라 하는 자는 공회에 잡히게 되고". "라가"라 하는 것은 위에 기록된 "노함"보다 더 나쁘게 표현한 것이니 보다 큰 죄이다. 이것은 아람 말의 헬라어 음역으로서 '아무것도 아닌 놈', 혹은 '헛된 놈'이라는 욕설이다. 이렇게까지 형제를 미워하는 자는 공회(예루살렘 최고회의)에 붙일 만하다고 하신다. "미련한 놈"($μωρός$)이라는 말은 더욱 심화된 증오를 표출한 것으로 저주와 같은 것이다.

(1) 지옥으로 번역된 헬라 원어는 "힌놈의 골짜기"라는 말 게엔

나(γέεννα)이다.

힌놈의 골짜기는 예루살렘 동남쪽에 있다(수 15:8; 18:16). 그곳은 몰록 우상을 섬기던 가증한 곳이었으므로(왕하 16:3; 21:6; 대하 28:3; 33:6; 렘 32:34-35) 요시야가 훼파하였고, 제사장들은 그곳을 불결한 곳이라고 불렀다(왕하 23:10). 예레미야는 그곳을 가리켜 무서운 살육(殺戮)의 골짜기가 되리라고 예언하였다(렘 7:32; 19:6). 에녹서에는 이곳이 모든 악인들이 심판받을 곳이라고 했으며, 그 후에 힌놈의 골짜기는 악인들이 사후(死後)에 벌 받을 곳의 이름으로 여겨졌다.

지옥에 대한 이름이 땅 위의 한 지명과 관계되었다고 하여 우리는 지옥의 내세적 존재(來世的存在)를 의심할 필요는 없다. 그 이유는 내세에 대한 이름도 불완전하나마 이 세상의 개념으로 생각하지 않을 수 없는 까닭이다. 이 세상 사람은 이 세상의 개념밖에 다른 것을 가지지 못한다. 그러므로 우리가 내세에 대하여 말할 때 별수 없이 이 세상 개념으로 말한다. 그렇다고 하여 그 명칭 때문에 그 가르치는 사상이 약화(弱化) 되는 것은 아니다. 만일 이런 문제에 대한 명칭의 유래(由來)나 성격 때문에 그 문제가 포함한 사상이 약해진다면, 우리는 내세(이 세상 아닌 것)에 대하여는 말을 하지 않아야 된다. 하나님께 대하여도 우리는 말할 수 없게 될 것이다. 하나님께 대한 명칭인 "신"(神)이라는 말도, 그 어원(語源)을 따질 때에 그리 신통한 말이 아니며 이교(異敎)에서도 많이 사용한다. 뿐만 아니라, 게힌놈에 대한 우리의 번역도 신통하지 않을 것이다. 지옥이라는 말은 땅 속의 옥이라는 말이니 별세한 영들이 흙으로 된 옥 속에 갇혀 있겠는가? 또한 마귀와 그 사자들이 그런 옥에 갇혀 있을 것인가? 그러므로 우리는 지옥의 원어 "힌놈의 골짜기"라는 것이 예루살렘의 동남쪽에 있는 곳의 명칭이라고 하여 그것이 가르치는 내세사상을 약체화하여 생각할 것은 없다. 지옥의 존재에 대하여 반대하는 이론이 몇 가지 있으나 그것은 성립될 수 없다. 그 가운데 한 가지는 지옥 형벌 교리는 하나님의 사랑과 충돌되며 하나님을 폭군(暴君)으로 만드는 그릇된 교리라고 한다. 그러나 예수님처럼 인정 깊은 이가 다시없는데 그가 지옥에 대하여 말씀하셨다. 뿐만 아니라, 하나님께는 사랑이 있는 동시에 공의(公義)도 있으므로 죄악을 벌하시지 않을 수 없다.

(2) 불의 의미

불은 하나님의 진노를 상징한다(신 4:24; 9:3; 사 33:14). 지옥은 마귀와 그 사자들이 갇히는 곳인데(마 25:41), 거기에 하나님의 진노가 가장 심하게 나타난다고 한다(살전 1:10; 히 10:31).

우리는 지옥을 생각할 때에 거기 있는 불이나 어두움(마 8:12)이나 죽지 않는 구더기(막 9:48)나, 영원한 고통(마 25:46) 같은 것을 어떤 실유(實有)로 여겨 두려워한다. 그러나 그보다는 하나님의 진노가 그 모든 두려움과 고통의 근본 요소라는 것을 기억해야 된다. 하나님의 진노가 있는 곳의 모든 환경이 불안과 불유쾌(不愉快)로 나타난다는 것은 이 세상에서 사람들이 경험하는 바이다. 특별히 성도들이 이 세상에서 지내봄으로써 경험하는 것이다. 이렇게 죄인에 대한 불행의 근본 요소가 하나님의 진노라는 것은 내세(來世)에도 마찬가지이다. 그러므로 계 6:15-17을 보면, 죄인들이 하나님의 진노를 당할 수가 없어서 바위에게 자기들의 위에 떨어지라고까지 하였다.

(3) 지옥에 갈 죄

예수님의 말씀에 비추어 지옥에 갈 죄는 어떤 죄인가? 그것은 마 5:22에 있는 대로 극히 작은 죄라도 지옥에 갈 죄라는 것이다. 그 본문 22절은 다음과 같으니, 곧 "형제에게 노하는 자마다 심판을 받게 되고 형제를 대하여 라가라 하는 자는 공회에 잡히게 되고 미련한 놈이라 하는 자는 지옥 불에 들어가게 되리라"고 하였다. 여기 처음 두 가지 죄가 각각 심판(지방 재판) 받음과 공회에 잡힘(유대의 최고 재판 받음)의 벌을 받는다는 말씀은, 세상 재판관이 그 죄들을 그렇게 단속해야 된다는 뜻이 아니다. 하나님께서는 우리의 증오심(憎惡心)을 하나님께 그렇게 벌 받아 마땅한 죄로 간주하신다는 뜻이다.[11]

세 가지 죄(노함, 라가라 함, 미련한 놈이라 함)에 대하여 주님이

---

11 D. Schlatter, *Erlauterungen Zum neuen Testament*, Ⅰ. 48: "Jesus will uns sagen, was Gott von unserm Hassen denkt."

말씀하신 것은, 죄의 세 가지 등급(等級)을 논함이 아닌 듯하다. 이 세 가지는 거의 동일하게 작아 보이는 증오(憎惡)의 죄악인데도 살인죄에 해당한 것들이며 작게 보이는 것 같아도 실제적 살인죄가 받는 벌과 같은 벌을 받아 마땅하다는 의미이다. 이 본문은 처음 두 가지 죄의 경우 지옥 형벌을 당하지 않을 것이라는 의미를 가르치는 것이 아니라, 도리어 셋째 죄와 같이 지옥 형벌까지도 받을 만하다는 뜻을 포함한다. 다시 말하면 이 본문에는, 작아 보이는 이러한 모든 죄들이 지옥 불의 형벌을 받아 마땅하다는 뜻이 있다.[12]

여기 예수님이 가르치신 말씀에는 사람이 작은 죄를 범하여도 지옥 형벌을 받아 마땅하다는 사상이 있다. 이에 관하여 지옥 형벌의 존재를 믿지 않는 자들은 그릇된 이론을 편다. 곧 "지옥 형벌이라는 것은 하나님의 공의(公義)와 충돌한다. 잠깐 사는 이 세상에서 범죄한 것 때문에 영원히 지옥에서 고난 받는다는 것은 불공평하다"고 한다.

① 헤르만 바빙크(Herman Bavinck)의 말대로 "죄는 그 근원으로 보아서 불법이므로 하나님을 적대한 것이고, 하나님의 권리와 권위, 그리고 존재까지 부정(否定)함이다. 죄는 한정된 피조물과 한정된 시간에서 범한 것이므로 그것 자체도 한정이 있다. 어거스틴이 바르게 말한 것과 같이, 죄는 그 죄를 범한 시간의 장단(長短)으로 그 받

---

12 H. N. Ridderbos, *Korte Verklaring Der Heilige Schrift, Mattheüs*, 109.

을 벌의 기준을 삼을 것이 아니고 그 내부적 성격으로 기준을 삼아야 한다. 사람이 한 시간의 부주의로 여러 해 동안 슬피 울게도 되고, 일순간의 죄로 일평생 수치와 벌을 받는 일도 있다. 한 가지 실수로 사형을 받기도 하며 이 세상 나라 정부로 말미암아 또다시 회복할 수 없는 상태로 넘겨진다. 하나님도 그렇게 하신다.···그는 죄악의 내부적 성격에 의하여 정죄하신다. 죄가 그 받을 벌에 있어서 끝나지 않아야 할 이유는 그것이 우리의 사랑과 경배를 받을 절대적 주권자의 엄위(嚴威)를 거역한 것이기 때문이다. 하나님은 우리의 순종과 경배를 절대적으로 끊임없이 받아야 할 분이시다. 그가 우리의 순종을 요구하시는 율법은 우리를 절대적으로 구속(拘束)한다. 따라서 우리에게 대한 그 율법의 기반(羈絆), 즉 굴레는 끊임없이 크다. 그러므로 그것을 범한 죄는 내부적으로 살필 때에 절대적이고 끊임없이 벌 받을 악이다"라고 하였다.[13] 약 2:10-11에 말하기를 "누구든지 온 율법을 지키다가 그 하나에 거치면 모두 범한 자가 되나니 간음하지 말라 하신 이가 또한 살인하지 말라 하셨은즉 네가 비록 간음하지 아니하여도 살인하면 율법을 범한 자가 되느니라"고 하였다. 그러면 결국 기독교의 율법은 하나씩 하나씩 서로 떨어져 있는 조문들이 아니고 모두 한 몸으로 취급되어야 할 영적 유기체(靈的有機體)인 것이다. 그것은 모두 살아계신 한 분 하나님의 의지

---

13 H. Bavinck, *Geref. Dogmatiek* Ⅳ, 793.

인 것이다. 그러므로 계명의 그 어느 부분을 범하였든지 그것은 하나님의 인격을 거스르는 죄이므로 계명 전체를 거스렸다고 볼 수 있다. 아담은 먹지 말라는 과실을 먹어 한 가지 계명을 어김으로 저주를 받은 것이다.

② 작은 죄를 범하였어도 지옥에 가게 되는 또 한 가지 이유는 범죄자 자신이 그런 죄를 지을 수 있는 죄인이기 때문이다. 그가 그런 작은 죄를 범한 것은, 그가 그런 죄의 근원인 까닭이다. 비록 그에게 나타난 죄가 작아 보이고 한 가지 놀음거리 같아 보여도 그 속에는 뱀과 같은 무서운 죄의 근원이 들어 있는 것이다. 작은 죄를 심상시(尋常視)하는 자, 즉 대수롭지 않게 여기는 자는 마치 어떤 맹수를 길들여 다른 사람들에게 구경시켜주는 사람과 같다. 어떤 사람이 25척(尺)이나 되는 큰 뱀을 길들여 가지고 다른 사람에게 구경시키는 일을 일삼았다. 그가 호각을 불면 뱀이 나와 그 사람의 몸을 칭칭 감았다 놓곤 하였는데, 한번은 뱀이 그 사람의 몸을 칭칭 감은 채 놓지 않고 비틀어 졸라 그 사람을 죽였다고 한다. 이와 같이 심상히 여기던 작은 죄로부터 시작되어 결국 그 범죄자를 망하게 할 수 있는 악독의 근원이 그 사람 속에 있다.

21-22절의 예수님의 말씀을 보니 예수님의 율법 표준이 얼마나 완전한가를 알 수 있다. 이렇게 완전한 율법을 완전히 지키신 이는 예수 그리스도밖에 없다(17절). 그리고 성령으로 거듭난 신자들은 믿음으로 이 같은 그리스도의 완전한 의를 받아 누리며 그것을 그

들 정도에서 성령의 도우심으로 반영시키는 것뿐이다. 그들에게서 이런 정도로 참된 의가 나타난다면 그것은 하나님이 주신 은혜지 그들의 업적이 아니다.

㉓~㉔ 그러므로 예물을 제단에 드리다가 거기서 네 형제에게 원망 들을만한 일이 있는 줄 생각나거든 예물을 제단 앞에 두고 먼저 가서 형제와 화목하고 그 후에 와서 예물을 드리라. 예물을 하나님 앞에 드리는 일이 중대하지만 그것을 효과 있게 드리기 위해서는 먼저 살필 일이 있다. 그것은 자기가 남들에게 잘못한 일을 먼저 사화(私和)하는 것이다. 우리의 과실에 대한 근본적 용서는 오직 하나님께서 하신다. 그러나 범과자(犯過者)는 하나님에게서 용서를 받기 위한 준비로 피해자로부터 사화를 얻어내야 한다. 만일 22절의 엄한 율법만 있고 여기 23-26절의 사죄 받는 길이 없다면 우리는 낙심할 수밖에 없을 것이다.

우리가 이 구절들을 보고 명심할 것은, (1) 하나님께 사죄를 받으려면 먼저 형제 앞에서 해결해야 할 것은 해결하도록 힘쓸 것이고, (2) 문제 해결은 무엇보다 먼저 급히 하여야 한다는 것이다. 지금 제물을 드리려 하다가도 형제에게 용서받을 일이 생각나면 즉시 그 일을 위하여 가야 한다고 하셨다. (3) 그리고 와서 제물을 드려야 한다는 것이다. 이렇게 하지 않으면 인도주의(人道主義)의 사죄, 곧 사람과의 관계에서만 사죄가 될 뿐이다. 죄를 사하실 수 있는 분은 오직 하나님이시니, 먼저 형제에게서 용서를 구함은 하나님이 주시는 사죄를 얻기 위한 준비일 뿐이다.

5:25-26.
사죄를 받는 방법에 대한 한 가지 예화

여기 소송하는 일을 인용하여서 종교적 사죄가 어떠한가를 설명하신다.

㉕ 너를 송사하는 자와 함께 길에 있을 때에. 이것은 비유의 말씀인데 위에 기록한 말씀, 곧 형제와 화목할 일이 화급(火急)한 일이라는 뜻이다. 형제에게 범죄하고 그대로 두면 하나님 앞에 갈 길이 막힌다. 언제든지 그 형제에게서 용서함을 받고야 하나님 앞에 열납(悅納)된다. 만일 그가 그 형제에게서 용서함을 받지 않으면 그는 그 형제로 말미암아 하나님 앞에 소송을 당한 것과 같다(참조. 창 4:10; 약 5:4).

㉖ 네가 호리라도 남김이 없이 다 갚기 전에는 결단코 거기서 나오지 못하리라. 이 말씀도 비유인데 범죄자를 빚진 종과 같이 여겨서 하신 말씀이다. 그가 회개하는 것은 곧 빚을 갚는 것과 같다. 회개하지 않고는 용서함을 받지 못한다는 원리가 여기에 역설(力說)되었다.

5:27-32.
제7계명에 대하여

㉗~㉘ 간음치 말라 하였다는 것을 너희가 들었으나. 곧, 바리새인의 유전대로 잘못 전하여진 율법관은 몸으로 간음하는 것만이 간음인 줄로 알기 때문에 제7계명을 말한다는 뜻이다.

여자를 보고 음욕을 품는 자마다 마음에 이미 간음하였느니라. "여자를 보고 음욕을 품는 자마다"(πᾶς ὁ βλέπων γυναῖκα πρὸς τὸ ἐπιθυμῆσαι αὐτὴν). 이 말씀의 헬라 원어는 "여자와 간음할 목적으로 그 여자를 계속 보는 자마다"라고 개역되어야 한다. 여기 이 문구의 의미는 여자를 쳐다보고 나서 음욕을 품게 됨을 말하지 않고, 음행하려고 여자를 주시(注視)함을 가리킨다. 그러므로 이 말씀은 다음과 같은 경우의 행동을 염두에 두지 않았다. 즉 어떤 사람이 어쩌다가 이성을 보고 음욕의 충동을 받았더라도 그것을 의지적으로 제재하는 행동이다. 본의 아니게 이성을 인하여 일어난 정욕도 죄악이지만 이것은 여기에서 가르치신 말씀과는 별도로 취급될 죄악이다.

㉙~㉚ 오른 눈이 너로 실족케 하거든 빼어 내버리라. 이것은 정신적으로 해석할 문구이다. 곧, 범죄 한 오른 눈을 실제로 뽑을 것이 아니라 그 눈을 뽑는 것과 같이 그 눈을 경계하고 또 마음을 편달하라는 말씀이다.

네 백체 중 하나가 없어지고 온 몸이 지옥에 던지우지 않는 것이

유익하니라. 이것은 율법을 행함으로야 구원을 얻는다는 교리를 가르치시는 듯하다.

그러나 이것은 다음과 같이 해결된다.

(1) 참된 율법 해설의 시대적 요청

그때의 사람들이 바리새인의 그릇된 율법관을 가졌으니만큼 그것을 교정해 주시는 것이 필요하였다. 율법을 바로 알지 못하는 자는 죄를 바로 알지 못하고, 죄를 모르는 자는 속죄에 대하여 알지 못한다. 예수님은 속죄자로서 속죄의 교훈을 그 백성에게 주시기 전에 먼저 율법을 바로 가르치신 것이다. 그것은 초등학교 선생이 그 학생들을 가르칠 때에 지난 날 가르친 것을 복습시킨 후에 새로운 공과를 시작하는 것과 같다.

(2) 은혜계약과 행위계약의 관련성

은혜계약은 행위계약의 요구가 함께 임(臨)한 장면에서만 그 의의(意義)를 명백히 함. 검은 것이 있는 자리에서 흰 것은 더욱 그 본색을 드러내며 불안이 있은 뒤에 임한 평화가 역시 그 본색을 명백히 하는 것처럼, 죄감이 강한 자리에 사죄의 의의가 더욱 강미(强味)있게 나타난다. 우리 인격에 죄감이 부절히 있기 때문에 사죄의 행복감도 그만큼 계속될 수 있다. 우리 인격의 본질에, 일면 고소자(告訴者)가 이렇게 자취를 감추지 않고 있는 것이다. 그와 같이, 성경에 은혜계약이 있음에도 불구하고 행위계약은 그 고소를 계속하고 있다. 그것은 언제든지 어디서나 말하고 있다. 그것은 어디까지

나 그 청구할 바를 청구하는 것이 그 존재의 이유이다.

(3) 은혜를 전제로 한 예수님의 명령(율법)

우리가 또 한 가지 기억해야 할 것이 있다. 그것은 예수님의 명령 속에는 그 명령을 성취할 수 있는 능력까지 포함되어 있다는 것이다. 그는 손 마른 자더러 "손을 펴라"고 명령하신 동시에 그 손을 펼 수 있는 능력도 주신 것이다. 주님께서는 우리에게 계명을 주실 뿐만 아니라, 자기가 친히 우리를 위하여 그 계명을 이루시고 또한 우리로 하여금 그 계명의 성결에 합당한 자들이 되게 하신다.

지옥에 던지우지 않는 것이 유익하니라. 여기 지옥이라는 말에 대하여는 위의 22절 하절에 대한 주석을 참고하라. "힌놈의 골짜기"가 지옥의 상징이 된 이유는 사람들이 그 곳에 모든 불결한 물건들을 던졌던 까닭이었다. 즉, 그 곳은 사후(死後)의 악도들을 영원히 버리는 흉한 곳의 상징적(象徵的) 명사가 되었다.[14]

㉛ **아내를 버리거든 이혼 증서를 줄 것이라 하였으나.** 이것도 역시 바리새교 유전이니 모세의 율법을 그릇 전한 짧은 구절이다. 신 24:1에는 "사람이 아내를 취하여 데려온 후에 수치 되는 일이 그에게 있음을 발견하고 그를 기뻐하지 아니하거든 이혼 증서를 써서 그 손에 주고 그를 자기 집에서 내어보낼 것이요"라고 하였다. 바

---

[14] Greijdanus, *Kommentaar op het Nieuwe Testament*, Ⅲ (1940), 588: "Hierdoor werd deze plaats Zinnebeeldige aanduiding van die eeuwige strafplaats der verloren. Lucas I. 588."

리새교 유전대로의 그릇된 율법관은, "수치 되는 일"이 아내에게 있는 경우에 이혼할 수 있다는 조건부를 뽑아 버렸으니 잘못이다. 그러므로 예수님께서 그것을 신 24:1의 말씀으로써 정정하셨다.

㉜ 음행한 연고 없이 아내를 버린 경우에 있어서 그 혼인관계는 원칙상 취소된 것이 아니다(남자가 다른 데 결혼하기 전에는). 그런 경우에 아내가 다른 데 결혼하면 이는 그 여자가 간음함이 된다. 따라서 그 여자를 취한 남자도 간음함이 된다.

5:33-37.
맹세에 대하여

㉝ 헛맹세를 하지 말고 네 맹세한 것을 주께 지키라 하였다는 것을 너희가 들었으나. 이것도 바리새인들이 모세의 율법(레 19:12)에 자기들의 편견(偏見)을 붙여서 꾸민 것이다. 예수님 당시의 유대인들은 맹세를 너무 경솔히 하고 지키지도 않았다. 그들은 하나님의 이름만 피하고 하는 맹세는 어떤 맹세든지 안 지켜도 허물이 아니라고 하였다. "네 맹세한 것을 주께 지키라." 이것이 주, 곧 여호와의 이름으로 맹세한 것만은 지키라는 뜻이라고 한다. 레 19:12의 "너희는 내 이름으로 거짓 맹세" 하지 말라는 말씀에 대한 바리새인들의 해석이다. 표면적으로는 틀린 해석이 아니다. 그러나 그들이 하나님의 이름 이외에 다른 이름으로 맹세한 것은 지키지 않아

도 무죄하다는 것이 문제다. 그들은 하나님의 이름을 높이는 체하면서 거짓말을 장려하는 셈이다. 이것은 사람이 자기 소유를 하나님 섬기는 데 쓸 것이라고 선언(고르반 선언)하고, 그것을 빙자하여 그 재산으로 부모도 돕지 않아도 된다고 함과(마 15:5) 같은 것이다. 그때의 유대인들에게 대하여는 "도무지 맹세하지 말라"고 하는 예수님의 교훈만이 모세의 율법의 정신에 부합한다.

❸❹ **하늘로도 말라** 이는 하나님의 보좌임이요. 당시 유대인의 풍속에 하나님의 성호가 직접적으로 저촉되지 않는 맹세는 그 맹세를 저버려도 큰 허물이 아니라고 하였다 한다(Alford). 그러므로 그들은 하늘로는 쉽게 맹세할 수 있는 줄 알았다. 주님께서는 그런 사고방식을 여기서 금하셨다. "하나님의 보좌"(참조. 사 66:1).

❸❺ **땅으로도 말라** 이는 하나님의 발등상임이요 **예루살렘으로도 말라** 이는 큰 임금의 성임이요. 이것은 땅이 하나님께 복종하여 속하였다는 뜻이다. "큰 임금의 성", 곧, 하나님께서 특별히 뽑으시고 그 곳에 성전을 두셨으므로 그(큰 임금, 곧 하나님)의 성이라고 하셨다(참조. 시 48:2).

❸❻ **네 머리로도 말라** 이는 네가 한 터럭도 희고 검게 할 수 없음이라. 머리도 하나님께서 지으신 것이니 누가 그 머리털을 주관하여 희게 할 수 있거나 검게 할 수 있으랴? 그것은 오직 하나님께서만 주관하신다. 그러므로 인간은 그것을 함부로 맹세에 가져다 붙일 수 없다. 만일 누가 하늘로 맹세하거나 혹은 땅으로 맹세하거나

자기 머리로 맹세하거나 한다면, 그것은 하나님과 상관된 것들로 맹세하는 것이다. 그것 역시 하나님의 이름을 가지고 맹세함과 같다. 그러므로 그러한 맹세를 함부로(지키려는 책임감 없이) 하는 것은 셋째 계명에 위반된 것이다.

㊲ 너희 말은 옳다 옳다, 아니라 아니라 하라(참조. 약 5:12) 곧, 그러면 그렇다 하고, 그렇지 않으면 그렇지 않다고 할 뿐이다.

이에서 지나는 것은 악으로 좇아 나느니라. 곧, 단순하고 솔직한 대답이 있으므로 가한 것인데 그 이상 어떤 형식의 맹세든지 더해진다면 그것은 죄의 마음에서 나는 것이라는 말씀이다. 함부로 하는 맹세 행위가 죄가 되는 이유를 두어 가지로 말할 수 있으니, (1) 거짓말을 거짓말 아닌 듯이 가리기 위하여 맹세를 사용하는 경우가 많으므로 죄이며, (2) 맹세한 대로 진실하게 실행한다고 해도 그 맹세한 자가 개인의 사사로운 일에 직접 혹은 간접으로(34-36절) 하나님과 관련된 이름을 이용한 것이면 그것이 외람된 죄이다(참조. 출 20:7).

5:38-42.
복수하지 말 것

우리가 이 말씀을 읽을 때에 정당방위(正當防衛)가 일률적(一律的)으로 금지된 것으로 알아서는 안 된다. 복수와 정당방위와는 성질상 서로 다르다. 복수는 해를 입은 후에 고려되는 행동이고, 정당방위는 해를 입기 전 혹은 아주 해를 입기 전에 고려되는 행동이다. 성경에서 정당방위는 원칙적으로 금하지 않으나, 복수하는 일은 일률적으로 엄하게 금한다(롬 12:19). 정당방위로 말하면,

(1) 성경이 가르친 대로 개인의 자격으로 할 수 있는 정당방위가 있으니 예컨대 위험한 가운데서 피하는 것이다(마 10:23).

(2) 사회적으로 할 수 있는 정당방위는 폭력 사용도 성경이 인정한다. 그것은 롬 13장의 교훈이 명백히 말하고 있다.

㊳ **눈은 눈으로, 이는 이로 갚으라.** 이것은 모세가 의미한 대로(출 21:24; 레 24:20; 신 19:21) 법정 재판의 공정을 위하여 가르친 것이다. 후대 유대인의 그릇된 유전은 이것을 개개인 사이의 사적 복수율(私的復讐律)로 알았다. 바리새인들은 이런 그릇된 유전대로 당시 사람들을 가르쳤다. 예수님께서는 여기서 그것을 시정시키시는 의미에서 모세 원법의 본의(本意)를 설명하신 것이다.

㊴ **악한 자를 대적지 말라.** 이것은 이미 나에게 해를 가한 자에게 복수하지 말라는 의미이다.

네 오른편 뺨을 치거든 왼편도 돌려 대며. 이것은 특별히 그 제자들에게 주시는 교훈이다. 복음을 전하다가 그리스도를 위하여 수난을 당해야할 경우를 만나면 일체의 보복행위를 버리고 단 마음으로 고난당할 각오를 가지라는 의미이다. 수난을 당함으로써 이루어진 전도가 가장 열매가 많을 수 있다. 고난당해야 할 경우를 만났을 때

고난을 면하려고 하는 자는, 진리를 버리고 악에게 굴복하고 만다. 그러므로 예수님의 교훈은, 그런 특수한 경우에는 어디까지든지 고난당할 각오를 가지라고 하신다. 매를 하나 맞았으면 둘 맞을 각오를 하라고 하신다. 이 말씀은 정당방위를 일률적으로 버리라는 의미가 아니다. 이것은, 오직 복음을 위하여 고난을 당해야 할 경우에 전도자가 택할 길이다. 몸의 고난을 면하기 위하여 진리를 버리는 것은, 황금을 내어주고 모래를 사는 것과 같은 어리석은 행위이다.

❹⓪ **또 너를 송사하여 속옷을 가지고자 하는 자에게 겉옷까지도 가지게 하며.** 이것은 크리스천의 일반적 처세 원리를 보여 주신다. 곧, 공의도 좋지만 사랑은 더 좋으니(롬 5:7; 고전 13:13) 될 수 있으면 사랑의 길을 택하라는 것이다. 원고(原告)의 지나친 청구에 대하여 크리스천 피고(被告)는 양보의 태도로 처신해야 될 것을 가르치신다. 예수님은 구약성경에 있는 빚진 자와 채주 간에 이루어질 가상의 예를 비유로 삼아 가르치신다. 모세의 율법에 의하면 채주가 빚진 자의 옷을 전당잡는 일을 가혹하게 생각하였다(출 22:26-27). 빚진 자가 이렇게 가혹하게 취급당할 때 반항하지 말고 더욱 양보해서 겉옷까지도 줄 마음을 가져야 한다고 예수님은 말씀하신다. 이 세상 사람들이 신자에게 과분한 부담을 지우는 때가 있다. 그럴 때 신자는 반항하지 말고 그보다 더 무거운 것이라도 감당하겠다는 각오를 가져야 한다.

❹❶ **억지로 오 리를 가게 하거든.** 당시에 어떤 관용(官用) 우편배

달을 위하여 관에서 백성을 강제로 징용(徵用)한 일이 있었다. 거기에 대하여 민간에서 불평이 없지 않은 듯하다. 그런 사실도 예수님은 영적 처세의 비유로 사용한 것이다.

5:43-48.
원수를 사랑함에 대하여

예수님께서 이때까지 유대인의 그릇된 유전대로의 율법관(律法觀)을 조목조목 정정하시다가 이제는 그 결론으로 사랑 문제를 취급하신다. 모든 율법의 골자는 사랑이니 사랑만 실행하면 율법을 다 지키는 일이 된다(롬 13:8-10).

❸ 네 이웃을 사랑하고 네 원수를 미워하라 하였다는 것을 너희가 들었으나. 바리새인들은 레 19:18에 있는 "네 이웃을 사랑하고"라는 하나님의 말씀에 "원수를 미워하라"는 자기들의 옳지 않은 사상을 붙여 유전한 것이다. 예수님은 이제 그것을 교정하도록 말씀하신다. 예수님의 말씀은 레 19:17-18의 정신적 내용이다. 원수를 사랑하는 것은 사랑의 본질이다. 사랑이라는 것은 상대자에게서 향기로운 조건을 발견하고 거기에 끌린 것은 아니다. 사랑을 행하는 자는 상대자의 적대행위도 선으로 갚는다.

❹~❹ 이 부분에서 주님께서는 제자들에게 원수를 사랑하라고 하신다. 이것은 단지 원수에 대한 소극적인 무저항(無抵抗)을 가르

치시는 정도가 아니고 원수를 적극적으로 사랑하라는 말씀이다. 이와 같은 지극한 사랑은 하나님의 자녀들에게 독특히 요구되는 것이었다.

"이같이 한즉 하늘에 계신 너희 아버지의 아들이 되리니." 여기 "되리니"라는 것은 원수를 사랑해야 비로소 하나님의 아들이 된다는 의미가 아니다. 이것은 그들이 본래 하나님의 아들이었는데 이제 그 자격을 나타낸다는 의미이다. 이 말씀이 이렇게 해석되어야 할 이유는 이미 제자들은 하나님을 아버지라고 하는 입장을 취하고 이 말씀을 들었기 때문이다. 이미 그들은 택한 백성이어서 하나님을 아버지라고 하는 자들이었다.

㊽ 너희 아버지의 온전하심과 같이 너희도 온전하라. 이것은 사랑을 행함에 있어서 편벽되지 않아야 할 것을 가르치시는 말씀이다.

6:1-34.

율법의 실행방법은 하나님을 중심할 것과 신앙할 것이다. 예수님께서는 위의 모든 말씀으로 율법을 바르게 해명하시고 여기서는 그 실행 방법을 주신다. 기독교 신자의 율법 실행 방법은 바리새인의 그것과 다르다. 바리새인은 외식으로 하고 인본주의로 하나, 기독교 신자는 은밀한 가운데 계시는 하나님께 보이기 위하여 행한다. 이것은 하나님 중심주의, 곧 신본주의이다.

❶ 이 구절에서 가르치는 주요한 말씀은 율법 실행의 방법론에 대한 머리말이다. 사람의 안목에 맞추려고 하지 않고 깊이 하나님의 마음에만 들기 위한 생활, 곧 은밀한 생활을 가지라는 것이다. 이것은 하나님 중심한 삶이다.

너희 아버지께 상을 얻지 못하느니라. 이 문구에 대하여는 우리가 생각해 볼 문제가 두 가지 있다. 첫째는, 이 말씀이 율법을 행함으로 구원 얻는다는 교리를 가르치는가 하는 것이고, 둘째로는, 하나님의 상급을 얻기 위하여 선을 행함이 옳은가 하는 문제이다.

(1) 이 문구는 율법을 행함으로 구원 얻는다는 교리를 가르치는 것이 아니라, 다만 선을 행함으로 상을 얻는다는 원칙을 가르친다. 여기서는 구원 문제를 직접으로 논하지 아니한다. 우리가 구원을 받는 것은 아무 공로도 없이 하나님의 특수 은총(特殊恩寵)에 의하여 받는 것이지만, 천국에서 받을 상급은 우리의 행위 여하에 상관을 가진다. 우리가 이 점에서 있어서 또 한 가지 기억해야 할 것은, 하나님께서는 선을 행한 자에게 영광을 주시되 역시 은혜의 법칙대로 하신다는 것이다. 엄밀하게 따져보면 신자가 선을 행하도록 도와주신 이도 하나님이시다(고전 15:10). 인간의 공적보다 훨씬 넘치게 큰 영광을 주신다는 것이다.

(2) 천국의 상급을 얻기 위하여 선을 행함은 비열(卑劣)한 도덕이 아니다. 그 이유는 인간은 자율자(自律者)가 아니고 하나님께 의존

하고 있기 때문이다. 하나님께서는 내세의 상급제도를 두시고 우리로 하여금 의를 행하도록 장려하신다(고전 9:24-27; 딤후 4:7-8).

6:2-4.
구제에 대한 교훈

❷ **나팔을 불지 말라 진실로 너희에게 이르노니 저희는 자기 상을 이미 받았느니라.** 이 말은 자기 자랑으로 구제 사업하는 것을 금지하라는 은유(隱喩)이다. 구제 사업 하면서 실제로 나팔을 분 풍속은 허다하다(Chrysostom).

"자기 상을 이미 받았느니라". 그들은 명예를 위하여 구제 사업을 하였는데 사람의 박수와 칭찬을 받았으니 이미 자기 상급을 받은 것이다. 그러나 참으로 지혜 있는 사람은, 그러한 좋은 일을 하면서도 이 세상에 속한 썩어질 상급을 받지 않으려고 가급적 자기 이름을 숨긴다. 왜냐하면 그는 내세의 썩지 않는 것으로 갚음을 얻고자 하기 때문이다(눅 14:12-14; 16:8-9).

❸ **오른손의 하는 것을 왼손이 모르게 하여.** 왼손이 모르게 한다는 것은 무슨 뜻인가? 이것은 자기가 한 일을 자기가 모를 정도로 명예심 없이 선을 행하라는 것이다. 즉, 자기가 하고 기억하지 않는 것을 가리킨다. 양과 염소를 구분해내는 주님의 심판 담화에서 양으로 비유된 의인(신자)은 자기의 행한 선을 기억하지 아니하

였다(마 25:37-40). 이렇게 모본된 신자는 선을 행하면서도 자신이 그것을 선이라고 만족해하지 않고 그것을 행한 후에 기억하지도 않는다. 그는 주님 앞에서 너무도 무겁게 부채의식(負債意識)을 가지다보니 많은 선을 행해도 하는 것 같지 않게 느낀다. 그는 죽도록 충성하고도 자기는 "무익한 종"이라고 자처할 처지인 것이다(눅 17:10).

❹ **네 구제함이 은밀하게 하라.** 이 은밀함은 남들에게 대해서만이 아니고 그 구제하는 자 자신에게까지도 은밀함이다. 즉, 신자가 선을 행하는 데 있어서 하나님 앞에서 감사한 동기로 하기 때문에 선을 행하면서도 부족을 느끼는 심리이다. 따라서 그는 선을 행하고도 하지 않은 것같이 느낀다. 윗절에 "오른손의 하는 것을 왼손이 모르게 하라"고 하였으니 과연 그렇게 함이 자신에게도 은밀한 행위가 된다. 선을 행하면서 "내가 선을 행한다. 나는 귀한 사람이다"라고 생각하면, 그것도 역시 그가 행한 선의 가치를 잃어버리게 하는 자만이다. 남에게도 자랑하지 않고 나 자신 앞에도 자긍함이 없이 선을 행하는 자를 하나님께서 귀히 여기시며 찾으신다.

이 점에 있어서 우리가 생각할 것이 한 가지 있다. 신자들이 은밀히 선을 행할 때에 사람들이 전혀 모르게 되는가? 그렇지 아니하다. (1) 선을 행하는 그 자신이 알게 되고, (2) 상대방(혜택을 받은 자)이 알게 되고, (3) 그 선행이 다른 사람들에게도 알려진다. 이렇게 되는 것은 피할 수도 없고 막을 수도 없다. 성경의 말씀을 보아도, 가난한 과부가 "두 렙돈"을 하나님께 드린 사건이 많은 사람들에게 알려졌고(눅 21:1-4), 바나바가 밭을 팔아 하나님께 드린 것도 천하 사람들에게 알려지고 있다(행 4:36-37). 그러므로 "네 구제함이 은밀하게 하라"는 주님의 말씀은 구제하는 자 자신의 중심 문제를 다룬 것이다. 선을 행하는 그 중심에는 하나님만 기쁘시게 하려는 동기만이 있어야 한다는 것이다. 사람들의 인정, 칭찬 등에 대한 소원이 거기 있어서는 안 된다는 것이다. 이렇게 선을 행하는 신자의 중심에 하나님만 계시는 은밀(隱密)이 유지된다면, 남들이 보는 데서나 아는 데서 선을 행하여도 무방하다. 바울은 자신이 누구를 구제한다고 친히 광고까지 하지 아니하였는가(참조. 행 20:34-35).

6:5-15.
기도하는 방식에 대하여

❺ 너희가 기도할 때에 외식하는 자와 같이 되지 말라. 외식은 진정한 종교에 적(適)이 되는 요소(適性要素)이다. 타락한 종교가들은 기도를 외식으로 한다. 그것은 효과가 없을 뿐 아니라 도리어 하나님 앞에 범죄행위가 된다. 그렇게 기도하는 자들은 사람들 앞에서 종교가라는 칭찬은 받을 수 있으나 하나님께는 원수이다. 그 이유는 그들이 거룩한 기도를 가지고 사람 앞에서 연극하기 때문이다.

❻ 너는 기도할 때에 네 골방에 들어가 문을 닫고 은밀한 중에 계신 네 아버지께 기도하라. "골방"에서 기도하라 함은 일률적(一律的)으로 공석기도를 금지함이 아니다.

"은밀한 중에 계신 네 아버지께 기도하라". 은밀한 기도는 그 어떤 기도에 있어서든지 명예심이나 자기표현을 위하지 않고 오직 하나님께만 기도함이다. 이런 기도자는 밀실(密室)이 아닌 곳에서도 마음의 밀실을 가지고 있다. 그러나 인간은 환경의 지배를 받으므로 한적하고 고요한 곳이 기도하는 일에 도움이 되는 것도 사실이다. 고요한 장소에서는 우리의 정신이 한 곳에 집중되기 쉽다.

❼ 이방인과 같이 중언부언하지 말라. "이방인"(ἐθνικαί)이라는 말은 여기서 예수님의 제자가 아닌 유대인들도 포함한다고 하는 학자(M. Black)가 있다. 그러나 예수께서 의미하신 것은 이스라엘의 종교를 받지 않은 외국인들을 가리켰다(참조. 마 10:5).

"중언부언"(βατταλογήσητε). 이 말은 즈안(Zahn)에 의하면 히브리어 바타(בָּטָא, 조심성 없이 말함, 레 5:4; 시 106:33; 잠 12:18)나 바텔(בָּטֵל, 피곤하게, 무익하게)과 합성된 말일 수도 있다고 한다. 그런 경우에 그것이 헬라화한 유대인의 술어였을 수 있다. 그 뜻은 빈 말, 무가치한 말을 가리킨다고 한다.[15] 그러나 슐라터(A. Schlatter)는 이것이 합성어가 아니고 기도를 짐스럽게 생각하면서 소위

---

15 Zahn, *Das Evangelium des Matthäus* (1984), 268.

경건한 자의 시늉으로 무익하게 수고하며 기도함을 가리킨다고 한다.[16] (1) 사람이 신앙 없이 기도하면서 같은 말을 중복함이다. 같은 말이라도 하나님이 그것을 들으실 줄 믿으면서 간절한 생각으로 중복함은 가하다. 예수님께서도 겟세마네에서 세 번이나 같은 기도를 중복하신 적이 있다(마 26:36-46). (2) 같은 말의 중복은 아니지만 마음에 간절성이 없이 말만 길고 많이 하는 기도도 있으니 그것 역시 중언부언이다. 칼빈은 말하기를 "이런 잘못된 기도자는 길고 많은 말로써 하나님을 설득하려 한다. 그것은 성경에 기록된 간절한 기도와 다르다. 성경이 가르치는 기도는 말보다 마음에서 쏟아지는 간절한 기도이다. 경건한 마음은 그 간절함을 가지고 화살같이 하늘을 찌른다"고 하였다(마 26:36-43).

❽ 구하기 전에 너희에게 있어야 할 것을 하나님 너희 아버지께서 아시느니라. 이것은 기도에 있어서 중언부언할 필요가 없다는 이유를 보여 준다. 하나님께서는 우리의 모든 요구들을 잘 알고 계시는데 왜 그것을 모르는 헛된 것에게 기도하듯 중언부언하랴? 그렇다면 여기에 관련되어 한 가지 문제가 떠오른다. 우리가 기도하기 전에 하나님께서 우리의 요구가 무엇인지 이미 아신다면 기도할 필요가 무엇인가 하는 문제이다. 그것의 답은 다음과 같다. 즉, 하나님께서는 우리에게 있어야 할 것을 잘 아신다. 그러나 우리에게

---

16 A. Schlatter, *Der Evangelist Matthäus* (1963), 206.

기도하라고 부탁하셨다. 그는 우리가 간절히 기도해야 들어주시겠다고 하셨다(눅 18:1-8).

❾~❿ 하늘에 계신 우리 아버지여 이름이 거룩히 여김을 받으시오며 나라이 임하옵시며 뜻이 하늘에서 이룬 것같이 땅에서도 이루어지이다. "하늘에 계시다" 함은 모든 피조물들과 다르시고, 절대적이시고, 그 권능이 무한하시고, 지극히 높은 주재가 되시고, 또 지극히 성결하시다는 내용을 가진다(대하 2:6; 시 2:4; 115:3). 이런 하나님이 참 하나님이시지만 그가 우리 아버지가 아니시라면 우리가 그에게 기도할 수 없을 것이다. 그러므로 기도의 대상이 되시는 하나님께 대한 이 같은 호칭은 기독교 구원사적 계시의 전 내용을 포괄한다고 할 수 있다.

다음에 나오는 세 가지 기원은 우리 기도에 있어서 언제나 우선적으로 생각되어야 할 것이다. 그것은 마 6:33에 있는 말씀 내용대로 "너희는 먼저 그의 나라와 그의 의를 구하라"는 것과 같은 것이다. 여기 "먼저"(πρῶτον)라는 말이 중요하다. 기독교 진리는 어디서나 하나님 제일주의를 주장한다.

(1) "이름이 거룩히 여김을 받으시오며". 이것은 인류로 하나님을 하나님답게 경외하도록 하여 달라는 것으로 그 다음에 나오는 기원이 그 구체적인 내용이다.

(2) "나라이 임하옵시며". 클로스텔만은 이 조목에 와서는 더 확신 있게 이 기원(祈願)의 목표가 내세에 있다고 주장한다. 그러나

우리는 이 기원의 목표를 내세에만 국한시켜 생각할 필요는 없다. 눅 17:20하-21에 "하나님의 나라는 볼 수 있게 임하는 것이 아니요 또 여기 있다 저기 있다고도 못하리니 하나님의 나라는 너희 안에 있느니라"고 하였다. 그것은 현세에서부터 천국이 벌써 영적으로 실현되고 있음을 중요시하신 말씀이다. 그렇다면 여기 이 기원에서도 그런 의미를 가진 것이다. 하나님의 영적 임재(臨在)와 통치가 우리의 생활에 이르게 됨을 구함이 이 문구의 기원이다. 나는 나 자신을 통솔하기 어려우며 내 죄악을 이길 수 없다. 오직 하나님께서 영적으로 나를 다스리시며 내 죄를 정복하실 때에 나는 성화되어 가는 것이다. 여기서 위의 첫째 기원이 성취되며 구체화되는 것이다.

(3) "뜻이 하늘에서 이룬 것같이 땅에서도 이루어지이다". "하늘"이란 무엇인가? 우리는 이 점에 있어서 하늘의 속성을 전부 생각하여 말하지 않으려 한다. 다만 그것의 장소성에 대하여 여기에 한두 마디 하려 한다.

첫째, 성경이 하늘나라의 생활을 진술함에 있어서 그 생활이 개인적인 것이 아니고 집단적인 것으로 되었으니, 그것은 간접적으로 장소성을 가리킨다. 둘째, 요 14장을 보면 예수님은 그가 가실 곳(하늘)에 있을 곳이 많다고 하셨으니, 그 말씀은 명백히 하늘나라가 장소성을 가진 것에 대하여 말씀하신다.

"뜻이 하늘에서 이룬 것같이 땅에서도 이루어지이다"라고 한 말씀의 뜻은 무엇인가? 하늘에서는 천사들이 선히 하나님의 뜻을 순종하여 이루고 있지만, 땅의 인간들은 하나님의 뜻을 순종치 않는다. 그러므로 기독교 신자들은 이 기도를 하나님께 드려야 된다.

⓫ 오늘날 우리에게 일용할 양식을 주옵시고. 여기서부터는 인간 편의 요구 사항들이 열거된다. 이 기원은 잠 30:8-9의 기도와 거의 동일하다. 거기 나타난 기도자의 기원은 "나로 가난하게도 마옵시고 부하게도 마옵시고 오직 필요한 양식으로 내게 먹이시옵소서 혹 내가 배불러서 하나님을 모른다 여호와가 누구냐 할까 하오며 혹 내가 가난하여 도적질하고 내 하나님의 이름을 욕되게 할까 두려워함이니이다"라고 하였다. 여기 이 기도자가 일용할 양식만을 구한 이유는 하나님만을 중심하여 살고자 한 까닭이다. 그는 너무 가난하여 하나님께 욕을 돌릴까 두려워하며, 또 너무 부하여 하나님을 잊어버릴까 두려워하는 정신으로 기도하였다. 주기도의 이 부분도 마찬가지이다.

그러므로 여기서도 우리가 말할 수 있는 것은, 주님께서 가르쳐 주신 기도가 그 어느 부분에 있어서나 하나님 중심의 기도, 곧 "먼저 그의 나라와 그의 의를 구하는"(마 6:33) 의미의 기도라는 것이다.

⓬ 우리가 우리에게 죄지은 자를 사하여 준 것같이 우리 죄를 사하여 주옵시고. 이 구절 끝의 사죄는 근본 사죄, 곧 죄인으로 하여금 하나님의 자녀가 되게 하는 사죄를 가리킴이 아니고, 일반적 사죄, 곧 믿은 이후에 늘 범하는 허물에 대한 용서를 말한다(요

일 1:8-9). 그런데 이 일반적 사죄에 대하여 기억할 것이 있으니, 그것은 내가 먼저 남의 죄를 용서하여야 하나님도 내 죄를 용서하신다는 것이다. 여기 이 기구의 목적은, 그 기도자가 하나님 앞에서 사죄 받는 일이다. 그러므로 예수님께서 그것을 말씀하심에 있어서 그것에 이르게 하는 열쇠, 곧 남을 사하여 주는 일을 조건부로 말씀하셨다. 근본 사죄의 은혜는 무조건적으로 예수 그리스도를 믿는 자에게 주시는 것이다. 그러나 일반적 사죄의 은혜는 위에서 말한 것과 같이 조건부로 주신다.

❸ 우리를 시험에 들게 하지 마옵시고 다만 악에서 구하옵소서. 하나님께서 우리를 악한 시험에 빠뜨리시는 일이 있기 때문에 그가 이렇게 말씀하신 것이 아니다. 하나님은 우리를 악으로 시험하시는 일이 없다(약 1:13). 이 말씀은 우리가 시험을 당할 때에 거기에 빠지지 않도록 도와주시기를 구함이다. 우리가 이 세상에 있을 때 시험을 당하지 않을 수 없다. 다만 그 시험에 빠져 떨어지지 아니하면 그만이다. 시험을 당하지도 않게 되기를 기도할 수는 없으나 시험에 빠지지 않게 하시기를 기도함은 지혜롭다(마 26:41).

"다만 악에서 구하옵소서". 이것은 그 윗 말씀에 대한 증보(增補) 문구니, 시험에 빠지지 않도록 도와주실 뿐 아니라 적극적으로 거기서 붙잡아 이끌어 안전한 자리에로 인도하여 주시기를 원하는 기원이다. 겨우 시험에 빠지지 않게 도와주심도 좋지만 그보다 그 시험에서 멀리 떠나 안전한 자리에 서게 하심이 더욱 요구된다. 우리는 시험에서 멀리 떠나 안전한 자리에서 계속 성화되어야 한다. 만일 그렇지 못하고 계속 장기적으로 시험의 위협만 당하게 된다면 우리가 그 시험에 넘어질까 두렵다. 시험을 당했다가 이기고 거기서 떠나는 즐거움은, 우리의 신앙과 영적 생명을 몇 배 더하여 주는 것이다.

나라와 권세와 영광이 아버지께 영원히 있사옵나이다 아멘. 이 문구는 권위가 작은 소서사본(小書寫本)에 있을 뿐이고 시내산 사본, 바티칸 사본, 베자 사본에는 없다. 그러므로 학자들 중에 이것을 사도 원본의 부분으로 보지 않는 자들도 있다. 그러나 칼빈은 이것을 여기 주기도의 결론으로서 적합한 것이라고 하였다.

❶❹~❶❺ 위의 12절의 해석 참조. 내가 남의 허물을 용서함은, 곧 나 자신의 허물이 용서받음과 같다.

6:16-18.
금식에 대하여

❶❻~❶❼ 이 부분에서 예수님이 잘못된 금식의 폐풍(廢風)을 금하신 것은, 그때의 바리새인들이 사람들에게 보이려고 슬픈 기색으로 금식하였기 때문이다. 금식의 목적은 사람의 칭찬을 받으려고 하는 것이 아니고 하나님 앞에서 회개하며 고요히 기도하는 데에 있다. 그러므로 금식하는 자가 사람 앞에서는, 금식하지 않던 때와 같이 "머리에 기름을 바르고 얼굴을 씻어야 한다". 이것은 금식하는 것

을 감추는 행위라기보다는 평소의 자연스러운 태도를 취하라는 뜻이다(참조. 사 58:3-9).

❶❽ **아버지께 보이게 하려 함이라.** 이것은 금식할 때 그것이 하나님 앞에 무슨 공로(功勞)로 보여지기를 원하여서 하라는 의미가 아니다. "아버지께 보이게 하라" 함은 다른 의미가 아니다. 누구든지 금식하려면 하나님이 보시기에 합당한 태도로 하라는 말씀이다. 금식이 무슨 큰 공로나 되는 듯이 슬픈 기색을 나타내면 도리어 하나님 앞에 가증스럽다. 금식하려면 그저 여전히 자연스러운 태도로 머리에 기름도 바르고 얼굴도 씻고 옷을 찢지 말고 마음을 찢어야 할 것이다(욜 2:13). 다시 말하면, 심령적 통회를 위주해야지 외모로 경건의 표시를 일삼지는 말아야 한다. 은밀. 이에 대하여는 4절과 6절의 해석을 참조하기 바란다.

6:19-24.
재물을 섬기지 말고 하나님을 섬기라 하심

❷⓿~❷❶ **보물을 하늘에 쌓아 두라**(참조. 막 10:21; 눅 12:33). 하늘에 보물을 쌓는 방법은 땅에서 나의 모든 좋은 것들(물질뿐 아니라 노력과 재능과 그 밖의 모든 것)을 주님을 위하여 희생함이다.

네 보물 있는 그곳에는 네 마음도 있느니라. 이 구절은 헬라 원문에서 이유 접속사(γάρ)로 시작하여 윗 말씀의 이유를 보여 준다.

보물을 왜 하늘에 쌓아 두어야 하는가? 그리하여야 내 마음이 하나님께만 가 있게 되기 때문이다. 하나님께서는 무엇보다 우리의 마음을 원하신다. 우리들의 마음이 하나님께 애착하게 되는 방법은, 하나님을 위하여 나의 모든 좋은 것을 기울여 희생하여서 바침으로 되는 것이다. 우리들 가운데 누가 마음에 경건이 없는가? 신앙이 없는가? 신앙생활이, 파선되어 가는 배처럼 기진맥진(氣盡脈盡)한 자리에 있는가? 그것은 주님을 위하여 좋은 것으로 희생하지 않고 다만 죄악의 암초(岩礁)에 걸린 까닭이다. 신자가 보물을 하늘에 쌓아 두면 내세에 들어가 썩지 않는 보물을 받으니 복되고, 보물보다 귀한 마음이 세상의 종이 되지 않고 하나님께 속해 있으니 더욱 복되다.

㉒~㉓ 눈은 몸의 등불이니 그러므로 네 눈이 성하면 온 몸이 밝을 것이요. 육신의 눈이 온 몸에 중대한 영향을 줌과 같이 영안(靈眼)이 밝든지 어둡든지 영혼에 대하여 더욱 그러하다. 그러므로 영안이 밝으려면 보물을 땅에 쌓아 두지 않아야 된다.

네게 있는 빛이 어두우면 그 어두움이 얼마나 하겠느뇨. 다시 말하면, 그 영적 광명이 땅에 쌓아 둔 보물에 대한 사랑으로 인하여 어두워져서 하나님을 알지 못하게 될 것이라는 말씀이다.

㉔ 이 구절은 윗절의 결론이다. 인간은 한 주인 곧 하나님만 섬기도록 창조된 것이다. 그가 다른 것을 주인으로 섬기면 영혼이 어두워지며 멸망한다.

6:25-34.
재물이 없음을 염려하지 말고 다만 신앙으로만 살라고
권면하심

㉕ 목숨을 위하여 무엇을 먹을까 무엇을 마실까 몸을 위하여 무엇을 입을까 염려하지 말라. 이 말씀은 장래에 대한 경영이나 예비 같은 것을 금지하심이 아니고, 하나님을 믿지 않고 순 자력으로 문제를 해결하려고 고심하는 것을 금지하는 것이다. 하나님을 신앙하면서(30절) 장래의 생계(生計)를 하나님의 뜻대로 정하고(33절), 그날그날의 책임에 온힘을 다해야 될 것(34절)을 이 말씀이 가르친다.

목숨이 음식보다 중하지 아니하며 몸이 의복보다 중하지 아니하냐. 이 문구의 의미는 하나님께서 우리에게 음식보다 귀한 목숨을, 의복보다 귀한 몸을 주셨으니 음식과 의복을 주실 것은 확실하다는 것이다. 큰 사랑을 베푸신 이가 어찌 작은 사랑을 베푸시지 아니하랴(Theodore Zahn)!

㉖ 공중의 새를 보라 심지도 않고 거두지도 않고 창고에 모아들이지도 아니하되 너희 천부께서 기르시나니 너희는 이것들보다 귀하지 아니하냐. 이 구절의 말씀은 강이유(強理由, a fortiori) 논법이다. 하나님께서 농사할 줄 모르는 천한 새도 먹이시는데, 하물며 그 무슨 생업이든지 할 줄 알고 하나님을 아버지로 아는 귀한 신자야

말할 것이 무엇이랴!

㉗ 너희 중에 누가 염려함으로 그 키를 한 자나 더할 수 있느냐. "키"(ἡλικία)라는 말은 생명의 길이를 의미할 수도 있다(Zahn). 그러므로 여기서는 문맥상으로 보아서 "키"가 아니고 생명의 길이를 의미한다고 한다.

㉘~㉜ 이 구절들은 백합화의 실례를 들어서 역시 강이유 논법(強理由論法)으로 말씀하신 것이다.

솔로몬의 모든 영광으로도 입은 것이 이 꽃 하나만 같지 못하였느니라. 솔로몬의 모든 영광으로도(Σολομὼν ἐν πάσῃ τῇ δόξῃ αὐτου). 이 말씀의 헬라 원어는 "자기 영광의 절정에 있었던 솔로몬도"라고 개역되어야 할 것이다(참조. 대하 9:1-28).

하나님께서 꽃을 고운 옷으로 입혀 주신다는 것은 무슨 뜻인가? 옷은 두 가지 목적으로 사용된다. (1) 몸을 보호하기 위함과, (2) 부끄러움을 가리고 아름답게 단장하기 위함인데 본래 아담과 하와가 옷을 입게 된 목적이 그러하였던 것이다(참조. 창 2:25; 3:7).

꽃은 이 둘째 목적으로 아름다운 옷을 입었다고 할 수 있다. "오늘 있다가 내일 아궁이에 던지우는 들풀도 하나님이 이렇게 입히시거든 하물며 너희일까 보냐 믿음이 적은 자들아". 예수님께서는 당시 사람들에게 자연계를 봐서도 사람은 염려할 필요가 없다는 것을 알 수 있다 하셨다. 그것은 자연주의적인 낙관주의가 아니고, 자연계를 봐서도 하나님의 사랑을 깨달을 수 있다는 신앙주의이다. 그는 언제나 사람이 염려 대신에 신앙해야 될 것을 강조하신다. 스펄젼(Spurgeon)은 말하기를 "흑암 중에서 그리스도를 믿으라 그리하면 광명중에 드러날 날이 반드시 오리라 죽어갈 때에 그리스도를 믿으라 그리하면 살게 되리라 네게 은혜의 사역이 느껴지지 않을 때에 그리스도를 믿으라 그리하면 은혜의 사역이 임함을 발견할 시간이 네게 오리라"고 하였다.

이방인. 그때에 하나님을 모르는 자들을 가리킨다.

❸❸ 그의 나라. 이는 하나님의 통치 혹은 천국이다.

그의 의. 이것은 하나님이 주시는 의, 곧 칭의(稱義)의 의를 기본으로 하고 하나님의 뜻대로 사는 생활을 말한다.

이 모든 것을 너희에게 더하시리라. 여기 "더하시리라"($\pi\rho o\sigma\tau\epsilon\theta\eta\sigma\epsilon\tau\alpha\iota$)는 헬라 원어는 부요하게 해 준다는 뜻이 아니고 천국에 첨부해 준다는 뜻이다. 곧, 물질의 필요한 것은 덧붙여 자연적으로 생긴다는 뜻이다.

❸❹ 그러므로 내일 일을 위하여 염려하지 말라 내일 일은 내일 염려할 것이요 한 날 괴로움은 그날에 족하니라. 내일이 나의 날이라고 확보할 수 없으니 내일의 염려를 미리 끌어당겨서 할 필요는 없다. 그날그날의 일을 충성되이 하기 위하여 수고하는 것이 우리의 책임이고 즐거움이다. 그럼에도 불구하고 우리는 신앙하는 일보다 염려하는 일이 더 많다. 번연은 말하되 "신앙이 작은 사람은 빗방울이 떨어지기만 해도 홍수가 날까 하여 두려워하며, 길을 가다가

지푸라기에 걸려서 넘어지기도 한다"고 하였다. 우리는 쓸데없는 염려와 걱정으로 한평생을 거의 다 보낸다.

7:1-5.
남을 논단하지 말 것

❶ **비판을 받지 아니하려거든 비판하지 말라.** 이 말(κρίνετε)은 심판하는 것을 의미하는 것이다. 이것은 인물채용(人物採用)과 관련된 인격 분별(비방이 아님)의 언론을 금함이 아니다. 이것은 바리새인처럼 자기가 재판장 격이 되어 남을 폄론 혹은 정죄하는 것을 금하시는 말씀이다. 심판과 정죄는 오직 하나님께서 하실 수 있는 일인데 바리새인들은 그런 일을 참람(僭濫)히 한 것이다. 약 4:11-12에 보면, 형제를 그렇게 비평하고 정죄하는 것은 곧 율법 그것을 비평하는 죄를 범함과 같다고 하였다. 그러므로 이런 일을 하는 자는 하나님의 심판을 받게 된다.

❷ **너희의 비판하는 그 비판으로 너희가 비판을 받을 것이요.** 여기에 "비판"이라는 말도 역시 폄론 혹은 정죄를 의미한다. 그런데 여기에 말한 죄 값의 보응은 누구에게서 받는다는 것일까? 이것은 틀림없이 하나님에게서 받는다는 것일까? 그렇다! 이것은 틀림없이 하나님에게서 받는다는 말씀이다. 사람은 누구를 그 죄대로 갚아 줄 권세도 없고 능력도 없고 또한 죄의 경중(輕重)을 절대적으로

정확하게 알 수 있는 지혜도 없다. 오직 하나님께서만 이 어려운 일을 능히 하실 수 있다.

❸ 형제의 눈 속에 있는 티는 보고 네 눈 속에 있는 들보는 깨닫지 못하느냐. 예수님은 여기서 남을 헐뜯는 비방을 금하신다. 남을 비방하는 자에게 들보 같은 큰 허물이 있다고 하셨는데, 그 큰 허물이 무엇인가? 그것은 본문이 밝혔으니 "외식하는" 죄이다(5절 초두). 그 때에 예수님이 염두에 두신 상대방은 외식하는 바리새인이었다. 외식은 모든 죄악 중에 제일 큰 죄악이다.

❺ 외식하는 자여 먼저 네 눈 속에서 들보를 빼어라. 이것은 위의 말씀과 같이 (1) 자기의 큰 허물은 못 보고 남의 작은 것은 볼 줄 아는 자, 곧 약대는 통으로 삼키고 하루살이는 걸러 먹는 자요., (2) 내부적인 것(자기에게 속한 허물)은 못 보고 겉으로 보이는 것(남의 허물)은 잘 보는 자를 가리킨다(참조. 마 23:24).

❻ 거룩한 것을 개에게 주지 말며 너희 진주를 돼지 앞에 던지지 말라 저희가 그것을 발로 밟고 돌이켜 너희를 찢어 상할까 염려하라. 윗절 1-5절에서는 악한 마음으로 사람을 판단함에 대하여 경계하셨다. 그와 반면에 그는 맹목적 타협주의(妥協主義)도 경계한다. 주님의 진리와 거룩한 일의 관계에 있어서는 신중히 분변하는 태도(폄론이나 정죄하는 태도는 아님)가 필요함을 말씀하신다.

거룩한 것. 여기 "거룩한 것"이라는 말은 그리스도의 복음 진리 혹은 그것과 관계있는 성직(聖職)이다.

개들에게 주지말며. 개로 비유된 자는 복음에 의하여 인격의 변화를 받지 못한 자나 배교자를 가리킨다(벧후 2:22)고 할 수 있다. 그러나 그보다도 그것은 배로써 하나님을 삼는 거짓 일꾼들을 가리킨다. 바울도 거짓 일꾼(유대주의자들)을 "개"라고 하였다(빌 3:2). 거짓 일꾼의 특색은 (1) 먹는 것과 대접받는 것을 탐하여 다님이요(갈 4:17; 빌 3:19), (2) 개가 보화를 알지 못하고 그것을 먹는 것인 줄만 알고 물고 찢는 것과 같이, 거짓 일꾼들은 복음이 무엇인지 잘 알지 못하고 그것을 이용하여 그들의 육체를 치는 방법으로 삼는다. 그들이 복음을 전한다 하면서 실상은 그 길을 막는다.

진주. 이것은 진리나 지혜로운 말을 비유하는데 고대의 랍비 문학에서도 그렇게 사용되어 (Ginza Recter Teil. Ⅶ. 218.30) "미련한 자에게 지혜로운 말은 돼지에게의 진주니라"고 하였다. 그러면 여기의 진주는 역시 그리스도의 복음 진리 혹은 교회의 성직을 가리킨다. 이것을 그 윗 문구의 "거룩한 것"과 딴 것으로 생각할 필요는 없다. 이 두 말은 동일한 내용의 것을 두 가지 방면으로 관찰하는 것이니, 하나는 그것의 거룩함, 다음 하나는 그것의 귀중성(貴重性)을 가리킨다. 이것은 즈안의 해석이다.[17]

돼지 앞에 던지지 말라. "돼지" 역시 위의 개와 동일한 내용의 인

---

17 Theodore Zahn, *Das Evangelium des Matthäus* (1922), s. 306: "Op ferfleisch und Perlen bezeichnen dieselben Dinge nur unter dem verschiedenen Gesichtspunkt der Heiligkeit und der Kostbarkeit."

물들을 비유하였을 것이다(참조. 벧후 2:22).

❼~❽ 여기에 다시 기도에 관한 부탁이 나온다. 여기 기도에는 두 가지 요점이 있는데,

(1) 간절히 기도하라는 것.

구하라…찾으라…두드리라. 이 말씀들은 기구(祈求)함에 있어서 모든 노력을 다함이다. 그런데 이 명령사(命令詞)들이 모두 현재 명령사로 되어 있으니 이것은 그 행동의 계속성을 표시한다. 구함은 없는 것을 달라고 함이고, 찾음은 잃은 것을 찾음이고, 두드림은 문 열어 주기를 청함이다.

(2) 어김없이 주님을 믿고 기도할 것.

주실 것이요…찾을 것이요…열릴 것이니. 이 말씀들은 주님의 신실성에 대하여 가르치는 동시에 우리는 그를 믿어야 할 것을 가르친다. 칼빈은 말하기를 "하나님께서 기도를 반드시 들으신다는 사실에 대한 확신처럼 우리의 기도를 작흥(作興)시키고 격려시키는 것은 없다. 의심을 품고 하는 기도는 무력하고 냉정하고 태만한 죽은 의식에 불과하다"라고 하였다.

❾~⓫ 이 구절들에 있어서 예수님의 강이유 논법(强理由論法)이 다시 나왔다. 죄인인 너희도 자식의 청구를 들어주거든 선하시고 사랑하시는 하나님 아버지야 말할 것이 무엇이랴(참조. 시 27:10; 사 49:15).

좋은 것. 이것은 영적인 것들로 성령님의 뜻에 합당하고 또 성령

님이 주시는 것들인데, 그것이 물질일 수도 있고 물질 아닌 다른 것들일 수도 있다. 누가복음에서는 간절한 기도자에게 성령을 주신다고 하였는데(눅 11:13) 이와 동일한 내용의 말씀이다.

❷ 그러므로 무엇이든지 남에게 대접을 받고자 하는 대로 너희도 남을 대접하라. 칼빈은 이 말씀이 7-11절의 말씀과는 연결되지 않는다고 하였다. 그러나 우리는 이 말씀이 바로 위의 말씀과 어떤 관계가 있는 것을 발견하지 못한 것뿐이다. 이 구절의 우리말 번역은 너무 의역이 되어 있다. 이 말씀의 원문을 글자대로 번역하면 다음과 같다. 곧, "그러므로 사람들이 너희에게 행해 주기를 원하는 바의 모든 것들을 그와 같이 너희가 저희에게 행하라"고 해야 하는데 이것은 두 가지로 적극성을 가지는 도덕률이다.

(1) 인본주의에서는 "내가 원치 않는 것을 남에게도 행치 말아라"(己所不慾勿施於人)고 하여 겨우 악을 다른 사람에게 하지 않을 정도이지만, 여기서는 자기에게 좋은 것을 남에게도 하라고 하였으니 적극적인 도덕이다.

(2) 이것은 남들이 나에게 선으로 갚아줄 것을 미리 생각하고 행하라는 말씀이 아니고, 남들이야 내게 그렇게 행하든 아니 행하든 나는 그들에게 그렇게 행해야 될 것을 가르친다. 눅 6:30-36의 말씀을 보면 분명히 그 뜻이다.

이것은 사랑의 정신으로 선을 행함이니 온 율법과 선지자의 강령(綱領)이다(롬 13:8-10). 세간에는 고래로 이와 비슷한 말들이

많이 있어 왔다. 그러나 그것들은 모두다 소극적인 것이었을 뿐 적극적인 것은 아니었다.[18]

7:13-27. 예수님은 여기서 신자들로 하여금 그의 말씀에 순종하도록 주의시키신다. 그를 순종하며 따르는 일에 있어서 두 가지 대조에 주의해야 할 것을 알려 주신다. (1) 좁은 길과 넓은 길의 대조(14절), (2) 포도나무와 가시나무의 대조(15-20절), (3) 하나님 아버지의 뜻대로 행하는 자와 그대로 행하지 않는 자와의 대조(21-23절), (4) 반석 위에 집 지은 자와 모래 위에 집 지은 자의 대조이다(24-27절).

❸~❹ 여기서 인생의 가는 길에는 "좁은" 것과 "넓은" 것이 있다고 하셨는데("문"도 그렇고 "길"도 그렇다고 하심), 이것이 고행주의(苦行主義)로써 구원을 얻을 수 있다는 말씀인가? 그렇지 않다. 이것은 육체(인간 죄성)의 소욕대로 방종하게 살 수 있는 넓은 길과 하나님의 복음 진리대로 따라가는 규범(規範) 있는 생활의 길을 대립시킨다. 좁은 길이라고 하여 거기에는 낙이 없고 고통만 있다고 할 것은 아니다. 이 좁은 길에는 도리어 감추어진 만나를 먹는 참된

---

18 Plummer, *Commentary on St. Luke* : "In Tobit 4:15, We have 'Do that to no man which thou hatest.' But this purely negative precept, which was common with the Rabbis, falls immeasurably short of the positive command of Christ."

희락이 있는 것이다. 그것은 하나님이 주신다.

❺ **거짓 선지자.** 이것은 거짓 선생을 의미한다. 그들은 사람을 좁은 길로 인도하지 않고 넓은 길로 꾀어 이끄는 자들이다.

양의 옷을 입고…속에는 노략질하는 이리. 그들이 외식으로는 겸손하며 사랑도 행하려고 한다. 그리고 그들의 교훈은 장래의 좋은 것도 약속한다. 그것이 양의 옷과 같은 외모이다. 그러나 그들의 마음속에는 생명의 성령님이 없고 다만 자기들을 위한 야욕(野慾)만이 가득하다. 그것은 하나님의 교회를 "노략질하는 이리"와 같은 것이다.

❻ **그의 열매로 그들을 알지니.** 여기 이른바 "열매"라는 것은 거짓 선지자 관련해 무엇을 가리키는가? 그의 이적인가? 그의 교훈인가? 그의 행위인가?

(1) 사람들의 말이 그의 이적이 참 선지자의 자격이라고 한다. 그러나 거짓 선지자도 나름대로 이적을 행한다(신 13:1). (2) 혹설에 이것은 행위만을 가리킨다고 하나 이것도 합당치 않다. 왜냐하면 좋은 행위도 악사상(惡思想)을 선전하기 위하여 나타나는 때가 많기 때문이다. (3) 거짓 선지자의 열매는 그의 진실성 여부에서 판정된다. 열매란 것은 진실한 것이라고 할 수 있으니, 그것이 그 나무의 체질 그대로의 표현이라고 할 수 있기 때문이다. 지도자의 체질을 알아보는 데는 상당한 시일을 요하게 된다. 나무의 열매가 일조일석(一朝一夕)에 맺히는가? 그러므로 지도자의 "이적"이라는 이적

도, 그의 교훈도, 그의 행위도 그의 속에서 진실하게 나온 것인지 잘 분석해 보아야 그 정체가 정확히 판명된다.

가시나무에서 포도를, 또는 엉겅퀴에서 무화과를 따겠느냐. "가시와 엉겅퀴"는 인간이 범죄 한 결과로 땅에 나타났으니(창 3:18), 이 둘은 죄악과 저주의 상징이다. "포도"와 "무화과"는 의와 선의 비유이다. 이 해석은 아래 구절들(17, 18절)이 지지한다.

❾ **아름다운 열매를 맺지 아니하는 나무마다 찍혀 불에 던지우느니라.** 이것은 거짓 교훈을 퍼뜨리는 무리를 하나님께서 반드시 벌하신다는 말씀이다. 이 세상에는 악사상을 퍼뜨리는 자들이 계속 일어난다. 그들이 하나님의 벌을 받아 당분간 없어진다 해도 최후 심판이 오기 전에는 이 무리가 다시 일어난다. 이는 마치 밭에서 잡초를 제하여도 얼마 후에 다시 잡초들이 나옴과 같다.

㉑ **나더러 주여 주여 하는 자마다 천국에 다 들어갈 것이 아니요.** 이 말씀을 보면 예수님의 가르치시는 처지가 단지 인간으로서 지도자의 입장이 아니다. 세상 끝날에 인류를 심판하실 초자연적 메시아가 바로 자기 자신이라고 예수님은 친히 지적하신다. 산상보훈을 근거하고 예수님의 교훈을 순 인간윤리로 보는 자유주의자들은 여기서도 할 말이 없어진다.

내 아버지의 뜻대로 행하는 자라야 들어가리라. 이 구절은 율법을 완전히 행해야 구원을 얻는다는 교리를 가르치는 듯 보인다. 이 아래 구절들이 모두 다 그러한 논조(論調)로 나오는 듯하다. 그러나 여기 이 구절들은 구원의 길을 말함이 아니고 심판, 곧 정죄의 법을 말하는 것이다. 정죄의 원리가 있고서 그 후에 사죄의 규례가 생긴 것이다. 이 구절들이 말하는 심판의 원리는 후일에 구원의 원리를 말씀하실 준비 단계인 것이다. 이 구절들의 말씀을 가리켜 은혜로 말미암은 구원에 대한 전제(前提)라고 해야 된다.

㉒ 그날에 많은 사람이 나더러 이르되. 여기 "그날"은 이 세상 끝의 심판 날을 가리킨다(눅 10:12). 그때에는 하나님의 일을 한다고 하던 자들도 구원을 얻지 못하고 떨어지는 일이 많다. 그러므로 약 3:1에 말하기를 "내 형제들아 너희는 선생 된 우리가 더 큰 심판 받을 줄을 알고 많이 선생이 되지 말라"고 하였다.

우리가 주의 이름으로 선지자 노릇하며 주의 이름으로 귀신을 쫓아내며 주의 이름으로 많은 권능을 행치 아니하였나이까. 거짓 선생들도 그리스도의 이름으로 일한다고 한다. 그러나 그들은 주님을 사랑하여 그리함이 아니고 다만 자기들의 육체를 위하여 그의 이름을 이용한다.

㉓ 내가 너희를 도무지 알지 못하니. 그들은 주님의 이름으로 많은 능한 일을 하였다고 했다. 주님은 어떤 때에 악인들도 이용하신다. 그러나 그들이 주님께 일시 이용된 일이 구원받을 조건은 아니다. 오직, 주님은 나를 사랑으로 알아주시고 나는 주님을 아는 신앙의 관계가 구원 받는 방법이다. 그러므로 예수님께서 말씀하시기를 "그러나 귀신들이 너희에게 항복하는 것으로 기뻐하지 말고 너희

이름이 하늘에 기록된 것으로 기뻐하라"(눅 10:20)고 하셨다.

㉔ 나의 이 말을 듣고 행하는 자는 그 집을 반석 위에 지은 지혜로운 사람 같으리니. 곧, 거짓 선지자들의 말을 듣지 않고 예수님의 말씀을 받아 행하는 자는 반석 위에 집을 세움과 같다. 예수님의 말씀은 반석과 같이 든든하나, 거짓 선지자들의 말은 모래와 같이 무너지고 만다. 예수님의 말씀은 영생하신 하나님의 말씀이므로 하나님께서 그것을 언제나 감시(監視)하시며 또 그 말씀을 가지시고 능력을 행하신다(히 4:12-13). 그러나 거짓 선지자의 말은 죽은 것과 같아서 생명의 능력이 없고 바람에 불리는 모래와 같다.

㉕~㉗ 이 부분에서 지혜로운 건축자의 지혜와 어리석은 건축자의 우매가 나타났다. 지혜로운 건축자가 집을 견고한 터 위에 세운 것은 장차 풍우(風雨)가 그 집에 부딪힐 것을 알았기 때문이다. 그러나 미련한 건축자는 이 사실을 모르고 집을 모래 위에 세웠다. 우리는 우리의 신앙인격을 하나님 말씀 위에 세워야 한다. 장래에 우리의 신앙인격을 시험하는 환난이 오기 때문이다.

㉙ 그 가르치시는 것이 권세 있는 자와 같고 저희 서기관들과 같지 아니함일러라. 예수님은 율법을 가르치실 때에 남의 사상을 취급하듯이 하시지 않았다. 모세의 율법은 하나님이신 예수님 자신이 모세에게 주셨던 것이니, 곧 그 자신의 사상이다. 그러므로 율법에 대한 그의 교훈의 태도가 권위 있게 나올 것은 필연적 사실이다.